資本と時間

資本論を読みなおす

寺岡 寛
Teraoka Hiroshi

信山社
SHINZANSHA

はしがき

「国家」という日本語には、「国」ということばと「家」ということばの撞着的語感が強く感じられる。このことは、「家」という共同体の最小単位が「国」という大きな範囲まで自家撞着的に拡大したのが、わたしたちの国家観を示唆するのか。あるいは、「国」という大きな範囲が「家」という共同体の最小単位にまで深く入り込んだのが、わたしたちの心根にある国家観なのか。

現在といういまを共有するわたしたちの国家観とは何なのか。本書ではこのような現代国家論とその周辺論を論じたいと思った。書名は迷った末に『資本と時間』に落ち着かせた。それは、国家という現実の存在の枠組みのなかで、飛び跳ねているのは「資本」に代表される経済活動とその波及作用であり、この資本と既存の国家的な枠組みが時間の経過のなかでさまざまなひずみを生み、このひずみがさまざまな問題をもたらしているからだ。

この書名に決定するまでには、わたし自身のそれなりの紆余曲折があった。当初、本題を『現代国家と資本論』として、副題を「資本と時間」としてみた。結局、本題と副題を入れ換えた。国家、とりわけ現代国家の作用と範囲を考えたとき、資本の動きをその中心にとらえるにしても、それは過去との時間的差異においてとらえるべきであるからだ。では、いまとむかしの資本なるものを比較した場合、何が不変なのか。また、その何が変化したのか。これをまず問うべきだ、とわたしは考えた。

では、資本と国家との関係性の過去と現在をつなぐ要素は何であるのか。そこにあるのは単純な事実である。それは「時間」ではないかと考えた。では、時間によって対比されるべき「差異」とは一体何なのか。

「時間」に対比されるべきモチーフは、当然ながらいろいろとある。いろいろな概念を取り出し時間と対比してみたが、結局のところ、わたしは「資本」を選んだ。これは「国家」の内外のかたちをもっとも大きく規定している動因であるからだ。資本と時間を対比させ、資本を時間からとらえる視点で本書では現代国家のかたちとその歩みを分析しようとしている。資本を時間からとらえ、時間を資本から見渡したとき、わたしたちの国家のあり方や国家観から何かが見えてくるにちがいない。本書の意図したところはこの一点に尽きる。以上が本書のねらいと書名の由来である。

だが、本題を「資本と時間」として、副題を「現代国家と資本論」としてみたものの、国家論を人びとの主観的な国家観、その集合体である社会の国家観と切り離して論じることなどできない。客観的な存在として国家を資本から論じる一方で、人びとの主観的な存在としての国家を個人と社会の意識からも論じるほうがより現実的ではないかと思うようになった。このための手がかりをカール・マルクスの『資本論』に求めた。ゆえに、副題は「資本論からみた個人・社会・国家」に落ち着かせた。だが、これでは長すぎる。悩んで、「資本論を読みなおす」とした。この結果が、資本を通じて「個人・社会・国家」を考えることにつながったからである。

このような本を書こうと思うまでには多少の経緯もあった。わたしはここ十数年来の間に、わが国などの中小企業政策について何冊かの専門書をまとめた。この時にぼやっとではあるが、思いついた着想が本書に連なった。もちろん、このようなテーマを急に思いついたわけではない。それは、中小企業政

はしがき

策に限らず政策全般をとらえたとき、政策そのものをとらえる前にその政策主体とは誰であるのかという単純な問題設定がある。わたし自身、政策主体を「政府」であると想定して政策史を書き、制度を分析してきた。この過程で、わたし自身、多くのことに気づき、多くのことを学んだ。とはいえ、何か足らないとも感じてきた。つまり、それは政策主体そのものに関するわたしの浅い見方からであった。

では、政策主体をどのように規定するのか。それを政府など公的主体とするのか。あるいは民間主体とするのか。この設定により実は政策そのものの概念、内容そして範囲も変化する。むろん、大方の議論では、政策主体とは暗黙裡に政府であると想定される。そうであるならば、政府とは何なのか。この政府とは即時的に「国家」なのか。それならば、国家とは何なのか。また、実際のところ、国家というのは政策対象として提示された課題を解決するだけの十分な能力を有しているのだろうか。

ここで重要なのは、情報化社会――わたしには、いまでも、この情報化という概念があいまいである。さしあたっては、ここでは情報を大量瞬時に処理しうるコンピュータ（情報処理通信機器）などと関連してとらえるのでなく、あらゆるものやことが情報という商品に加工されることを指しておく。必然、ここでは、情報の商品化＝情報「過多」社会ととらえておく――では、わたしたちの現代的な諸問題が溢れる情報で一見複雑化、多義化したかたちを装いながらも単純化され、もっぱらメディアによってそのあり様が語られている。このメディア、とりわけ、映像的な視覚性をもった報道、大量の動画画面を送信することが可能になった情報機器による情報提供は、その瞬時性において、諸問題の背後にある何か（＝複雑性）を問いなおす余裕を、同時にわたしたちから奪ってもいる。

現代の情報過多性、情報提供の瞬時性は、諸問題の解決に必要な複眼的な思索を忘れさせてはいないか。そして、わたしたちの感覚にある種の麻痺を起こさせる、溢れ流れるような情報が伝える諸問題に対して、政府機構が解決しうる能力を持っているのかどうか。溢れる情報はわたしたちに関係者ではなく、その傍観者的あるいは評論家的な立場を与えるにすぎないかもしれない。むしろ、一見、複雑多義化した問題をより本質的に単純化し、政策対象化しうる能力こそが問われるべきであろう。

国家が政策能力（＝解決能力）をもっているのかどうか。そうでないとすれば、政策主体としての国家はある種の幻想体あるいは想像体であることを示唆している。にもかかわらず、人びとが国家を政策主体として「幻想的」に理解しているとすれば、現実像と虚像との間に何があるのか。このことこそが政策論のもっとも重要な課題の一角を形成している、とわたしは考えている。

本書では、この「国家」と「政策」との関係にあくまでも拘りたい。もっとも、わたし自身、政策全般を取り上げ、国家と政策との総関係を詳細に論じ、明らかにする自信など全くない。どうしても、わたしの発想の根源には経済政策の個別像と個別関係があり、これを中心に国家のあり方を考えざるを得ない。また、一六年間ほどの地方自治体勤務という政策実行の末端で、政策の作用と反作用を職業経験によって多少なりとも身に着けることができた勘を働かすしかない。残念だが、わたしの能力の限界である。だが、ここから創始するしかわたしには手がない。

この場合の経済政策とは、一般に経済主体の「経済」活動を対象とした政策の総称である。この「経済」とは種々の経済主体が種々の活動領域をもち、多種・多様な経済活動を展開する総体運動のことにほかならない。「資本」主義ということばが無色透明化し、無機質化した語感をもつ市場経済体制ということばに矮小化されたいまでは、「資本」ということばもあまりにも流行らない。それは、資本金という術語的な語感に小さく止まってしまった。

だが、市場経済体制ということばからは、需給のそれぞれの経済主体の出会う場としてのあり方が表出しても、むしろ有機質的な経済活動の主体そのものの動態的な運動性がまるで見えてこない。それは、サッカーを語るのに、サッカー場をもっぱら眺めてサッカーを論じているようなものだ。サッカーを語るには、まずもってサッカーの試合を構成するサッカーのルール（資本）を語り、そして試合を実際に行うサッカー選手やチーム（それぞれの国民経済）を語る必要がある。

わたしたちは、経済三体の動態的な総体運動こそが「資本」という集約概念を形成していることを忘れてはいないか。この資本は、その運動において本質的に超空間的――ハイデッガー並みに「非時間的」といってもよい――であるという意味で国際的である。経済政策とはこうした「資本」の動因に関わる政策の総称のことと換言してもよい。この意味で、わたしにとって経済政策とその政策主体とのあり方を分析対象とした本書の書名には、「資本」をまず位置させる必要があった。

資本は超空間的である。だが、超時間的ではない。資本はつねに時間の制約を受け、そこから自由ではない。自由でないゆえに、資本のもつ総体運動はさまざまな制約を受ける。この制約こそが経済の変動を生み出し、またいまも生み出しつつある。資本と時間の交差領域には経済変動の時間的制約性が集約された構図があり、政府の市場経済体制への介入の時間的必然性がある。そして、この資本に国家がどのような関わりをもつのか。ここでは、国家の機能とは何かが問われることになる。

この点こそは本書が取り上げる最重要主題の一つである。この構図によって、どの程度、わたしたちの眼前にある複雑多義化したさまざまな問題をより本質的にとらえ、それを解決することを前提として政策対象化しうるのか。また、溢れる情報のなかで全体像がつかみにくくなったわたしたちの経済、社会、そして国家について、個人としてわたしたちがどのようにとらえるべきなのか、という分析視点も本書では強く意識している。もう一度、わたしたちの知の在庫を棚卸する意味で、経済学などで取り上げられてきた基本的な概念を多くとりあげている。いくつかはすでに時代遅れとなって、現在の経済や社会、そして政治——外交も含め——の全体像を明らかにしえないとしても、なぜ、そうなのかというところから、わたしたちの社会などを分析する切り口を認識することができる。わたしたちは知の先達たちが残した分析概念のもつ強い生命力を軽視してはならない。

本書では、直接、わたしたちの社会が抱えているいまのさまざまな問題が生まのかたちで登場することはないかもしれない。だが、わたし自身は現実の諸問題を強く意識している。以下、本書の構成について簡便にふれておきたい。

第一章では資本論を取り上げた。本書の総論にあたる。第二章以下は資本と時間との関係を考えるための重要命題を取り上げた。第二章は資本概念と密接な関連をもつ貨幣論である。第三章は資本の総体運動としての蓄積論である。第四章は資本のもつ暴力性を論じた暴力論とした。貨幣は貨幣に転化することで資本になりうる。だが、この運動は連続的なものではありえない。しばしば、起こる資本の不連続的な運動性とこのもたらす関係性は国民経済内の対立を常に高め、また、しばしば国民経済間の対立を醸成し、戦争を引き起こしてきた。ここでは経済政策における国家の暴力装置を考えた。

第五章は国家が「国民」国家化する上で重要な要素である文化と資本との関係をとらえた文化論である。第六章は国家と社会との関係をとらえた社会論である。第七章は国家の機能としての政策論を意識しつつ、国家そのものをとらえた国家論であり、資本の総体運動を時間から再度とらえ直した本書のまとめ部分である。

二〇〇七年一〇月

寺岡　寛

目次

目　次

目　次

第一章　資本論

経済と資本

経済学といった場合、わたしたちは「経済」と「学」の間に何を思い浮かべるだろうか。人によっては、市場でさまざまな財やサービスの価格が決定される一般均衡論的世界とともに、これに関わる経済学的概念を頭に描くかもしれない。たとえば、「市場」「財」「サービス」「需要と供給」等々。これらの考え方は、人びとの経済活動のいまの側面を切り取った概念であると同時に、長い時間のなかでその内実が与えられ、定着してきた「経済」学的な考え方の一端を示してもいる。

だが、経済活動そのものの事象的な動きは時にはわたしたちの意志に関係なく変動し、景気循環などのかたちでわたしたちの生活、時にはわたしたちの生き方を変えうるような作用を及ぼす。このときに、わたしたちは何を自問するのだろうか。こうした時、わたしたちの経済活動は、わたしたちの意志を超えた景気変動をもたらすだけではない。それは時に自然環境を破壊し、また時に希少資源をめぐる争いをもたらし、戦争にまで発展させてきた。それは経済活動の何がどのような働きをした結果なのか。このことを、わたしたちは自問することになる。

そのような時、市場や均衡といった概念などはあくまでも中立的概念であり、これらの概念はそれ以上に経済活動の動態的な動きの何かをわたしたちに伝えてくれはしない。いうまでもなく、人は生きるために働かなければならない。これは人間が狩猟生活をしていた時代、あるいは田を耕し、畑を切りひらき、ただ自らの生命を維持し、生きるために生きた時代において、経済活動とはまさに生命そのものの維持活動のことであった。生きることとは食べることであった。

いま、わたしたちの住む世界では、生命そのものの維持が大きな課題となり、貧困に苦しむ社会構造をもった「過少」地域と、豊か過ぎる「過剰」地域がわたしたちの側にある。このことを認識して、わたしたちの側から過剰生活を思い切って手放そうとする人たちは少ない。別に携帯電話がなければ生きられない、というわけではない。あるいは、ゲーム機を手に入れ、高価なブランドバックを持たなければ、明日へと生命をつなぐことが困難である、といったわけでもない。

とはいえ、わたしたちは社会的存在の中で、あるいは社会的関係の中で「生きざるを得ない」のである。この生きていることとそのものが社会的である。この意味では、たとえば、携帯電話もゲーム機といった商品も社会的関係の中で現実的価値をもっている。つまり、商品とは社会的関係そのものである。反面、過剰消費であることを、多くの人たちが認識しつつも、溢れかえる商品に囲まれた生活を促し続ける経済活動の社会的諸関係を語るべき概念とは、一体、何であるのか。「消費せよ、さらに消費せよ」というあふれかえるコマーシャルのなかで、わたしたちはこうした基本的な問いを封印させせられてしまっている。

この「何か」について、そのもつ種々雑多な要素を差し引き、「むかし」以上に「いま」を考え、この問いへの大きな示唆を与える概念を生み出し、「経済」学を構築させた人たちがいた。その一人がカール・マルクス（一八一八〜一八八三）であった。その一人という意味は、マルクスでなくても、急速な工業化が従来の社会組織と社会階層などに大きな影響を与えていた当時、英国のみならず、その経済的勃興の影響下の欧州諸国や、それを観察しうる位置にあった諸国の人たちのなかにも、まとまった著作を残していなくても、マルクスと同じようなことを考えていた学者、作家、研究者、経営者、政治家、貴族などがいたかもしれない。

マルクスの考えは政治的に拡大解釈され、その実像以上に過大評価あるいは過小評価された。マルクスの周辺にいた思想家や、あるいはロンドンという中心地から離れた場所で、工業化社会の諸矛盾の原因をしずかに分析しつづけた研究者などの仕事が、これから研究が進んでいけば、発見されるかもしれない。

さて、カール・マルクスである。

彼はプロイセン出身である。かつてのプロイセンの一部は、いまのドイツでは小さな連邦州であるラインラント＝プファルツ州に位置する。経済学にのめり込んでいくマルクスであったが、この地はかつて経済活動において活発な地域とは必ずしもいえなかった。いまでは、ドイツ・ワインの主要なブドウ産地であり、ドイツのミネラルウォーターの主要な水源ともなっている。工業では、いまはドイツ化学工業の中心地でもある。

マルクスの故郷トリアーはモーゼル河畔にあるローマ人が建設した由緒ある地であった。マルクスはここのユダヤ人弁護士の家に生まれている。長じて、彼はベルリン大学で学び、一時、大学教授を目指したが、新聞編集者、革命思想家などとして生きた。マルクスが生きた時代も、亡くなった後においても、彼の人生は毀誉褒貶が付きまとった。

カール・マルクスはこの「何か」を「資本」であると直感的につかんでいたのであろう。そして、このことを確かめるために経済学を自習し、資本の運動法則を前面に押し出し、『資本論―経済学批判―』を著した。『資本論』初版の「序文」の日付は、一八六七年七月二五日となっている。日本では徳川幕藩体制最後の年であり、薩摩や長州など雄藩による倒幕運動が本格化し、大政奉還へと一挙に進んだ頃であった。

他方、マルクスのお膝元のドイツでも小国がドイツ連邦国家へと統合される動きが進みつつあった。また、その他の欧州諸国でも併合というかたちでの国境変更が起きていた。こうした背景の下で、マルクスは資本の法則性を考えていた。

「資本」を扱った最初のまとまった著作は、マルクス自身によれば、このおよそ八年前に出版された『経済学批判』であった。『資本論』はこの続編と位置づけられた。前著『経済学批判』が中断された理由は彼自身の健康状態にあった、とマルクスは語る。では、マルクスは『経済学批判』で「経済学」の何を批判しようとしたのか。マルクスは、『経済学批判』の「序言」で自らの経済学への取り組みの動機にふれ、なぜ経済学を研究せざるを得なかったのか、その経緯についてつぎのように記した。

「わたくしの専攻学科は法律学であった。だがわたくしは、哲学と歴史とを研究するかたわら、副次的な学科として経済学をおさめたにすぎなかった。一八四二年から四三年のあいだに、『ライン新聞』の主筆として、わたくしは、いわゆる物質的な利害関係に口を出さないわけにはいかなくなって、はじめて困惑を感じた。……最後に、自由貿易と保護関税とに関する議論、これらのものがわたくしの経済問題にたずさわる最初の動機となった。」（武田隆夫他訳）

具体的な経済問題への関わりのなかで、経済学研究を始めたマルクスは、彼なりの一つの結論に達した。

すなわち、「わたくしの研究が到達した結論は、法的諸関係および国家諸形態は、それ自身で理解されるものでもなければ、またいわゆる人間精神の一般的発展から理解されるものでもなく、むしろ物質的な生活諸関係、その諸関係の総体をヘーゲルは一八世紀のイギリス人やフランス人の先例にならって、『ブルジョワ社会』という名のもとに総括しているが、そういう諸関係にねざしている、ということ、しかもブルジョワ社会の解剖は、これを経済学に求めなければばならない」と。

つまり、当時、マルクス等の工業化しつつあったドイツ社会――近代的社会、あるいはブルジョワ社会――の国家形態の分析学としては、経済学が最適である、とマルクスは考えた。背景には、技術や交通手段の発達によって工業生産が一気に加速され、その物質的生産力が社会を突き動かし始め、従来の国家のかたちのみならず、国家と国家との関係をも大きく変えつつあった時代の流れがあった。

ここで使われた「ブルジョワ」ということばは、わたしの世代までは通じるかもしれない。「あいつ、ブルジョワ的だ」などといったり、いわれたりしたものだ。いまは、このことばは骨董品となって流行らない。この物言いのニュアンスはいまもなお金持ちという語感にすこしは残っている。

このブルジョワというフランス語はブルク（城郭）に語源を持つ。ブルジョワとは城郭都市に住む住民のうち、教会の僧侶や貴族でなく、また、下層の人でもない中間層といえる人たちの総称でもあった。彼らは生産手段をもち、人を雇いやがて富裕化した「資本」家階級となった人たちのことを指すようになっていった。

マルクスは、ベルリン大学時代に影響を受けたヘーゲル教授が、講義などで近代ヨーロッパ社会を取り上げ、「ブルジョワ社会」と総括した諸関係を解剖する上でこそ、その手立ては経済学に求めるしかないとみた。マルクスは、ロンドンの大英博物館の図書室に腰を据え、経済学の主要な著作を読破し始め、その九年後に冒頭の『経済学批判』を上梓した。ブルジョワ社会での法的諸関係や国家諸形態を分析するのには、マルクスは経済学が鍵を握ると主張した。

だが、ブルジョワということばは、既述のように日本人の日常的な語感からすれば、お金持ちということになる。実際には、マルクスもこのことばを使った文脈でそれだけではなく、しばしば法的諸関係や国家諸形態にまで言及したように、このことばは単なる金持ちという語感よりはるかに広義であった。

ところで、ドイツ人のマルクスがロンドンで亡命生活を送らざるを得なかったことには理由があった。マルクスは「エピクロスの自然哲学」で学位を取得し、大学教授を目指したものの、うまく行かず、ライン新聞に務め、やがて幼なじみと結婚後、パリに移り、雑誌を発行した。このパリ生活でのさまざまな人たちとの出会いがその後のマルクスの人生を大きく変えることになった。

それは同郷人のフリードリッヒ・エンゲルス（一八〇二～一八九五）、フランス人のピエール・プルードン（一八〇九～一八六五）などとの出会いであった。お世辞にも穏健改革派とはいえなかった革命家たちとの付き合いのなかで、マルクス本人もそんなには意識しなかったであろうが、危険人物視され、ベルギーのブリュッセルへ亡命。そこで「共産党宣言」に文筆をふるい、ここでもまた危険人物視された。仕方なく、ドイツのケルンに戻り、新聞発行をするが、またまた危険視され、ロンドンへと亡命。マルクス、三十歳代半ばのことであった。

四面楚歌で行き場を失ったマルクスが、「まあ、いろいろな考え方をする人たちもいるだろう」と寛容であったロンドン――マルクス自身は「ブルジョワ社会の観察にとって有利な場所」と強がりをいっているが

――に落ち着かざるを得なかったことが、彼の思考に充分な時間を与えた。それから一六年後の自学自習の経済学研究と、「革命」運動とその挫折、さまざまな論稿の執筆の集大成が『資本論』となった。『経済学批判』も健康上の理由で中断したが、『資本論』も晩年の病気と死によって未完のまま残された。

マルクスは、この『資本論』の「序言」の最後にダンテの『新曲』の一節、「ここでいっさいの優柔不断をすてなければならぬ。臆病根性はいっさいここでいれかえなければならない」と引用して、「経済学」批判の作業を始めている。この心意気は『資本論』の副題である「経済学批判」という文字に残されているのではあるまいか。

マルクスのこの作業の内容を検討するのは第二章以下に譲る。ここで『経済学批判』の構成をすこしばかりみておく。興味があるのは、マルクスが「資本」の分析から「経済学」批判を始めていることである。「資本」分析の手順は、「商品」そして「貨幣」とつらなる。この部分は「第一部」とされており、第二部以下はない。マルクスは病気で執筆を中断しなければ、第二部以下の論稿をまとめたに違いない。この第一部は『資本論』の「序文」にもあるように、『資本論』第一章に要約されている。『経済学批判』と『資本論』との関係については、この八年間のマルクスの試行錯誤を探った「プラン問題」としていろいろな論考が加えられてきた。この点については多くの研究がある。ここではこれ以上ふれない。

いずれにせよ、マルクスは、物質的利害関係が前面に推し出された近代社会の分析には、「経済」学の研究が不可欠であり、その本質を「資本」に求めた。マルクスは自然科学の法則性を意識しつつ、経済分析の勘所を『資本論』初版の「序文」でうまく説明してくれている。列記してみる。

（一）　経済学と抽象力――「経済的諸形態の分析では、顕微鏡も化学的試薬も用いるわけにいかぬ。抽象力なるものがこの両者に代わらなければならぬ。」

（二）経済学と自然法則――「問題は、資本主義的生産の自然法則から生じる社会的敵対関係の発展程度の高いか低いかということにあるのではない。問題として取り扱うのは、これらの法則自体であり、鉄の必然性をもって作用し、そして貫徹するこれらの傾向なのである。」

（三）経済学と自然史的過程――「私の立場は、経済的な社会構造の発展を自然史的過程として理解しようとするものであって、決して個人を社会的諸関係に責任あるものとしようとするのではない。個人は、主観的にはどんなに諸関係を超越していると考えていても、社会的にはひっきょうその造出物にほかならない。」

最初の試薬などは、化学出身のわたしには、学生時代から好きな表現であった。マルクスの分析概念の本質がピンとくるような気がする。ここで頻繁に用いられている鍵用語に注意する必要がある。それらは近代社会のもつ「自然（史的）過程」「諸関係」という概念である。マルクスは近代社会の諸関係を貫く「自然法則」の抽象的概念を「資本」に求め、『資本論』第一巻で「資本の生産過程」、第二巻で「資本の流通過程」、第三巻で「資本の総過程」を取り上げた。

つまり、マルクスは「商品」という具体的なモノではなく、「資本」という抽象的なモノが、自然法則のようにわたしたちの社会関係を規定し、資本が引き起こす自然史的な諸過程の中で個人もまた規定されることを、経済学を通じて明らかにしようとした。

要するに、自然法則と同様に、資本主義（ブルジョワ）社会の自然法則を知るための経済学において、もっとも重要な抽象概念こそが資本である、とマルクスはみた。資本こそが、そこにある物資の本質である組成を見出す試薬なのだと。「資本」の法則という試薬によって近代社会・国家を分析して、その組成物の本質を明らかにしたくなるではないか。

資本と商品

マルクスは「資本」の分析を、資本そのものから始めなかった。まず、「商品」が取り上げられた。なぜ、「資本」主義社会の「資本」を分析するのに、「商品」の分析をもって始める必要性があるのか。マルクスはつぎのように考える。

「資本主義的生産様式に支配的である社会の富は、『巨大なる商品集積』として現われ、個々の商品はこの富の要素形態として現われる。」(向坂逸郎訳)

要するに、資本主義社会での「富」というものは、現実には「商品の集積」というかたちで現われている。ゆえに、「商品とは何か」を研究することが重要である、とされる。マルクスは商品の分析手順を、商品を構成する二つの要素として「使用価値」と「交換価値」を考え、さらに商品と商品とを交換する媒体としての「貨幣」について分析を進める。資本主義経済の研究においてはあくまでも「商品の分析をもって始める」ことが重要である、とマルクスは強調する。マルクスは「商品の物神的性格とその秘密」で、商品の本質をつぎのように示す。

「一つの商品は、見たばかりでは自明的な平凡な物であるように見える。これを分析して見ると、商品はきわめて気むずかしい物であって、形而上学的小理屈と神学的偏屈にみちたものであることがわかる。商品を使用価値として見るかぎり、私がこれをいま、商品はその属性によって人間の欲望を充足させるとか、あるいはこの属性は人間労働の生産物として得るものであるとかいうような観点のもとに考察しても、これにすこしも神秘的なところもない。……たとえば材木の形態は、もしこれで一脚の机を作るならば、変化する。それにもかかわらず、机が木であり、普通の感覚的な物であることに変わりない。しかしながら、机が商品として現われるとなると、感覚的にして超感覚的な物に転化する。机はもはやその脚で床の上に立つのみでなく、他のすべての商品に対して頭で立つ。そしてその木頭から、狂想を展開する。それは机が自分で踊りはじめるよりはるかに不可思議なものである。」

マルクスの商品論を整理しておこう。

(一)　商品――「その属性によって人間のなんらかの種類の欲望を従属させる一つの物である。」

(二)　商品の歴史性――「使用価値と交換価値」の両面性をもつ物として現われたこと。

(三)　商品と貨幣――「人は、何はともあれ、これだけは知っている。すなわち、諸商品は、その使用価値の雑多な自然形態と極度に顕著な対照をなしているある共通の価値形態をもっていることである。――すなわち、貨幣形態である。」

いうまでもなく、まず、机は使われるためにある。こうした物を（一）のような観点から見る限り、その物は別に「神秘的性質」をもつものでもない。椅子は椅子である。では、マルクスは持って回った言い方――マルクスは教養人であることから、古典から引用してそれを修辞的にひねって文学的に経済学を分析してみせるが、一〇〇年以上の時をへて、いまの経済学教育をうけた人たちにとってはより自明な数式で展開してくれ、といいたくなるだろう。わたしも時にそう思う――で、物が商品となると、それはなぜ「物神的性格」をもつのか、と問いかける。

「物神」とは、元来、呪力をもつものとして崇拝される物のことである。では、商品というのは、一体、物であるのに、なぜ呪力をもって、わたしたちを迷わせるというのか。商品生産が社会の隅々にまで波及するような資本主義社会では、商品が使用価値や交換価値をもつ。だが、このことがその呪力によって、商品生産に化体されている社会関係を見えなくさせる状態こそが強調されている。つまり、商品とは「商品」を生産する社会関係のことなのだ。マルクスは商品が「労働生産物の社会的関係という形態をとる」と表現した上で、つぎのように述べる。

「労働生産物が、商品形態をとるや否や生ずる、その謎にみちた性質はどこから発生するのか？　明らかにこの形態自身からである。……商品形態の神秘に充ちたものは、単純に次のことの中にあるのである。すなわち、商品形態は、人間にたいして彼らの労働の社会的性格を労働生産物自身の対象的性格として、これらの物の社会的自然属性として、反映するということ、……人間にたいして物の関係の幻想的形態をとるのは、人間自身の特定の社会関係であるにすぎない。したがって、類似性を見出すためには、われわれは宗教的世界の夢幻境にのがれなければならない。ここでは人間の頭脳の諸生産物が、それ自身の生命を与えられて、相互の間でまた人間との間で相関係する独立の姿に見えるのである。商品世界においても、人間の手の生産物がそのとおりに見えるのである。私は、これを物神礼拝と名づける。……商品世界のこの物神的性格は、……商品を生産する労働の独特な社会的性格から生ずるのである。」

この商品生産が資本主義という社会関係のなかで増進され、商品と商品の交換を促し、そして、貨幣を媒体にしてさらに商品生産が連鎖的に促進される。この貨幣についてマルクスは、「価値尺度として機能し、したがってまたみずから、あるいは代理を通じて、流通手段として機能する商品は、貨幣である」と定義する。貨幣の特徴は、一つには退蔵手段（貨幣）である。もう一つは支払手段である。マルクスは商品と貨幣との関係について、「商品生産が、ある程度の高さと広さに達すると、貨幣の支払手段としての機能は、商品流通の部面をこえる。貨幣が契約の一般商品となる」と述べる。

つまり、商品経済とは貨幣経済のことでもある。商品経済の発達は、必然、支払手段としての貨幣の需要を高め、退蔵手段でなく、貨幣そのものの蓄積を促す。マルクス自身の表現ではつぎのようになる。

「支払手段としての貨幣が発達してくると、満期日の債務額のために、貨幣蓄積を必要とするようになる。貨幣退蔵は、ブルジョワ社会の進歩とともに、独立の至富形態としては消滅するが、他方、逆にこの進歩とともに、支払手段の準備基金の形態で増大する。」

この貨幣蓄積は、一つの地域、一つの国家に止まらず、大きな運動となっていく。つまり、「貨幣は、国内流通部面から外に出るとともに、その国で成長していた価格の尺度標準、鋳貨、補助貨および価値標章の地方形態を再びぬぎすてる。そして貴金属の本来の地金形態にかえる」。金と銀が貨幣のかたちとなる。

このようにして、商品と商品の関係は、その流通を通じて、貨幣の媒介を不可欠にして、商品流通は貨幣を媒介にして資本の運動を引き起こす。資本は商品を通じてさらなる貨幣の増殖を求める運動を続ける。

だが、問題は、貨幣と商品、商品と貨幣の間に時間が横たわることである。これにより、資本の運動はいつも不安定なものとなる。資本と時間。この関係に関わる課題こそが経済学の大きなテーマであり、さらにそこに国家の機能とあり方が大きく関わってきた。

資本と時間

カール・マルクスが『資本論』を発表してから、多くの思想家、経済学者、政治学者、社会学者、宗教学者、政治家、政治運動家、労働組合指導者などがさまざまな視点から多くの関連著作を発表してきた。これは日本においても同様であった。

マルクス『資本論』の受容史——それが肯定的であろうと、否定的であろうと——をここで取り上げれば、本書の優に一冊や二冊の分量になるであろう。こうしたなかで資本が論じられ、資本「主義」ということばが定着してきた。資本と資本主義ということばもまた、時代の変遷のなかでその内実が与えられてきた。とはいえ、前節などで資本主義ということばをやや頻繁に使いすぎた。

ここらあたりで、いまでは流行らない死語みたいになったこのことばにすこし生命に吹き込んでおく必要がある。わたしが大学で経済学を習ったころ——一九七〇年代——、資本主義ということばは、社会主義ということばと対で習った記憶がある。わたしの学生時代には、社会主義への対抗概念として、資本主義というものが示されていた。たとえば、つぎのようなものだ。

社会主義——資本というのは、核エネルギーみたいなもので、人間がそれを管理・制御しなければ、その破壊力が大きいので、個々人でなく、「人民」の管理（計画）下に置くべきであるという考え方。

資本主義——資本というのは個々人の判断に任された「運用」という経済行為であり、それは市場での自律的調整作用によって制御されることを前提とした考え方。

では、経済学辞典などではどうなっているのだろうか。新しいところでは、『現代経済学辞典』（平成一六

〔二〇〇四〕年刊）で、つぎのように定義されている。全文引用は長いので、主要部分をわたしなりに要約しておく。

資本主義の出自——英国の産業革命で、「機械、工場、運転資金等を所有する資本家と、それに雇われる労働者という二つの階級が生まれだし、それまでの土地所有者と、その土地に帰属していた農民という、封建制の経済に代わる経済体制」。

資本主義の特徴——「資本が私有され、利潤追求が経済活動の主要な要因になり、労働市場が生まれ、商品生産が一般化した社会……同じ資本主義であっても、各国資本主義の性格を異なるものにし、また労使関係の違いに大きな影響を与えている」。

資本主義の発展——「一〇年ごとの恐慌を経験しながらも生産力を高め、二〇世紀には入るとホワイトカラー、技術者等多数の新中間層を生み出し、所得の上昇と相まって、今までの資本家対労働者という階級関係を複雑にした。……不平等の是正、資本主義の修整や福祉国家への道を歩みだし……二〇世紀末の社会主義の崩壊と資本主義化によって批判勢力を失い、古典的資本主義に回帰する動きも出始め、……」。

この定義はソビエト連邦（ソ連）という社会主義国家の終焉のあとで、書かれたものである。ソ連の「崩壊」が行間に強く意識されつつ、資本主義が簡易なことばでやさしく解説されている。

これに対して、岩波『経済学辞典』は資本主義にどのような定義を下しているだろうか。わたしの手元にあるのは一九九二年第三版（第二版からは一三年ぶりに改訂）である。この版が出るおよそ三か月まえに、社会主義国家の家元であったソ連という国家が七〇周年を目前に終わりを告げ、ソ連最後の大統領ゴルバチョフが辞任した。同辞典は資本主義をつぎのように定義する。こちらのほうはソ連型の社会主義の「崩壊」が強く意識されているとは言いがたい。すこし堅く書かれている。

資本主義の概念――「より厳密にいえば資本主義的生産様式とは、剰余労働の搾取と商品・貨幣関係と、この二つの要因が結びつき一体化したもの……この両者を結びつけたもの、それはブルジョワジーであり、歴史上その画期をなしたもの、それはブルジョワ革命（市民革命）である。イギリスのピューリタン革命（一六四〇～六〇年）、名誉革命（一六八八年）、アメリカ独立革命（一七七五～八三年）、フランス革命（一七八九～九九年）、ドイツ三月革命（一八四八年）などが世界史上有名である。」

資本主義の特徴――「資本の本源的蓄積・産業革命・産業資本主義の諸過程をへて成立する。……資本主義の成立は先進イギリスと後進ロシア・日本では異なった過程をたどる。……資本主義社会では①労働力も商品となるような商品生産の社会と、②生産手段を所有する資本家と生産手段を喪失した二つの特質をもつ。……資本主義的商品生産の特徴は、無政府性である。……生産の無政府性は、資本主義の基本矛盾の現象形態の一つである。この矛盾は、恐慌、最終的には世界市場恐慌となって爆発する。」

資本主義の発展――「資本主義の運動法則は資本の蓄積＝再生産の法則であり、これを貫く集中・集積運動の法則である。……自由競争は資本の蓄積・集中運動を促進し、少数の大資本家の手中への生産手段の集積をもたらす。……さらに巨大な独占資本の形成、これとともに資本主義の独占資本主義への移行（競争の独占への転化）がおこなわれる。」

資本主義の矛盾――「矛盾の現象形態は、社会的生産の盲目性・無政府性、その極致としての恐慌、そしてそのもっとも発展したものとしての世界市場恐慌である。……大工業のもつ突発的・飛躍的な拡大能力と、世界市場向けの生産の増大を槓杆として、周期的に全般的過剰生産が発生し、世界市場恐慌の爆発となる。」

資本主義社会の特徴ということでは、ことばは多少異なるが、両辞書とも資本の私的所有と、労働力まで商品化する商品生産が前面に押し出されたような社会を想定している。資本主義の問題点――矛盾――については、恐慌の発生を掲げている。二つの辞典の時間的差異は一二年ばかりある。この時間差が二つの辞書の結論部分を異なったものとしている。

この間に、ソ連の崩壊、東ドイツと西ドイツの統一、中東欧国家の変化、アジアでの社会主義国家の変化と経済発展などがあったことが結論の差異に反映した。前者の二〇〇四年版『現代経済学辞典』では、資本主義がつぎのように結ばれている。

「しかし、二〇世紀末の社会主義の崩壊と資本主義化によって批判勢力を失い、古典的資本主義に回帰する動きも出はじめ、福祉政策を批判し、国有企業の民営化、市場主義の動きが高まり、資本所有(株主)のための企業を強調するstockholder company――その実、特権的経営者が、高額の報酬とストック・オプション等で高報酬を受けとる――アメリカ型の資本主義が生まれた。これに対して、ヨーロッパでは、福祉政策とともに、従業員、顧客、取引業者、地域社会等にも配慮するstakeholder companyが求められた。二一世紀は資本主義対資本主義の競争の観を示しだした。」

ここでわたしの興味を引くのは、「資本主義対資本主義」という「型の構図」である。この場合、欧米型といっても「米国型(stockholder capitalism)」と「欧州型(stakeholder capitalism)」があるという指摘である。この差異は、語呂合わせではないが、単にアルファベット一字のaとo以上に大きいものであることを窺わせる。「ステークホルダー（stakeholder）」は、わたしたちにとってついこの間までは馴染みのないことばであり、未だに適切な日本語に移しかえられていない。

一般に、ステークホルダーとは、その企業に「利害関係をもつ人たち、機関、組織など」を指す。その範囲は消費者（商品やサービスなどの購入者）、従業員、株主、債権者、仕入先、得意先、企業が立地する地域社会など広範にわたる。わたしなどは、このことばを「利害関係者」あるいは単に『関係者』と訳して用いている。この用法では、米国型は「株主型資本主義」、欧州型が「（利害）関係者型資本主義」ということになる。他方、後者の岩波『経済学辞典』は資本主義の方向性を最後につぎのように結んでいる。

「ソ連・東欧諸国の激動（とりわけ、一九九〇年の旧東ドイツの消滅）は、資本主義の十分な発達なしには、いわば月足らずで誕生した社会主義の壮大な躓き・動揺・崩壊（旧東ドイツ）というほかはない。もしこれらの国になお社会主義の再生を求めるとしたら、それは市場機能と社会的規制との組み合わせあるいは市場経済と計画経済との結合や議会民主主義の達成なしにはありえないであろう。それはまた、歴史的には①民族自決権、大量殺戮兵器禁止の主張、②世界最初の八時間労働制や社会保障、男女平等などの確立、③計画経済と市場経済との結合による社会主義（ネップの実験）など、一九一七年のロシア革命によって切り開かれ、二〇年代にその基盤をすえつけられた〈生成期社会主義〉の正しい継承でもあるだろう。」

ここで示された方向性は、形式論理上、現在のロシア、中東欧諸国については妥当するといってよい。だが、現実には、民族自決権、欧州連盟との関係など、国によって紆余曲折の段階にある。こうした諸国がどのような型の資本主義社会となるのか。「資本」主義社会の将来を見据える上で大事な素材がそこにある。

先にみたのは『経済学辞典』であった。これとは別範疇の辞典的定義も紹介しておく必要があろう。『岩波哲学・思想辞典』を紐解いておこう。

資本主義の定義――「資本主義を貨幣利得の追求という意味で捉えるならば、その歴史は古代や中世の海洋貿易にまで遡ることが可能である。しかし、近代の資本主義は、私的所有と市場交換と営利企業の制度からなる一組の市場経済制度を前提とする」。

資本主義の種類――生産の「資本主義とはこのような市場経済制度を不断に推進させるメカニズムのことでもある。それをマルクスは、資本の自己増殖運動として概念化した。……資本の自己増殖の運動を、資本主義というシステムに帰するのではなく、その内部の経済主体に内在する衝動や精神の観点から理解しようとする立場が生まれうる。これがウェーバーの、そしてシュンペーターの資本主義論である」。これに対し、「〈消費の資本主義〉の観点を打ち出したのがゾンバルトである。……生産は旺盛な消費需要に支えられるのでなければならない。この意味で資本主義は、〈生産の社会〉であると同時に〈消費の社会〉でもあることを必要とする。……これが二〇世紀の資本主義であり、生産の革新と消費の欲望、すなわち技術進歩と大量消費を両輪として、資本主義は自己拡大を遂げてきた。」

資本主義の発展――「単線的な発展論から資本主義の認識を解き放ったのが、社会主義経済の失敗であり、アジアの資本主義の勃興である。……ソ連型の社会主義経済の失敗は、……資本主義の発展を支える二つの要因を改めて剔出した。すなわち生産の革新と消費の欲望であり、利潤追求の制約からはシュンペーターのいう企業家精神が生まれることはなく、消費の欲望からは企業者の革新の意欲が生まれることはない。他方、アジアの資本主義が教えていることは、……資本主義から自らを隔離することではなく、世界的な資本主義システムの中に自らを組み入れることだということである。……東アジアの〈新興工業国（ＮＩＥＳ）〉が示している。あるいは強力な国家介入によるその工業化は、〈開発独裁〉と呼ばれ、近代社会としての政治的自由を制約するものではあるが、その経済的成功が民主化を徐々に実現する可能性もまた示している。……その発展の経路は国ごとに独自なものである。」

この定義で重要であるのは、資本主義を「生産の資本主義」と「消費の資本主義」に区分した分析視点である。生産の資本主義についても、資本そのものの自律論者――唯物論――としてのマルクス、その意識的な担い手の精神を強調するウェーバーやシュンペーターとを対比させ、消費の資本主義では生産を重視するウェーバーに対してゾンバルトを配置している。

そして、資本主義の型は多様であり、「アジア型」――さらにこれには多様性がある――がここでは強調されている。とはいえ、これが「開発独占型資本主義」あるいは「国家主導型資本主義」と呼ばれる一方、やがてそれは所得の再分配なしに、生産の資本主義から消費の資本主義へと移行することが可能であるのかが問われるに違いない。この壮大な実験の場は、いまや中国へと移っている。この辞典は資本主義の課題と展望をつぎのように結論づけている。

「革新と欲望を原動力とした資本主義がどこまでも昂進することは、文明の意味でも資源と環境の意味でも、望ましくもなければ物理的に可能でもない、とはいえこの破壊的な作用を自ら推し留める力が資本主義自体にないことも確かである。この意味で〈資本主義の精神〉を超える思想が必要とされている。」

どの辞典も、その時期ごとの世界情勢を視野に入れて、資本主義をうまく説明している。こうした定義には、例外なくカール・マルクスが登場する。そして、どの辞典もマルクスが『資本論』などで展開した資本の運動法則としての資本主義に言及している。では、マルクス本人は資本主義の主役である資本をどうみていたのであろうか。

マルクス自身は資本を定義づけるのに、まず、商品流通にこだわった。すなわち、「商品流通は資本の出発点である。……この貨幣が、一定の過程をつうじて資本に転化されることになるのである」と。第二章でもふれるように、こうした資本の運動は、一般定式としてG―W―Gで表わされる。これは貨幣（G）が商品（W）となり、この商品（W）が再び貨幣（G）に換金されることによって成立する運動である。「G―W」という時間の流れ、つまり、貨幣を商品に変えるまでがまずは順当であったとしても、つぎの「W―G」という時間の流れ、つまり、商品がその買い手を通じて再び貨幣というかたちで終わるまではどうであろうか。

もし、この過程がいわゆる受注生産であれば、問題はない。買い手がそこにあり、その人が商品を発注し、この人が商品を買うという前提のもとで商品生産が行われる場合である。そこには貨幣が商品をへて再び貨幣へと転化するための時間の不確実性はそうあるわけではない。

現実には、このような受注生産もあるが、多くの商品生産あるいは商品流通においては、市場競争のなかで見知らぬ商品購入者の購買を見込みながら、生産あるいは流通を行っている。でなければ、過剰在庫による生産調整や景気循環など現実に起きるはずはない。

こうしてみれば、「G―W―G」という資本の定式の成立は時間そのものであり、この運動が完結するには、この間にある時間的差異が埋められなければならない。この意味では、「信用」こそが資本と商品との間にある時間を埋める行為である。柄谷行人はこの関係における信用を、『トランスクリティーク―カントとマルクス―』の「信用と危機」でつぎのように的確にとらえている。

「資本は、自己増殖するためにはどうしてもW―G′(売り)の過程を通りぬけなければならない。これに失敗すれば、G―W′すなわち貨幣を喪失し物だけをもった状態で終わってしまうからだ。この危険をさしあたり回避するのが『信用』である。……このとき、売買の関係は、債権・債務の関係となる。制度としての「信用」は、流通の拡大とともに『自然成長的』に生じ、且つそれが流通を拡大する、とマルクスはいっている。信用制度は資本の運動の回転を加速し且つ永続化する。G―W―G′という過程の終わりまで待つ必要がないので、資本家は新たな投資を行うことができるからである。」

このことは、マルクス自身も『資本論』第三巻でも展開している。信用の本質とは「W―G′」の時間性を資本の運動に取り込むことである。とはいえ、いずれは貨幣によって決済されなければならない。柄谷は商品から貨幣へという資本の運動、つまり資本主義の時間性は「終わりがたえず先送りされるという意味で、ユダヤ=キリスト教的な時間性に似ている」ととらえ、資本の持つ時間性をつぎのように分析してみせる。

「だが、私がいいたいのは、経済現象を宗教との類比において見ることではない。むしろ、宗教は、根本的に、生きているものの死者への債務感情、あるいは、この世とあの世の間における『交換』に根ざすという意味で『経済的』なのだ。経済的ということを軽視してはならない。むしろ、資本、国家、ネーション、宗教は、すべて交換という観点、すなわち『経済的』観点からみなければならないのである。狭義の宗教を信じようと信じまいと、現実の資本主義はわれわれをたえずそれと類似した構造のなかにおく。われわれを動かしているのは理念ではなく、また、現実的な必要や欲求でもなく。あえていえば、交換あるいは商品形態そのものに胚胎する形而上学であり神学なのだ。」

このように、宗教と資本の定式は「交換」ということにおいて類似性をもつ。「商品」経済はつぎつぎと「交換」を通じて、人びとの社会関係を空間的に押し広げ、世界的規模で運動を繰り返してきた。技術の発達はこれをさらに加速化し、この加速化が商品生産とその交換に関わる技術の発達を促してきた。

先ほどの辞書の修辞法でいえば、資本という貨幣は、「G—W」＝「生産の資本主義」に「W—G」＝「消費の資本主義」で完結しなければならない運命を刻印させる。この二つの資本主義を資本主義に一本化させるべく、資本は時間を克服しなければならない。これこそが資本の運命（＝法則）なのである。

時間と歴史

マルクスが『経済学批判』で強調した「自然史的」という概念は、彼の若い時代にヘーゲルの著作などから習ったにちがいない。

ヘーゲルはベルリン大学で一八二二年から冬学期の半年講義「世界史の哲学」を毎年担当し、亡くなる直前の一八三一年までに五回行っている。この講義は、ヘーゲル自身の講義ノートと聴講生たちのノートから編集された『歴史哲学講義』というかたちでヘーゲルの死後に出版された。

わたしたちもこの講義録を通じて、ヘーゲル講義の内容を知ることができる。講義録によると、ヘーゲルは最初の講義時間に学生たちに向って、「歴史をどのようにとらえるか」と問題提起をしている。ヘーゲルは最初に「精神」あるいは「理性」という鍵用語を学生たちに印象付けようとした。ヘーゲルは説く。

「神の存在の啓示という基礎から出発した、思考する精神の発展は、精神がさしあたり感覚やイメージによってとらえていたものを、思考によってもとらえるところにまで到達しなければなりません。最終的には、理性の想像したゆたかな産物を概念によってとらえなければならないので、それが世界史の仕事です（中略）理性が世界を支配する、というときの理性は、摂理ということばと同様、その意味はあいまいきわまるもので、普通には、理性的とか非理性的かの判断基準になる理性の具体的内容をしめすことのできないまま、理性ということばが口にされている。理性の具体的内容を明確にとらえることが、第一に重要なことです。それをしないで、理性、理性と一般的にいうだけでは、たんなることばあそびです」（長谷川宏訳）。

ヘーゲルは、こう問いかけたあとに自らの解答を用意して、学生たちに示した。

「歴史における理性とは何なのか」。ヘーゲルは「世界史という舞台で主役を演じるのは、あくまで精神であって、精神のもっとも具体的なあらわれが世界史」であると述べ、講義の方向性をつぎの三つに集約させた。

（一）　精神の本性の抽象的定義。

（二）　精神の理念を実現する手段。

（三）　現実における精神の完全な実現形態（＝国家）。

これらはそれぞれに関連したものである。たとえば、最初の精神の本性については、「自由」という概念を中心にすえた上で、ヘーゲルは「東洋人はひとりが自由だと知るだけであり、ギリシャとローマの世界は特定の人びとが自由だと知り、わたしたちゲルマン人はすべての人間が人間それ自体として自由だと知っている」精神を持つとみる。

この場合の「東洋人」は、いまのわたしたちが東洋と思い浮かべる空間範囲よりもさらに広範囲の地域を示す。ここではヨーロッパ以東の地域であり、ペルシャ世界、インド、中国などを含む。講義では、ヘーゲルの頭の中には日本という国は全く存在していない。では、「自由」という精神の理念を実現する手段とは一体何なのか。つまり、(二)の問題設定である。

ヘーゲルはこれを「情熱」に求めた。「情熱ということばがぴったり対応するわけではない。わたしがいいたいのは、特殊な利害、特定の目的、いや、いいたければ利己的な意図といっていいような、そういうものにもとづく人間の活動力のことで、しかも、この目的のうちにその人の意思と性格の全精力がそそぎこまれ、他の目的が、他の一切が、その目的のために犠牲にされるといった活動」が精神の理念を実現することを、ヘーゲルは示唆した。「情熱」はその「内容が私的なことに終始するのではなく、公的な行為をめざし実現する側面をももつような心の動き」とも指摘される。

こうした情熱の下に、自由を実現させる形態を「国家」とみなすところに、ヘーゲルの主張がある。ヘーゲルは「主観的な意思や情熱が実現する活動力であり、理念が歴史の内面をなすとすれば、国家は現実に存在する共同の生活」であると述べた上で、(三)の世界史的意義についてつぎのような解答を用意した。

「精神の現実性とは、人間の本質たる理性的なものを対象として知ることであり、理性的なものが、客観的な、形のある存在として目の前にあることです。そのときはじめて人間は共同体を意識し、人とつながり、法と道徳にかなった国家生活をおくるのです。共同体の心理とは、公共の精神と主観的精神が統一されることであり、公共の精神とは、普遍的かつ理性的な国家の法律のうちに表現される。国家は神の理念が地上にすがたをあらわしたものです。かくて、世界史の対象を明確に定義すれば、自由が客観的に存在し、人びとがそこで自由に生きる国家がそれだ、ということになる。」

以下、ヘーゲルは、国家論とは「法哲学」の分野に属すると断りながらも、彼の国家観を開示していく。すなわち、①国家とは「自由を実現する場」であり、「精神的な理念が、人間の意思と自由の力で目に見える外形をとったもの」、②国家とは「抽象的なものであり、市民に広くうけいれられるときにはじめて実在する」、③国家の体制とは「政治の内部機構が理性的に編成されていることであり、それぞれの要素が自由に活動できること」、と整理された。

そして、国民文化とはこうした国家の「一切をまとめあげる形式」であり、これこそが「民族精神」そのものであるとヘーゲルは主張し、「現実の国家にあっては、そのあらゆる特殊な事件、戦争、制度、等々のうちに、この精神が生きています。人間は、みずからの精神でも本質でもあるこの民族精神を認識し、それとの根源的統一を意識しなければなりません。共同体的なものが主観的意思と前提的意思との統一」であると規定した。ヘーゲルは最後につぎのように国家の本質を学生たちに総括してみせた。

「国家についてこれまでのべたことをまとめると、国家の生命力が個人のもとでは共同精神と名づけられます。国家そのもの、国家の法律や機構が、個々の国民にとって正義です。……国民の意思は、この法律とこの祖国の意思です。この精神的な全体は、一つのまとまりをなし、それが一民族の精神です。国民は民族精神のもとに生きるのであって、それぞれの個人は民族の子であると同時に、国家が発展するかぎりで、時代の子である。」

この民族精神は必然、さまざまな民族によって異なり、その異なるものとは具体的に「その本質的なすがたが神としてイメージされ、崇拝され、うけいれられると、それが宗教であり、像として直感的に表現されると、それが芸術であり、認識の対象となって概念化されると、それが哲学」となる。

ヘーゲルにとって、ベルリン大学の講義「世界史の哲学」で講じようとしたのは、まさに世界史における民族精神であり、このなかに「国家」の変遷があった。ヘーゲルはこのあとの講義で、民族を東洋世界（中国、インド、ペルシャ）とギリシャ世界、ローマ世界、ゲルマン世界とに大別して、その宗教や哲学を紹介している。

ヘーゲル自身は、講義の最終部分では、ゲルマン世界を取り上げ、「矛盾のるつぼ」の中世的封建世界から抜け出し、君主制へと移行して国家建設が進み、そして近代を迎えた歴史を振り返った。宗教改革などが行われた時期をゲルマン国家の第三期とし、この時期を「おのれの自由を知り、絶対の普遍たる永遠の真理を意思する精神の時代」と位置づけた。

だが、ヘーゲルもまた「時間」のなかに生きていた。ヘーゲルのいう「精神」もまた「時間」のなかにあった。ヘーゲルが生きた時代よりおよそ一世紀あとに、マルティン・ハイデッガー（一八八九〜一九七六）は未定稿ながら、『存在と時間』を発表した。

ハイデッガーはいう。「もろもろの学問は、現存在の存在態様である」と。「現存在」とは、彼のことばでは、「自己の存在の可能性のひとつとしてそなえているこの存在者」のことを「問う」ことそのもの（＝存在）である。「存在と時間」について、ハイデッガーはつぎのように語っている。

「われわれが現存在となづける存在者の存在の意味として挙示されるものは、時間性である。この指摘は、それまでの間にとりあえず挙示されていた現存在の諸構造の諸様態として解釈することによって、吟味される必要がある。……現存在が一般に存在というようなものを暗々裡にそこから了解し解意しているもとのところは時間である、ということを示す必要がある。この時間が、あらゆる存在了解とあらゆる存在解意の地平であることを明るみにひきだし、まぎれもなく把握しなくてはならない。このことを見とどけるためには、存在了解の地平としての時間を、存在了解的な現存在の存在としての時間性から、根源的に解明する究明が必要となる。それと同時に、この課題全体のなかには、このようにして得られた時間の概念を通俗的な時間了解と対照してけじめをつける要件も含まれている。この通俗的時間了解こそ、アリストテレス以来ベルグソンをこえて維持されている伝統的時間概念のなかに定着したような時間解釈という形をとって表明されているものなのである」（細谷貞雄訳）。

こうした現存在である人間は、「『時間的な』存在者（自然の現象や歴史の出来事）を、『非時間的な』存在者（空間や数の諸関係）から区切り、また、命題の意味を『無時間的』だとして、ふつうこれを命題言明の『時間的』経過に対照させている。さらに人びとは、『時間的に』存在するものと『超時間的に』永遠なるものとの間に『断絶』を認めて、それを超える橋を架けようと試みている。これらの場合に「時間的」といわれるのは、——そう言いかけて依然としていかにも不透明な規定であるが——『時間のなかで存在している』というのとほぼ同じ意味である」とハイデッガーは指摘する。

とりわけ、経済学者は経済という時間的存在そのものである事象を非時間的な数的関係のなかで理解し、経済的な事象の時間的連関を通俗的な時間了解としてはいないだろうか。ハイデッガーの問いかけはきわめて鋭い。ハイデッガーはさらに問題提起を続ける。

「まず存在の意味への問いを開発してその地盤の上で示すべきことは、正しく見とどけられ正しく解明された時間の現象のなかに、あらゆる存在論の中心的な問題組織が根を下しているということ、そしてそのことの経緯である。存在が時間から把握され、そして存在のさまざまな様態や派生態がそれぞれの変様と派生関係においてほんとうに時間への見越しから理解可能になるはずであるとすれば、当然、存在者が『時間のなかで』存在するかぎり『時間的』であるなどということにとどまらず、すでに存在そのものが『時間的』性格をそなえていることが見とどけられたことになる。」

歴史という時間のあり方について、わたしたちに語りかけるハイデッガーの思考のことばは決して易しくないが、時間の本質は確かにここらあたりにある。そして、ハイデッガーが明示したように、ヘーゲルが提起した民族、民族意識、国民、精神、理性、そして国家もまた時間の上で変遷してきた。

資本と国家

資本と時間とはつねに緊張関係をもつ。貨幣による商品と商品の交換とは、貨幣を資本に転化させ、資本の運動が繰り返される前提である。この自律的運動は、人と人の社会関係、人の集合体としての共同体の一層の開放性を促し、共同体相互の交換を推し進めていく。こうしたなかで、国家もまた資本の運動にとらわれていくのか。あるいは、国家とは、資本の自律的運動性とは別の運動性をもって存立するものなのか。

佐々木剛は「国家」を考察する場合に、最小限として二つの要素を重視すべきであるとする（岩波『哲学・思想事典』）。すなわち、「支配服従という権力関係」と「なんらかの程度における利益の共有とその擁護という側面」。この二つの要素が結びついて、国家のもつ「権力が他を圧倒する強さと権威」が認められるような構造が形成されてきた、と佐々木はみる。この構造をめぐって国家論が展開されてきた。佐々木は、この国家観を五つの範疇に大別・整理してみせる。

（一）古典・古代の国家観——ギリシャの「ポリス」で代表されるような「独特の政治的共同体」であり、オリエント世界、とりわけペルシャの国家体制との対比においてとらえられる。ペルシャの特定の人物（＝大王）への奴隷的従属とは異なり、ポリスは「法（ノモス）に対する共通の服従意識に基づいて形成された一種の共同体であり、自発的献身が当然のこととされるものであった。……ノモスを中心に自由人が平等の資格で参加する政治共同体であり、支配従属関係はこれらの人々によって自主的に形成され、運営されるものであった。それだけに権力の濫用を防止する機構と公共目的に献身する市民の資質がもとめられることになったのである。」

（二）キリスト教思想の国家観——「国家はかつて人間の存在そのものに対して持っていた重要性を失うに至ったのである。国家に対して教会が優位に立ち、前者は後者の従者としてのみ辛うじてその正当性が認められるという構図は人間の共存の軸が政治から信仰に移ったことを端的に示すものであった。」

（三）主権国家観——マキアベリなどに代表される権力的国家観である。こうした「権力突出型の論議は正義の実現や政治参加よりも平和と秩序の達成を国家の使命とする立場といってよい。」

（四）市民社会的国家観——一つめは政治を世俗的なものととらえ、「特に、財産権の保護を中心に平和と秩序の内容を拡大し、権力の突出を緩和したかたちで国家の積極的役割を正当化するものであり、これは教会その他に対して国家を文明の担い手とし、やがて啓蒙専制主義にまでつながっていく構想」である。二つめはジョン・ロックなど「権力中心の議論を見直すことを唱える系譜である。」

（五）一九世紀以降の国家観——一つめの系譜は階級支配的国家観であり、「私的な利益と私有財産の弊害を克服した一種の共同体」を想定した国家観であり、サン・シモン主義からアナーキズムまで多様な見解がある。二つめは、集団の役割と集団間の関係から国家をとらえる多元主義的国家観とこれに関連した民族要素を重視し、「社会的同質性の枠内に国家を無理やりに吸収しようとしたファシズム」的国家観である。三つめは自由主義から国家を市民の連帯する共同体ととらえる国家観である。

こうした時代区分と地域的波及性は単一的、単層的ではありえない。ギリシャ型の国家と国家観は、二〇世紀以降の市民概念と同一ではありえないし、また、その市民共同体のあり方も異なる。とはいえ、市民という概念の外延化と法治国家観は、なにはともあれ、現在に継承されている。しかし、ここに至るまでには、キリスト教（カトリック思想）による国家と教会の相克、そして両者による権力把握は、必然、（三）のような権力そのものと政治のあり様を問うマキアベリ（一四九八〜一五一二）などを生み出したといえる。

国家の内実としての政治は、現実においてより世俗的なものであると同時に、こうしたなかで生きる人びとの自然的権利などへの関心を生んでいった。それは、種々多彩な主義・思想があったとしても、ロックやルソーが見通したように、国家による不可侵な人権を認める思想が醸成されていた。こうした考え方はナショナリズムの下に国民国家が成立し、二〇世紀的な国家観に継承されていくことになる。

ナショナリズムといった場合の、「ナショナル」（国民あるいは民族）なる概念についてふれておく。このことばの原義は、「生まれ」を意味するラテン語からきている。そして、このことばの内実はさまざまな変遷をへるのだが、一八世紀のフランス革命によって国民という概念が成立し、国民議会、国民主権、そして国民国家というかたちで政治体制が押し出されていった。ここでの「国民」は、平等な個人の集合体的概念を指す。

他方、既述のヘーゲルに代表されるように、一方で「内なる」領域において自由な人間の精神と権利を「国民」ということばで認めつつも、「外なる」領域において国家優位の国家論を展開させていったのは、当時の欧州での領土をめぐる血生臭い動きを背景にしていた。国民ということばは、「民族」ということばに連動し、民族主義的解放運動と同時に民族主義的拡張主義を生み出した。

だが、現実に地域的空間性と「生まれ」で象徴化される国民の同質性は必ずしも一致するものでもなく、この「ずれ」は国内政治あるいは国際政治においては擬制化されることで埋められることになる。擬制化の先には、国民国家主義（ナショナリズム）があるといってよい。この意味では、アンダーソンが『想像の共同体』で主張するように、国民国家とは「想像の共同体」という擬制的側面を強くもつ。

では、こうした国民国家において、資本は国家とどのような関係を取り結ぶのか。柄谷行人は『ネーションと美学』で、国家を広義に経済的な問題として「商品交換とは違ったタイプの交換に根ざすものとしてとらえること」の重要性を指摘する。

とはいえ、柄谷は、マルクスが『経済学批判』での「序言」で定式化した上部構造・下部構造論—「生産諸関係の総体は社会の経済機構を形づくっており、これが現実の土台となって、そのうえに、法律的、政治的上部構造がそびえたち、また、一定の社会的意識諸形態は、この現実の土台に対応している」（武田隆夫他訳）——の文脈で、この国家交換論を展開してはいない。柄谷はつぎのように問題を提起する。

「そうした見方は、産業資本主義の結果として、すなわち、商品交換の経済が圧倒的になった時点で見出されたものでしかない。交換にはさまざまなタイプがある。ところが、産業資本主義の経済の下では、商品交換のみが『経済的』であると見なされ、それ以外のタイプの交換は政治的あるいは文化的なものと見なされてしまうのである。そのような見方をするかぎり、国家やネーションは神秘化されてしまう。それらは経済のように物資的で確かな事柄とは根本的に異なる起源をもつかのように見られてしまうのである。しかし、それらは商品交換ではないが、別のタイプの交換に始まっているのである。」

柄谷「国家論」は、交換のかたちから、国家をまずはつぎの三つの類型に整理する。

① 第一類型——共同体や家族においての「互酬」的な交換のかたち。すなわち、「贈与とお返し」。これは未開社会や共同体だけでなく、親子関係にも存在する。

② 第二類型——封建国家における「収奪と再分配」という交換のかたち。

③ 第三類型——都市における「商品交換」のかたち。

第一類型は、それは親と子の間では可能であっても、現実には商品交換が主軸となる社会において希薄化する。だが、それは完全になくなるというわけではなく、擬制化して残存するというのが柄谷の見方でもある。すなわち、

「互酬的交換はむしろすべてのタイプの交換の基礎である。それは、交換でないようなものも互酬的交換の形態をとることによって交換と見なされるということである。……支配者が持続的に搾取するためには、得た富を再分配し、灌漑、技術革新、防衛などに関して、共同体における公的役割を果さなければならない。いいかえれば、支配者と収奪される者の関係が持続的なものであるためには、それが互酬的な交換として表象されるようなものでなければならない。」

こうして第一類型が第二類型の封建国家においても保持されるのは、そこでの交換が従来の互酬関係をな

んらかのかたちでとどめているからにほかならない。ここでの「支配―従属関係」は暴力でなく、「むしろ気前よさから生じるのである。……権威とは、返済できない贈与を受けたと感じさせること」であり、この権威は贈与を受ける相手に自発的な服従をもたらす。柄谷はこれをいまの政治にも見出す。

「互酬的交換が支配―被支配関係を作り出すということは、けっして未開社会に固有のものではない。たとえば、今日の議会政治を見れば明らかにように、気前よくふるまう政治家が有力である。もちろん、彼らがふるまうのは自分の金ではなく、他人の金であり、とりわけ税金である。ところが、支配者が収奪した富を再分配することが、まるで『贈与』のように表象されるのである。」

要するに、第三類型の都市＝近代国家においても、その交換形態は封建的と思われた「収奪―再分配」の関係が、国民と納税義務、政治家や官僚による補助金などの所得再分配というかたちに変形され保持されているのである、とするのが柄谷の基本的な視点である。ここでは、「収奪―再分配」の範囲で保持されているとみなされる。

柄谷「国家論」で重要な指摘は、「商品経済とは違ったタイプの交換、すなわち、互酬的交換に根ざすということを意味するのである。ネーションとは、商品交換の経済によって解体されていった共同体の『幻想的』な回復にほかならない。それゆえに、ネーションは根本的に、国家や資本主義的市場経済に対立する要素をもつのである。しかし、ネーションは共同体の創造的回復であるとしても、共同体とは異なっている」とみる点にある。柄谷は交換のかたちからみた類型の四つめの範疇に「アソシエーション」を置く。

この「アソシエーション」は時として「上位の政治的国家組織」を排除した構想であったがゆえに、さまざまな政治的な立場からも一種の危険思想とされてきた。柄谷のことばで紹介しておこう。

「それ（引用者注―アソシエーション）は個々人が共同体の拘束から解放されているという点で、市場経済の交換に似ていると同時に、市場経済の競争や階級分解に対して相互扶助的な交換――資本の蓄積が発生しないような市場経済――を目指すという点で、共同体と似ている。そして、この自発的で自立した相互的交換のネットワークは、上位の政治的国家組織を必要としないし、国家の原理とはまったく相容れない。これがコミュニズムであるといってよいだろう。しかし、無用な誤解を避けるために、私はアソシエーションと呼ぶ。それは、国家、共同体、資本主義を超える唯一の原理である。これが他の三つと異なるのは、現実に存在したことがないということ、その意味で『ユートピア』だということである。」

では、現実のいま、わたしたちがいる場の内外にある国家とは、資本とどのような関係を取結び、資本は商品と貨幣との交換過程のなかで国家に対してどのような動きをみせるのか。そして、超国境的といわれる経済活動の下で国家のすがたをかたちづくってきた輪郭線が薄くなったように見えるいま、「想像の共同体」として、国家はどのような交換類型をもち、そのすがたを資本に対して維持しようとしているのか。

この点については、追々ふれるとして、まずは交換過程のなかで中心を占める「貨幣」についてさらに考察しておく必要があろう。つぎに貨幣を取り上げる。

第二章　貨幣論

商品と商品

貨幣発生史論によると、貨幣という「媒体」手段が発明され――といっても、だれがどこでという特定化は困難であり、まず、手近なものが使われ、その使用が共同体間の慣行として広まり、やがてより腐朽しにくい物質に収斂していったと考えられる――、流通したにせよ、それは商品経済の発達を前提とした。つまり、商品と商品が交換されるところに貨幣発生の契機――商品と商品を交換する貨幣という商品――があるとしても、まずは商品ありき、であった。

商品生産は自己消費でなく、他者消費を目的とするものである。それは原始社会においても行われていた。事実、考古人類学者の発見によって、その地には存在しなかった素材の装身具などは、その素材などが他所から持ち込まれた可能性を強く示唆し、すでに交換を前提とした商品生産が古代でも行われていたことを伺わせる。

このような商品生産はその地での生産関係を反映した。工場での大量生産体制が成立する以前において、商品生産の主軸は小規模な手工業であった。やがて、手工業品流通の商業が発達した。商品生産の効率性は、アダム・スミスの『国富論』を読み直さなくとも、分業体制の成立によって著しく高められ、工場生産が成立していったことがわかる。工場生産の効率性はさらに機械化によって一層高められた。

ただし、分業と機械化だけが商品生産を加速化させたわけではない。これよりもはるか以前において、商品と商品の交換を促す貨幣が登場することによって、商品生産は貨幣から資本への転化を促し、分業と機械化をさらに進展させた。

つまり、商品生産とは商品と商品との直接的交換ではなく、商品と商品を媒介する貨幣そのものの獲得のために行われ、この目的そのものが商品生産を加速化させる社会関係を成立させた。貨幣流通の前提にある商品交換よりも、貨幣の獲得そのものが自己目的化し、それが人びとの精神の一部を形成していった。これはマックス・ウェーバーの資本主義精神論の一角を形成している。

人びとは、貨幣獲得への動機が商品生産のあり方そのものをも支配していることに気づき、貨幣と商品の間にある「資本」の法則に気づいたであろう。商品生産は「時」と「場」の社会関係を規定し、この社会関係が商品生産の方向性、とりわけ商品の消費という社会行為をも規定し、そして、商品生産がさらに社会関係に影響を与えていった。これは各国の経済史が示すところである。

封建制度において、人びとは土地に縛られ、土地生産性によって余剰生産力をもつ地域と、自己消費が精一杯といった余剰生産力を持たない地域とが共存しながらも、ある地域においては生産力が縮小する方向で、ある地域においては拡大する方向で経済の発展が起こったことがわかる。村単位など共同体での生産余力は、他の共同体との交易を生み出し、商品交換に関わる流通圏を拡大させ、そして商業活動を促した。

商業活動での膨大な利益はある時期までは巨大なものであった。欧州でもオランダなど小国が豊かであったことは、貿易において巨万の富が蓄積された結果でもあった。とりわけ、交通や輸送技術が未発達であった時代において、商品の交易にともなうリスクは大きく、それだけに莫大な利益がそこで生じた。日本の近世においても、海上交通は必ずしも安定したものでなく、それだけに廻船問屋は大きな損失を蒙る反面、大きな利益をも手にした。日本海側にある廻船問屋の美術工芸品などの収集を支えたのもこの富の蓄積であった。

商品生産は貨幣獲得への希求を高め、貨幣獲得は商品生産を拡張させた。といっても、これが無制限に行われるはずはない。商品の普及は、その消費市場の大きさに規定され、市場の飽和が起こると、商品生産もまた飽和化した。財という物が飽和化すると、人びとの日常的な営みもサービスというかたちで商品化されていった。こうしてみると、商品生産は供給面において、あらゆるものの商品化を推し進める。他方、市場の飽和化はあらゆる資源——これは天然資源だけでなく、現在、よくいわれる知的所有権など人の知的な営みなども含め——の商品化を強く促す。

いわゆる先進諸国で物的消費という意味での消費はすでに飽和化し、従来のさまざまな資源の市場化が限界に近づくと、いままで市場化されていなかった領域にも商品生産が拡張される。商品生産というのは貨幣獲得への強い希求により、あらゆるものを商品化し、さらなる貨幣獲得へとわたしたちをいまも突き動かす。これこそ資本主義の精神であると主張することも可能であるし、資本主義の運動法則なのだと指摘することも可能である。

いまの産学（官）連携という流れも、商品生産に伴ったこうした限界性とこれを突き破ろうという衝動性に沿ったものである。産学連携とは大学のもつ種々の知的資産の市場化を強く推し進め、市場化されていなかった「知」という諸資源の商品化を促している。ハーバード大学の学長に若くして就任し、その職に長くあったデレック・ボック教授は『市場に立つ大学——高等教育の商業化——』（宮田由紀夫訳『商業化する大学』）で、商業化する大学の現状に警鐘を鳴らしている。

重要なのは、従来から大学の商業化に対して必ずしも積極的ではなかった日本の大学と異なり、米国の大学はその設立からしてビジネスにもっとも近いところに存在してきたことだ。にもかかわらず、ボックは警鐘を鳴らす。米国大学はその設立史からみて、私立大学のように牧師養成所から発展してきた大学、多くの州立大学のように初等・中等教育の教師養成から発展した大学、その地の農業振興のために設立され総合大学へと発展した大学がある。いずれにせよ、最後の大学などは、当初から産学を強く意識して設立され、その地域の産業構造に密接な関係をもちながら発展してきた実学型といってよい。

他方、牧師養成所から発達して、いまは有名私立大学となっているケースをみれば、その後、ドイツの研究型大学の影響を受けたこともあって、研究重視の教員構成をもった大学となり、日本よりもはるかに実学重視の側面も併せ持つこととなった。ボックは、産学という大学の商業化について、まずつぎのように懸念を述べる。すこし長いが引用しておく。

「過去二五年の間に、大学は自分たちの教育・研究活動の成果を個人や企業に販売することにずっと積極的になった。この種の商業化は新しいものではなく、大学スポーツを通してでは何十年も前から起きていた。……一九七五年以降、大学はそれまで以上に、研究・教育活動から利益を得ようとしている。多くの大学が特許のライセンス、営利目的のインターネット講義、……、それが大学にもたらす弊害とは何か……『もし、いい売値がつけば大学のものは何でも売るのか』『もし大学の生み出すものが次々と利益のために売られるようになれば、市場からの金銭的な誘因が教員や職員の行動を微妙に変えてハーバード大学の校風を悪い方に変えていくのではないか』といった疑問が私を襲ったのである。これらの疑問はその当時（一九八八年頃―引用者注）、私を悩ませた。今も悩ませている。過去一〇年に、大学がベンチャー投資家と協力して講義をインターネットで配信して利益を得たり、医学部が製薬会社から資金提供を受け、見返りに学部主催の現職医師向けの生涯教育講座の企画段階に企業を参画させるということが報告されるようになってきた。このような傾向をみて、私は商業化が大学の性質を我々が後悔するような方向に変えているかもしれないということを心配している。自分の教育・研究と支持にとって不可欠な大学の持つ価値観と言うものを犠牲にしているのかもしれない。」

ボックはこのはなしを、一九八八年六月の大学卒業式で在校生、卒業生、交友など前に、自分が見た夢というかたちで大学の商業化のもたらす影響が正夢になることの危惧を語っている。ここで展開されている議論の大元には、商品生産とは何かという問題がある。

ボックは「商業的活動は最近になって、よりいっそう明らかになってきたかもしれないが、アメリカの高等教育ではけっして新しい現象ではない。……今日の商業活動に関して新しいことは、その存在ではなくてこれまでにない大きさと広がりである。……今日、多くの大学のコンピュータ科学、生物化学、企業財務、その他多くの学科の教授たちが知的活動から金銭的利益を得る機会を求めている。……（こうした現象を説明する）答えのひとつは、われわれの社会全体で市場の影響力が強くなっていることだ」と現状を振り返った。

さらに、彼は「大学における知的な混乱が促進したのならば、それは目的でなく手段における混乱である。限られた範囲の中で利益追求を続けるためには、高い質と高潔さを維持しながら目的を求めていくのに必要な明確な価値観を大学が持たなければならない。そのような価値観がぼやけたりぐらついたりすると、金儲け主義はすぐに大学全体に広がってしまう」と指摘する。

ところで、「商業化」、つまり、商品の生産、交換と所有はあくまでも私的行為であっても、そこには「私的」行為を越えた、いわば公共性の問題、つまり「我々的」行為と商品の生産・交換・所有の「私的」行為との関係がある。この問題はすこしあとで取り上げるとして、大学の性格（＝公共性）を変えてしまう背景とボックの懸念を、わたしなりにリストアップしておこう。

（一）政府の高等教育予算の削減の影響——「一九三〇年代は財政難だった。しかし、これらの時期に大学は利益追求活動の爆発という形では反応しなかった」。とはいえ、大学とは「ギャンブル中毒者」などのように研究などの「欲望」をみたすためには万年予算不足の感じを教授たちはもつ。

（二）米国産業の国際競争力低下への「国家」意識と大学の知的財産の商業化を促す法律の制定や大学教員の外部ビジネス兼業化への認定。

わたしはこのなかで二番目の要因を重視する。もちろん、さまざまな資源の効率性を促すビジネス手法の採用は大学にとっても必要である。だが、「効率というのは大学の本業である教育や研究では必ずしも有用な指針ではない。……利潤極大化もやはり大学における意思決定の適切な指標としては問題がある」とすれば、大学は「魅惑的な商業化の機会にどう対応すべきか」ということになる。もうしばらく、ボックの意見に耳を傾けよう。これには大学のもつ研究と教育という二つの機能について検討する必要がある。

研究については、短期的に利益が見込めるような応用研究が最優先されると、応用研究そのものが依拠している基礎研究の底が抜け、科学進歩の基礎が損なわれる懸念がそこにある。ボックによれば、いまのところ、こうした予想は起きていないし、また、コンサルティングなどの兼業で外部の企業社会に通じている教員ほど、大学では基礎研究を重視しているという調査結果も引用して、やや楽観的な見方が示される。いまのところ、「批評家たちの最悪のシナリオは現実のものとなっていない」と。

しかしながら、医薬品研究分野の企業からの研究資金が増加すると、その企業に不利になるような基礎データーなどの公表が差し控えられるなど、大学が本来保持すべき中立性が失われる可能性がある。また、この問題を論じる公共的な議論の場もまた影響を受ける可能性がある。ボックはいう。「研究のスポンサー企業名や研究者と利益のからむ企業との関係がわかると、人々は中立であるべき学者が書いたものとは違うと疑念を持って読むようになる。ついには、すべての大学の研究への信頼が崩れるかもしれない」。

この懸念は大学人――とりわけ、医学や薬学の分野の教授や研究者――の「利益相反」という面ですでに起こっているという指摘もある。米国のタフツ大学教授でバイオ分野での産学連携の現状を中心として科学技術と社会との関係を研究してきたクリムスキー教授は、『民間利益における科学―利益の誘惑はバイオ医学研究を堕落させたか―』（宮田由紀夫訳『産学連携と科学の堕落』）で、大学の研究への信頼性について米国の現状を紹介している。たとえば、ボックが学長を勤めたハーバード大学医学部などでの医薬品開発をめぐる利益相反の合意については、クリムスキー教授はつぎのように厳しい見解を述べる。

「大学の誘因構造の多くは大学に教員の利益相反や大学自身の組織的利益相反を見て見ぬふりをするように仕向ける。すべての関係者がまともな説明責任、透明性、制裁についてある程度合意しないのならば、ガイドラインを作って、組織的に共犯となっていることや問題を看過することへの流れを逆転させようとすることはうまくいかないのである。かつては利害関係者間の摩擦の中で中立の立場にいると考えられていた大学は、いまはその真っ只中にいる。……ほとんどの大学が厳密な中立性を主張できない。バイオテクノロジーの分野はとくに利益相反に満ち溢れている。……大学で確固たるものになっている急速な商業化は、知的財産に対する新しい法的環境によって著しく容易なものになった。」

また、クリムスキーは「より典型的な形は、科学者は（自分が株をもっていたり、社長だったりする）企業から研究資金をもらい自分の大学の実験室で研究を行う。実験室にいる院生やポストドク研究生にとっては、どれが商業目的の研究でどれが公的資金による研究なのかわからない。実験室の決まりごとは共通であり、機密保持は商業的研究にも公的資金による研究にも同じように適用される。なぜならば、両者ともに同じように私有財産となる知識を生み出すかもしれないからである」と述べる。スポンサー企業のための研究成果やデータが意図的に操作されたりした実例なども紹介されている。

他方、教育面では、インターネットによる遠隔教育は、従前の通信教育の現代版といえなくもなく、いろいろな制約で学ぶことの出来ない人たちに教育機会の平等を保障する一つの手立てであるともいえる、いま、多くの企業が有名大学の講義をネット配信することで教育を商業化しようとしている。これはすべて否定すべきことでないのかもしれない。講義している本人しか理解できないような講義もまた多い大学の現状では、品質の高い講義がインターネット配信されることの意義は大きい。

ただし、問題はここでも研究の場合と同様に、目的と手段に関わる。商業的な競争と市場が求めるなら、大学は何でもかんでも費用換算と需要弾力性を計算して商品化しなければならないことになる可能性もある。ボックは大学の商業化が便益をもたらす側面も否定できないが、それでも代償は大きいという。「商業化によってもたらされる大学の価値観に対する危険のうち、つぎのものがもっとも重要である」と。つまり商業化の代償である。

① 大学の規範を蝕むこと——企業からの資金調達の巧さや、商業的にだけ有用な研究をしているという基準で教授の採用・昇進を行ってはならない。でないと教授陣の士気は下がるだろう。また、学生の入学審査も大学の教学上の目的にとって適切かどうかという基準から行われる必要がある。そこには、大学教員の採用・昇格、学生の入学基準の「高潔さ」がなければならない。

② 大学コミュニティーへのダメージ——「商業化は今までなかった分断と緊張とを作り出すことによって、大学コミュニティーの中の共同体的雰囲気と信頼関係を知らず知らずのうちに弱めていく。……お金が、自分の利益と個人的な仕事を学生や同僚に対する責任よりも上に置くもうひとつの、そしてきわめて強力な理由として加わった。そのような利己主義の傾向は大学にとってとくに有害である。」

③ 大学に対する信望への危険——「過去四〇年間にわたって、アメリカにおいて政府に対してだけでなく大学を含めてすべての機関に対する信頼は失墜した。重要なことに、いまだに最大の信頼を勝ち得ている組織や集団、最高裁判所や軍などは、例外なく利己主義でない目的にまい進しているように見える。……より重要なことは、商業化は中立で私欲のない教育と研究という大学が得ていた信望を損なう恐れがあることである。……大学は学術面での高潔さにおいて最も代償の大きな犠牲を払うことになりうる。民主的社会では重要な問題に関しては充分に中立で公平だと信頼できる情報を必要とする。」

最初の点に関しては、ボックは「大学が与えることが出来る最も尊敬されるべき倫理面での見本は、高貴な原理原則のため目先の利益をすすんで犠牲にすることである。……大学にとって不可欠な価値観のうち最後のものは、学問や科学の研究の上での規範に忠実であることである。……教員は正確で中立的であるよう出来る限り努力しなければならないし、大学は研究結果に偏向や歪曲をもたらす外部からの影響が最小限になるよう努めるべきである」と主張する。では、大学の果すべき「研究の高潔さ」とは何か。

ここで確認しておくべきことは、米国の大学が特許収入を得ていたのはいまに始まったことでなく、一部の大学ではすでに以前からあったことである。これをすべての大学に拡張しようというのが昨今である。一九八〇年に大学に投下された政府資金で成果を得た研究開発結果の特許化を認めたバイ・ドール法は、このきっかけを作った。この結果、米国の大学は——教養大学でなく、むろん研究重点型の大学において——特許獲得競争をするようになった。これによって、さらに多額の連邦予算を獲得しようという動機もあった。ボックはこの傾向について白黒はっきりした結論を出しているわけでもない。とはいえ、つぎのような危惧を示す。

「基礎研究の成果である特許がまだどんな製品に応用できるか良くわからない段階で、一つの企業に排他独占的にライセンスする。そうすることで、大学はライセンスを受けた企業が稼ぐ独占的利潤の分け前をもらおうと望んでいるのだが、特許化された知識の実用化をめぐる健全な企業間関係を妨げている。……これらの事例は、議会が達成しようとした進歩を促進するよりむしろ妨害してしまう特定の行動を避けるために、何らかの是正策が必要であることを明らかにしている。……学術雑誌や研究書の数の増加を見てきた人ならば、ベストセラー教科書や大衆向けの本を書いて儲けようという誘惑が研究の質を低下させたとは判断しないであろう。少なくともこれまでのところ、発見をしたり優秀な同僚から敬意を払われたいという欲望の方が金儲けの欲望より強いようである。……しかし、大学と企業との連携は大学の研究の公開性、中立性、独立性に妥協を強いるというさまざまな危険を生み出す。……大学の指導者は、……今までの経験の積み重ねによって、活発な技術移転活動を行いつつ、まともな科学が求める公開性、独立性、中立性を保つ境界線を引けるはずである。……機は熟し、適当な制限を設けてそれを厳格に実行する時期に来ていることは確実である。」

他方、教育面では、米国有名大学院の修士号取得プログラムのインターネット配信が、海外市場、とりわけアジアと南米で「あまり事情のわかっていない沢山の学生がただ有名大学から修了証書を得れば将来が開けると思っている。この可能性をベンチャー投資家は見逃さない」現状で、実際には「受講生は少ししか学ばないことになる。こうして利潤動機はだまされやすい受講生と大学の名声とにつけこむことによって大学が質の悪い講義を提供すること助長する」と、ボックは指摘する。ハーバード大学の総長を二〇年余り務めたボックは大学の市場化あるいは商業化を扱った同書の最後を次のように締めくくる。

「残念ながら、ここまできて、この流れ（大学の商業化―引用者注）は不可避的である。妥協が長い間、大目に見られてきたあとで、大学は社会の信用を再構築し、教員からの権威を取り戻し、昔の幸せな状況に戻ることが難しいことに気づくであろう。進歩と名声を求める苦闘のなかで、はかない利得を得ることと引き換えに、大学は回復するのがほとんど不可能な、本質的な価値観の喪失を犯してしまうであろう。」

ボックの所論を長々と引用した。ボック自身は、大学商業化の背景にあった米国経済の競争力変化をきちんと分析しているわけではない。だが、米国経済のこうした変化を等閑に付して、ここ十数年来の大学の商業化傾向を論じることはできない。それは一九九〇年代以降の日本での産学連携という大学の市場化・商業化の背景にも共通している。日本は米国大学の商業化制度をかなり忠実に実現させようとしてきた。だが、これに二〇年ほど先立ってきた米国大学の商業化に、なぜ、ボックが警鐘を鳴らすのか。ボックの論点をもう一度確認しておく。

①　医薬品開発において、本来公共性をもつべき大学の知的活動が少数民間企業に移転・秘匿化されることで、従来のような研究者間の自由な情報交換を通じた研究の発展が阻害される恐れ。と同時に、医薬品開発の本来の目的——たとえば、貧困地における疾病予防や治療など——も阻害される可能性がある。

②　大学発ベンチャー企業への疑問——投資家と大学での責務の相反性が生じる危険性がつねにある。

③　大学が必要とする文化の多様性——金銭的動機だけの市場化で教育内容、研究内容の方向性が決定されることで、教養軽視と文化的多様性を認める大学文化が変容することの大きな社会的損失の増大。

なんでも程度の差といってしまえば、それまでである。米国の大学商業化の背景には、明らかに米国の産業構造、より具体的には米国産業の競争力構造の変化がある。この問題を解く一つの鍵は「競争力」であり、もう一つの鍵はボック自身が使っている「商業化」という鍵概念である。

一般に競争力は四つの競争力の総和としてとらえられる。

（ア）「事業構想力」という競争力——これには何をつくるのかということを企画し、その開発手順を決定することの出来る競争力である。これは、現在では研究開発力に深く関連する。

（イ）「技術競争力」——最初の事業構想でのアイデアを実際の商品やサービスに化体させていく能力である。「事業化競争力」といってもよい。

（ウ）「品質競争力」――現実に開発された商品を安定した品質に落とし込む競争力である。

（エ）「価格競争力」――製品を価格的に競争力のある商品に仕上げる「価格競争力」である。

これらの「競争力」構造から米国経済をみてみよう。米国経済の場合、産業構造を貿易収支からとらえると、第二次大戦後の米国製造業の圧倒的な四つの競争力の下であらゆる産業が米国優位として存立していた。その後、労働集約的な消費財産業――たとえば、繊維、衣服、雑貨など――は戦後復興を成し遂げた日本や欧州諸国からの輸入に大きな影響を受けていった。こうした産業はその価格競争力の回復を求め、米国内の安価な労働力をもつ南部地域へ再立地した。だが、アジア諸国の興隆により、やがて産業そのものの再編成が倒産、転業、合併などを通じて進んだ。やがて、米国製造業の中心は価格競争力と品質競争力で優位にあった中間財、資本財、そして耐久消費財に移っていった。

だが、一九八〇年代からは、こうした米国製造業の中核であった機械・金属系産業も空洞化――米国企業の海外立地による多国籍化など――していった。必然、米国製造業は脱製造業化と事業構想力と技術競争力の構築を中心としたいわゆる「知識集約化」経済――ここでは「事業競争力」と「技術競争力」が重要な鍵を握る――へ向かう。この担い手は、従来の「産」である民間企業だけではなく、その構想力のタネを大学での研究成果に求めることになった。これは、遺伝子工学などバイオ分野で、大学の研究成果をタネにベンチャー企業が出始め、多額の資金を投じながらもこうした研究成果を生み出せなかった大企業の研究体制への失望が生じることとなった。

ここで冒頭の商品生産という視点に戻れば、あらゆるものが商品化され、その商品間の交換が飽和になれば、市場飽和は新たなる商品化を求める。そこでは、あたかもまだ刈り入れが終わっていないような穀物や採掘されていない鉱物資源が先物市場化するかのように、人びとの研究や開発というまだ先のわからない知的財産までもが先物市場化（＝リスク化）されてきている。この最後のフロンティアがいまは大学となった。

かつての金鉱の発見は、未だ発見されていない金脈への予想をめぐって金などの価格が変動し、これに一喜一憂して、金鉱掘りの山師がカリフォルニアへと旅立ち、そこかしこを掘り起こした。いまの金鉱掘りは、かつてのように埃まみれの作業服のひげ面男でなく、仕立ての良いスーツを着たベンチャーキャピタリストたちである。

金鉱掘りの現場も山中でなく、掘りつくした後に建てられた産学連携で著名となったスタンフォード大学などが立地するサンフランシスコ周辺やその南に立地するシリコンバレーである。この金鉱掘りの先にあるのが商品を介して交換される貨幣であることはいうまでもない。ここで、わたしたちの社会を大きく突き動かしている貨幣について取り上げるときがきた。

貨幣の発明

わたしたちのまわりには、たくさんの発明品があり、その発明者がはっきりとしているものも多い。電球というのも、同時代史的に多くの開発者がいたであろうが、一応、発明者はエジソンとなっている。いまから一三〇年ほどまえのことであった。電球は、いまではわたしたちの日常生活に欠かせない必需品となった。貨幣も必需品ということではそうである。電球の機能は光源であるが、貨幣の機能は商品の交換媒体としての中立性にある。電球以上に、貨幣がなければわたしたちの生活が成り立つことは困難である。

とはいえ、貨幣の発明者を特定することはできない。それは特定の個人による発明でもないからだ。この発明品も同時代史的に多くの地域で生み出され、紀元前にすでに一定の流通をみていた地域も確認できる。電球と同様に、貨幣は人類の発明品のなかでも際立った位置を占め、有史以来の人類のベストセラー商品となってきた。

貨幣については、さまざまな人たちがさまざまな視点から論じてきた。第七章で紹介することになる英国のジョン・ロック（一六三二〜一七〇四）は、『政府に関する二本の論文』（鵜飼信成訳『市民政府論』）で貨幣の発生について興味深い論考を行っている。ロックは貨幣の発明についてつぎのように述べる。

「人間が必要とするより以上に持ちたいという欲望をもつようになると、ただ人間生活にとって有用であるかどうかに依存する物の本来の価値は変ってしまう。消耗滅失しないで長続きのする黄色い金属の一小片を、大きな肉の一片や穀物の一山に価するものと定めるようになってしまった。」

つまり、人びとが自分の労働だけに依拠し、自分が生きるために必要な物を専有するにすぎない時期には貨幣は不必要であった。人びとに自分以上の労働から生まれた財産とその権利への「欲望」が生じたときに、自分が必要とする以上に持っているものを保持する手段として貨幣が必要となった、とロックは貨幣発生の過程をみる。

ロックは「労働が、最初、共有物に所有権を設定したのである。それは大部分が共有であって、しかもいまもなお人間が利用し得る以上にあるものであった。人間は、最初は、ただ、人手を加えられないままの自然が彼らの需要に応じて提供するものでだいたい満足していた。しかし後には、世界のある部分で人口と家畜が増加し、貨幣が使用されるようになった結果として、土地が乏しくなり、したがっていくらかの値を生ずるようになった。……このようにして、はっきりとした合意によって、地球のおのおの部分に就いて、相互間に所有権を確定したのである。しかもなお、そこの住民が、人類の他の部分と共通の貨幣使用の合意を結ばなかったため、荒蕪地のままになっており、かつ、そこの住民が実際に利用しまた利用し得る以上にあるため依然として共有となっている土地はきわめて多い」として、貨幣が土地の所有権などと密接な歴史的関係をもっていたことを示した。

では、どのようにして貨幣の使用が始まったのか。ロックによれば、自分の土地で収穫しても一週間ほどで腐ってしまうスモモの場合、とりあえずは自分が消費し、その他は一年間ほど保存が効くくるみと交換することでその収穫した価値を保持することができる。ロックは続ける。

「さらにまたもし彼がそのくるみを、色彩が気に入って一片の金属と交換し、あるいは自分の羊を貝殻と、あるいは羊毛をキラキラ光る小石またはダイヤモンドと交換し、それは一生自分のものとして保存するとすれば、彼は決して他人の権利を侵したことにならない。……このようにして、貨幣の使用が始まった。貨幣というのは保存しても腐朽せず、また相互の約束によって、人が実際に生活上有用な、しかし滅失する性質のものと交換に受取るであろう、永続性のあるものであった。」

要するに、貨幣というのは「財産の蓄積を持続し拡大する機会を作った」ものであり、かつ「永続的であり稀少」なものである。こうした貨幣というものが知られるにしたがって、「自分の近隣の者の間に貨幣の用途と価値とをもっている何らかのものを発見すると、やがてその人はやがて自分の財産を増やしはじめる」。このようにして貨幣の歴史が生み出されてきたというのがロックの貨幣発生史論である。では、なぜ、金銀は「貨幣」として「発見」されたのか。

ロックの慧眼は、金銀は「食物・衣服・車両と比較すれば人間の生活にとってほとんど役に立たないのであるが、その価値はただ人の同意によって得られたものである」ことを見出したことである。ロックは、この場合の価値基準は「大部分労働であるが、そうすると土地の不均等な所持も明らかに、人々が同意した結果だということになる」ことも指摘している。

経済では農業などが大きな位置を占め、この根幹に土地の生産性があった当時、ロックは、「彼らは、暗黙かつ自発的な同意により、剰余の品物に対して、金銀（すなわち、何人にも不法を加えないで蓄積され得るもの）を交換に受取ることによって、自分がその生産物を利用しうる以上の土地を正当に所有する途を、発見したからである」として、金銀のような滅失毀損することのない貨幣の所有と土地の私的所有を結び付け理解した。

さらに重要であるのは、ロックのいう金銀が貨幣としての価値をもつことを誰もが認め、その使用に同意することである。金銀が貨幣であることを国家が法によって定めることで、人々がそれに同意せざるをえなかったことである。貨幣の機能の内面に刻印された信用と権力とは国家によって保持されていること。このことがロックの貨幣論に集約されている。この三世紀まえの指摘はいまも有効だ。

貨幣を必要とした人びとにはある種の不平等な経済構造——商品生産形態——への意識がその当時すでにあったことになる。とはいえ、金や銀などの発掘と精錬にはそれなりの技術が必要であり、これ以前にはロックの事例にあったくるみとはいわないまでも、さまざまな貨幣代用物があった。鋳造されない貨幣代用物は、いわゆる「原始貨幣」と呼ばれる。さまざまな民族の生活形態に沿っていろいろな穀物、塩や毛皮などが貨幣あるいは貨幣代替物として用いられたことが知られている。

他方、交換や保存に容易な鋳造貨幣の登場ということでは、欧州では、銀が産出したギリシアで銀貨が使われた。やがて銅貨なども登場した。ローマでも青銅製の貨幣が使われ、やがて金貨も登場した。これらの鋳造通貨はあとでふれる。ここでは商品生産を促してきた貨幣という商品の機能を整理しておく。

つまり、ロックの貨幣論からすれば、貨幣の機能には価値の「交換」「移転」「保蔵」の三つが少なくとも存在し、ここから派生した機能もある。整理すればつぎのようになる。

(一)「価値の交換機能」――支払手段としての貨幣。したがって、価値基準としての貨幣の役割がこの前提にある。

(二)「価値の移転機能」――したがって、資本への移転が可能となる。

(三)「価値の保蔵機能」――資本の蓄積を促す。

最初の交換機能、すなわち支払手段としての貨幣は、既述のように商品交換が狭い範囲である共同体「内」あるいは共同体「間」から広域空間に拡大したことによって成立し、一層の共通尺度をもつ貨幣の必要性が高まった。そこでは、価値基準としての商品である貨幣の品質を保持しうる物質が求められ、やがて鉱物の発見と鋳造技術の向上により、減耗しない鋳造貨幣が流通するようになった。

この鋳造貨幣についてみると、わたし自身、随分前に訪れたエジプトのカイロ博物館で古代の鋳造通貨――組成金属は覚えていないが――をみた記憶がある。銀が産出されたギリシアでは銀貨がすでに鋳造されていたし、また、銅などの産出地域では銅貨が鋳造されていたことが考古学者などの発掘で明らかになってきた。

この金属貨幣はその地域の鉱物資源や精錬・鋳造技術によって当然ながらそれなりの多様性がある。形状としては丸型が多いが、中国では刀の形や中を四角にくり抜いた形がみられる。貨幣鋳造がギリシアやオリエント地域、中国では紀元前であるのに対し、日本で貨幣が鋳造され始めたのは遅く奈良朝のころであり、銅銭であった。鋳造技術がそう高くなく、もっぱら中国などからの銅銭の輸入時代が続いた。銅に加え、金銀の貨幣鋳造が安定したのは一六世紀後半の安土・桃山時代のころからであった。

さて、金属貨幣、とりわけ、金や銀が国を超えた国際取引に使われ始めた経緯についてみる。欧州では一三世紀の十字軍による人と物資の大量移動の時代にフロリン金貨の流通をみたとしても、本格的な金貨や銀貨による決済はこれ以降のことであり、金貨による決済、つまり事実上の金本位制の成立は一九世紀以降のことである。銀貨あるいは金・銀貨併用の国際決済という価値交換は、産出量によって貨幣商品としての銀貨の変動に懲りた商人たちが、より安定した金貨を選好した結果でもあった。

国際決済での金本位制については、英国ではそれまでの銀本位制から金銀本位に改めてからおよそ一世紀あとの一九世紀はじめ、ドイツはその半世紀後に採用した。日本が追従するのはこの四半世紀後である。この意味では、歴史的にみて、金という価値基準としての貨幣の役割はそう古いわけではない。

紙幣についてみれば、紙そのものが貴重なものであり、紀元前の中国などでは獣皮が使われた。といっても、現実に支払手段として利用されはじめたのは唐の時代あたりからで、これは鋳造貨幣の現物輸送に代わる手段としてであった。欧州諸国では一五世紀あたりに、鋳造貨の現送に代わって為替手形として発行され始めた。

やがて、こうした紙幣の流通は、兌換銀行券となっていく。紙は貴重品であった古代は別として、金などの金属と比べて品質の保持がきわめて困難であり、金本位制と互角の紙幣本位制は、この紙を貨幣、すなわち支払手段として通用させる信用という強制力がなければ、流通などしない。紙幣が信用通貨とよばれる所以はここらあたりにある。紙幣の歴史は、必然、鋳造通貨の流通史からみれば新しい。

ところが、紙幣がいまでは貨幣の主力となり、かつての鋳造貨幣＝硬貨は補助通貨となっている。紙幣というわたしたちの手のひらにとる印刷物が、ときにその印刷費用の数百倍に及ぶ価値をもっている。かつては、そこに記された金額が、中央銀行に持ち込めば定められた金と交換される旨の裏書が印刷されていた。いわゆる兌換紙幣である。いまはない。だが、金量によって保証されていない現在の紙幣は他の商品への交換価値をもっている。その価値の根源は印刷費用の多寡によるものではない。

この背後には、中央銀行が発行した印刷物を流通させている強制力がある。こうした紙幣の発行は国家という強制力の下で中央銀行に委ねられ、あとでみる補助通貨や地域通貨などは別として、金額を明示した紙幣を印刷・発行する権利はわたしたちには与えられていない。

ジョン・ロックは『市民政府論』で政府と政治を論じたが、そのなかで貨幣を取り上げざるを得なかったのは、政府という国家権力が貨幣の信用性に深く関係することを見抜いていたことに他ならない。ロックにとって、貨幣を論ずることは国家を論ずることであり、国家を論ずることは貨幣を論ずることであった。

ロックの貨幣論あるいは国家論は、貨幣が国家を背景とした「信用性」により流通し、やがて貨幣と貨幣の交換を自国内から自国外へと押し広げていくことを見る上でも重要な視点を提供している。それは、いまの国際政治と通貨問題との関係にも明瞭に現われている。

貨幣と貨幣

貨幣の発生は商品交換を前提にして成立し、商品経済が広範に成立することによって貨幣の利用がさらに推し進められた。

貨幣は価値基準をそれなりにもった支払手段という商品であり、他の商品との便利な交換手段である。これは先にみた貨幣の第一の機能である。貨幣がこうした機能だけに特化していたとすれば、いまのような経済社会は形成されなかったであろう。それは貨幣のあとの二つの機能への特化にその秘密がある。つまり、価値の移転機能が重要な鍵を握る。貨幣とはさらに貨幣を生み出す資本へと転化する機能をもち、この機能は貨幣が価値の保蔵によってさらに強化されるからである。貨幣はフローとともに、ストックの機能を併せ持つ便利な商品でもある。こうした貨幣の機能は歴史的に形成され、展開してきた。

歴史的ということに関していえば、貨幣のもつ価値保蔵機能はここ十数年来で過去何百年分かに相当する変化が生じ大きく変わろうとしている。背景には、貨幣を貨幣のかたちで所有することでその価値を保蔵することが困難となってきた現状がある。もちろん、いまでも、おカネを自宅の金庫に保存したり、銀行預金というかたちでおカネをおカネというかたちで保持したり人が多数いる。そこには、貨幣の価値保蔵機能があるからだ。

だが、猛烈な物価高が続けば、おカネの価値は猛烈な勢いで減価する。この場合には、おカネの本来の機能である商品との交換機能が前面に出る。つまり、土地、株式、そして他の通貨と交換するかたちで、おカネがもつ価値の保蔵が図られる。つまり、おカネをおカネとしてその価値を保蔵することは、交換されるべき諸商品の価格変動に影響を受けることでもある。

これが、土地や株式など一国内の市場においておカネとの交換活動が展開されていれば、その影響はきわめて局地的である。いまは、国境を越えて、大量のおカネがあらゆるものに交換される。これを促進したのはコンピュータと通信技術の発展である。いまは、おカネ同士が自由自在に時間と空間を越えて瞬時に交換されうる。この凄まじさは、一九九〇年代後半のアジア通貨危機が如実に物語っている。いまは、貨幣がもっている価値保蔵機能を成立させる条件そのものが大きく変容しつつある。このことはおカネの定義の再考をわたしたちに迫ってもいる。

とはいえ、貨幣の機能やその歴史性が大学の経済学の講義などで抽象的に取り上げられても、おカネの現実的側面が正面切って取りあげられることはそう多くない。わたし自身、学生時代に聴講した経済学講義でおカネが真正面から取り上げられた記憶はない。現代経済学において、おカネとは自明のものであり、いまでは空気のような存在であるからかもしれない。だが、わたしたちは、現実の経済を理解するためにも貨幣の本質を問わねばならない。

現実の金融制度や国際通貨制度に深く関わった実務家でもあり、研究者でもあるベルナルド・リエターは『未来の貨幣』（小林一紀・福元初男訳『マネー崩壊―新しいコミュニティ通貨の誕生―』）でおカネについて真正面から取り上げる。リエターは、ガルブレイスの『マネー』（一九七五年刊）から「経済学においてマネーの研究というものは、ただ複雑なばかりか、真実を隠したり避けたりしているようだ。これまで明かにされた真実など、一つもない」という象徴的な文章を引用しつつ、つぎのように述べる。

「お金というものは実に刺激的なテーマである。……金融市場の関係者ならば誰でも、金融の世界は『感情』が大きな要素を占めていることを知っている。普段の生活でもお金は、時に暴力やかんしゃくの引金となったり、私たちのモラルまで壊したりする。しかし、不思議なことに経済学も金融論も、こうしたお金の感情的側面についてふれないばかりか、お金を『科学的』に研究するという大義名分のもとに、お金に関わっている『この感情的要素』を意図的に封じ込んでしまっている。……経済学の教科書には、お金が何をするかは書かれていても、お金とはいったい何かについて触れられていない。」

リエターが『未来の貨幣』で終始一貫して問題提起しているのは、「おカネとは何か」でなく、「おカネとは何のためにあるか」である。短兵急にリエターの結論を紹介すれば、おカネとは仕事の創出を通じて人びとに生きがいと尊厳を生み出す「価値」のことである。そうなっていないとすれば、どこにその根本的な原因があるのか。リエターは鋭く問う。わたしなりに彼の視点を整理しておこう。

(一) 一方においておカネの膨大な蓄積があり、他方において失業率の高まりと貧困の問題が山積されている。だが、なぜ、こうした事態の改善のためにおカネが使われないのか。

(二) 経済的な豊かさはおカネの蓄積をもたらすが、なぜ、おカネの蓄積そのものが自己目的となり、これによって人と人との関係に「ぬくもり」がなくなり、そして国と国との関係も国際金融システムの不安定性によりギクシャクしているのか。

では、そのような事態を改善しうるような「おカネ」があるのか。リエターは「補完通貨」という「おカネ」に着目する。リエターはいう。「私たちは、心の中にある『協同』と『競争』への欲求を見事に調和し、みんなが豊かになれる社会をつくりだす可能性を持っている。それは『持続可能な豊かさ』を実現するということである。これが単なる机上の空論ではないことは、……国家が発行する通貨とはまた別に、世界で一九〇〇を超えるコミュニティーが独自に通貨を発行しはじめている」と。

リエターは「現実世界で役立つおカネ」を「あるコミュニティーにおいて、ある『何か』を交換の媒体として使おうという、一つの取決め」と定義する。交換媒体としての貨幣の機能と役割は古典的なものであり、通常は、おカネはその発行権と強制権を国家がもつことによって流通する。ただし、コミュニティー通貨は範囲が設定されたコミュニティーだけに通用し、何と何を交換するかというルールをコミュニティーの人びとが取り決めたときに、ある種の価値が発生する。いうまでもなく、コミュニティーという空間的範囲は国家の行政単位としての地域とは異なる。

ロックの貨幣論の繰り返しになるが、おカネのもつ権力性は、まちがいもなく国家の成立と密接な関係をもっている。そして、現在のおカネは、銀行によって生み出される信用という貨幣の増殖作用によって、中央銀行のおカネの発行量以上に金融市場で存在する。この信用制度は国家の持つ強制的権限以外の何物でもない。国家のおカネの通用範囲は、国家の力の及ぶ範囲を示している。だが、歴史にみて、国家、とりわけ国民国家の成立はそんなにむかしのことではない。貨幣を論ずることとは国家あるいはそのもつ権力（＝強制力）を論ずることなのである。

リエターも「ある通貨がコミュニティー内で受け入れられる時、そのコミュニティーにおける権力の所在がわかる。例えば、社会権力が僧侶に握られていた頃、お金を発行していたのは寺院であった。次に王が支配するような時代になると、アリストテレスは『お金を発行することは君主の権利』と言った。そして工業社会では、国民国家が権力を握り、その結果国家通貨が支配的になった。今日、権力が国民国家から別のところへ移りかけているとき、国家通貨以外の通貨が現われていることは驚くべきではない」と述べる。ここでは、電子マネー、企業マネー——わたしたちが飲食店やスーパーなどで、スタンプが五〇個貯まれば、五〇〇円相当の割引券贈呈から、航空会社のマイレージまで——が念頭に置かれている。

リエターの「貨幣論」での慧眼は、おカネを国民国家と国民通貨との関係においてその本質を見通していることである。これはわたしの狭い経験からしても納得できる。一九九〇年代前半に、ハンガリーなど中東欧諸国を訪れたことがあった。旧社会主義経済の市場経済体制への移行期のころである。物価は高騰し、ハンガリー国民は、自国通貨を全くといっていいほど信用していなかった。

地方の旧国営工場や民間小工場を訪れときには、ハンガリー人通訳が必要であった。通訳料を支払う段になると、受けつけてもらえるのは米国ドルやドイツマルクであった。この前後に訪れたアフリカでも一緒であった。物価高騰と民族対立で不安定なアフリカ諸国では、外国人相手のドライバーや通訳者などは現地通貨をまず受け取らない。ここでも受け取られるのは、自国以外の通貨であった。このことはわたしたちに、おカネの出自について多くのことを教えている。

つまり、現在のおカネとは信用通貨のことであり、その信用は国家に深く関連して成立していること。そして、国民通貨の中にも国民が「信用しうる国民通貨」と「信用できない国民通貨」があること。いまはドルなどが世界の信用通貨として成立し、第一次大戦ころまでは英国のポンドが使われた。こうしたおカネは、世界的信用通貨を支えるに足る構造をもった英国や米国という国家的覇権に大きく依存してきた。

信用通貨とはおカネが銀行を通じることによって、その手元にある貨幣以上に信用創造が可能となり、この仕組み自体がさらに国家の「信用」——したがって、国家のもつ強制力——に大きく依拠して成立したおカネのことである。

平たくいえば、この想像上の「信用」は現実には見えにくいが、利子というかたちで確かめることが出来る。貨幣は商品交換手段であるが、ここでは利子を伴う貨幣への交換手段となる。こうしたおカネと利子を生み出す信用機関としての銀行と国家との結合こそが国家通貨の特徴である。

リエターは、この利子という概念が極めて近代的なものであり、おカネと利子の関係こそが人びとの間での競争を促進させ、人びとを終わりなき経済成長へと駆り立て、少数者への富の集中をもたらしてきたとみる。

貨幣は信用という機構を通じて、貨幣が貨幣を求める自律的運動を呼び起こし、わたしたちの社会に大きな影響を与えてきた。貨幣は一方において、わたしたちの経済活動を活発にするが、他方において信用危機という自家中毒症も引き起こしてきた。

歴史的にみれば、もっとも深刻なものは一九二九年のニューヨーク株式市場の暴落に端を発した世界大恐慌であり、一九三〇年代の世界的大不況をもたらした。第一次世界大戦後の米国の金融証券市場が信用膨張を起こし、貨幣が貨幣を生むマネーゲームの過熱水蒸気が実物経済というボイラー自体を吹き飛ばしたようなものだった。

大恐慌下で、人びとは働く場所を失い、消費は低迷し、投資は落ち込み、人びとを職場から失業者として吐き出した。人びとは、国民通貨という信用通貨を権威づけていた国家そのもののあり方を疑った。一方において膨大な貨幣の蓄積、他方において膨大な失業者の群れがあった。なぜ、失業を減らすために、貨幣が使われないのか。米国のみならず、英国、フランス、ドイツ、イタリア、そして日本などでも、人びとはこの問いに対してさまざまなかたちで解答を追い求めた。

解決策を独裁者の行動に求め、彼らの威信に経済回復を期待した国々もあった。国家の権威や強制力に依拠しない補完通貨あるいは地域通貨――もちろん、当時はこのようなことばは一般的ではなかった――が多く生まれたのがこの時期であることは単なる偶然ではない。前述のリエターがこの時期の補完通貨について紹介しているのもこのためだ。

リエター自身は、もし地域通貨が国家の承認を得て、それが緩やかに流通しておれば、ファシズム国家が欧州に生まれることも、第二次大戦が勃発することがなかったかもしれないと述べる。ジョン・ロックのように、この意味で国家の貨幣である通貨を論じることは国家のあり方を論じることである。

だが、地域通貨のほとんどはその後姿を消した。いま、二千以上の地域通貨（補完通貨）が世界各地で再び生まれてきているといわれる。リエターはこうした歴史的教訓から地域通貨の重要な特徴と役割を指摘する。わたしなりに整理してみる。集約するとつぎの二点である。

① 現存の国家通貨と異なり、「相互信用マネー」である補完通貨には利子がつかない。

② 補完通貨は貯めるためにあるのではなく、コミュニティーを活性化させるために使われる。

実際には、この二つは互いに関連する。なぜ、地域通貨（補完通貨）が一九三〇年代に世界で同時発生したのか。それは国家通貨が、働く意欲をもつ人びとと、こうした人びとを求めている「場」を交換する機能を果せなかった一方で、補完通貨が人々の必要とするサービスなどの仕事と働きたい人の意思とを結びつけることが出来たためだ。

たとえば、年老いて家の修理が困難な人に修理サービスを二時間行った人は、二タイムドルを受け取る。この人はコンピュータを習うために、その得意な若者に二タイムドルを使うことができる。これで二タイムドルを得た若者は、ベテラン整備工にそのタイムドルで自分の潰れた車の修理を依頼することができる。

そして、その地域ですでに誰かが購入済みであった家の修理に必要な釘や壁紙、コンピュータの学習に必要なテキスト、車の整備に必要な部品など、使われずに眠っていたものがタイムドルで譲られることもあるだろう。この連関では、地域内でタイムドルを使用して購入できなかった商品についてのみ、地域を超えた交換機能を強制的にもつ国家通貨で購入することになる。

このような補完通貨は、国家通貨の節約を通じて、その地域の必要とするさまざまなサービスを不況下であっても、国家通貨という貨幣を媒体とせずに——したがって、国家の介入なしに——提供することができる。一九三〇年代の大不況の下で、期せずして世界各地で人びとの智恵の結晶として、地域通貨（補完通貨）が考え出されたことの理由の一端が理解できよう。リエターはこの通貨の将来性をつぎのようにとらえる。

「補完通貨は、社会的に有効であるだけでなく、企業にとっても有効な道具である。地域に根差した商店や企業なら、自分たちもコミュニティー内で買い物をするので、地域通貨を受取ることが理に適う。……大型スーパーはそのコミュニティー以外の遠距離の産地から商品を購入しており、地域通貨を受取っても使い道がない。よって、地域通貨に参加する可能性はより低いだろう。この意味において、補完通貨は経済のグローバル化が進む中で、地域経済がより対外的な要因に頼り切らない、自立した経済となるのに少々貢献することができる。……補完通貨は中小企業に、これまで大企業しか得ることのできなかった特典を使えるようにするのである。……この新たな道具によって、新たな富が創出される。そして一度機能し始めれば、これまで補助金や税金に頼り切っていた多くの社会問題対策を完全に自立したメカニズムに変えることができるのである。」

最後に、貨幣論の課題を要約しておく。貨幣は、貨幣そのものが貨幣を作り出す関係をより純粋化させ、商品と商品の交換以上に、貨幣と貨幣との交換をますます促すようになった。貨幣が貨幣を産む時代――金融資本主義といってもよいが――において、国民通貨の背後にある国民国家という存在がより強く意識されるようになったのである。

貨幣と越境

先に紹介した国民国家と国民通貨の密接な関連性は、いまはどうだろうか。また、欧州の共通通貨であるユーロ――欧州各国で発音はすこしずつ異なる。たとえば、ドイツではオイロー、フィンランドではエウローなど――は何を示唆しているのだろうか。

また、ユーローは欧州国家と国民のあり方をどのように変え、どのようなことがこの変化の背景にあるのだろうか。ドイツ国民、フランス国民、フィンランド国民、最近ではポーランド国民、ブルガリア国民、ルーマニア国民、ハンガリー国民ではなく、ユーローは欧州国民というより広域の国民意識を醸成していくのだろうか。ユーローとは各国にあった国家意識、たとえば、ナショナリズムを消滅させ、欧州国民を成立させるのだろうか。

他方、わたしたちにとって、自国での外国通貨――日本ではもっぱらドルが身近ではある――の使用が可能になっている。ここでは、国民国家を経済的に象徴化してきた国民通貨と国民意識とのずれが生まれるし、また、国民国家の領土的空間を決めてきた国民通貨と他国民通貨――もっとも、日本でタンザニア通貨が日常生活において通用するとは思わないが――との領域があいまい化してきている。

このあいまいさとは別に、視覚的かつ感覚的に確認できるのは、こうした国民意識よりもかつての国民経済に密着したようにみえてきた大企業の活動である。多くの大企業はすでに多国籍化し、欧州さらにはより広域の世界市場で国民企業という意識領域をはるかに超える存在となっている。こうした多国籍企業の自国民雇用はそう大きなものでなくなっている。

必然、多国籍企業の越境的な経済活動は、いろいろな決済のための世界通貨を必要とする。そこでは、タンザニア・シリングなどは登場せず、もっぱらドルという米国の国民通貨が世界通貨として流通している。では、ドルという国民通貨であり世界通貨をもつ米国という国民国家とは何であろうか。

アンソニー・スミスは、『ネイションとエスニシティ――歴史社会学的考察――』で国民国家の構成領域を「文化的（エスニック的）領域」と「法的政治的領域」の二つに整理する。前者の文化的共同体の要素は、共通の歴史的記憶、神話あるいは伝統が中核を占める。他方、後者の法的・政治的共同体の要素としては、構成員の法的・政治的平等、共通の市民的文化イデオロギーがその中核をなす。

スミスの国民国家範疇では、米国はもっぱら後者の法的・政治共同体としての色彩が強い国民国家といってよい。米国人は、米国民として生まれた人たちだけでなく、「米国人となった人たち」（＝移民）からも構成されている。この意味では、前者の文化的共同体としての色彩が薄く、むしろさまざまな伝統文化を持ち込んだ多国籍出身者から構成される法的・政治的共同体国家としてのすがたこそが米国である。

この意味での「米ドル」は、米国経済力そしてそれと不可分に結びついた軍事力を背景にしている。とはいえ、「米ドル」はまた他の国民通貨とは異なる多国籍国民という出自をもっている。こうした特定の民族的固有性を感じさせせない米国の国民通貨が、「グローバル化」といわれる時代の多国間決済通貨となっていることはある種の象徴性をもっている。

他方、「欧州ユーロ」が多国間決済通貨としてドルの地位を完全に置き換えることができるのだろうか。いまのところ、それは必ずしもいえないし、また、グローバル化のなかで欧州の国民国家が消滅して、それぞれの国民が世界市民となれるわけでもない。スミスはこの点に直接言及してはいない。だが、「地球規模で進行する相互依存への流れ」というグローバリズムこそが、ナショナリズムを超えるものとしてとらえることができるのかどうか、というスミスの視点はきわめて重要ではあるまいか。スミスはつぎのように指摘する。

「このこと（引用者注―グローバリズム）が、一九世紀初頭から今日にいたるまで、自由主義者ならびに社会主義者たちの希望であり、期待であったことに疑いの余地はない。……家族主義、地域主義、宗教が侵食されていけば、人類がグローバルな社会や文化へと進歩していくだろうということを、国家も見通すことができたのである。同様にマルクス主義者も、国家が『衰退』し、ネイションやナショナリズムを『超え』られると考えられていた。」

だが、スミスはきわめて逆説的に、グローバリズムこそがかえってナショナリズムを推し進めるのではないかと予測する。スミスは、一見、しばしば狭量ととらえられてきた文化的（エスニック）な共同体を否定したソビエト連邦や米国を事例に取り上げる。スミスは、ソ連の崩壊はマルクス主義的なイデオロギーがその後分離独立した民族国家間の関係に対して脆かったことを指摘する。ただし、米国という多「民族国家」についてのスミスの分析は必ずしも明示的なものではない。

米国では、たしかに文化的（エスニック）的な共同体が国内で分離独立して自治権を要求すること――もちろん、ないこともなかった。黒人運動の一部には黒人による独立州の要求などはあったが、その政治的要求と実現可能性はきわめて低かった――などが大きな政治的争点となったことはない。それだけに、こうした民族共同体――たとえば、ユダヤ系米国人、アイルランド系米国人、各アジア系米国人、ヒスパニック系米国人等々――はさまざまな政治的圧力団体というかたちでそのナショナリズムを刻印させている。

「通じるための貨幣」である通貨の越境論にもどっておく。ここでの問題はつぎのようにまとめることができよう。

無人の荒野を行くような市場経済の広がりのなかで、それぞれの国民国家性が刻印された国民通貨は、世界経済におけるその経済的なナショナリズムとどのような折り合いをつけるのか、あるいはつけているのか。通貨とは現代国家をそもそもエスニックな共同体として編成しうる存在なのだろうか。

貨幣と国家

前節で、貨幣と通貨を漫然と使用してしまった。ここですこし貨幣と通貨のちがいをみておく必要がある。『広辞苑』では、区別はつぎのように解釈されている。

「貨幣」――商品交換の媒介物で、価値の尺度。支払手段として社会に通用するもの。

「通貨」――強制通用力を有する貨幣。「法貨」ともいう。

『経済学辞典』などでは貨幣の項はあっても、通貨そのものの項はないことが多い。経済学者にとって、通貨の定義はあまりにも自明すぎるからだろうか。『広辞苑』によれば、貨幣と通貨の異なる点は強制力に関わる。貨幣はその空間的、あるいは時間的範囲に拘わらず強制的な通用力をもったときに通貨となる。通貨とは、つまるところ、「通じる」貨幣のことである。このことばは英語で currency と表現されるが、この原義がラテン語の「走る」ことから来ていることからも、「通貨」ということばは貨幣の本質を伝える語感をうまくとらえている。

この「通じさせる」＝「強制力」という意味で、貨幣の通貨への転化は国家――とりわけ、国民国家――のあり方と無関係には生じない。これはジョン・ロックの国家論が示すところである。この国民国家論そのものは、第七章あたりで取り上げるとして、貨幣はこの国民国家の成立と密接な関係をもつからこそ流通する。とりわけ、その対外的流通においてはそうである。いろいろな分野の研究者が国民国家の構成要素やその背景を論じるが、前述のアンソニー・スミスなどは、こうした国民国家の要素の一つのとして国民通貨をとらえている数少ない一人であろう。

スミスは『ナショナリズムの生命力』で、国民（ネーション）の概念を「歴史上の領域、共通の神話と歴史的記憶、大衆的・公的文化、全構成員に共通の経済、共通の法的権利・義務を共有する、特定の名前のある集団」と広範に位置づける。こうしたスミスの「国民」国家観の先には、本来バラバラな個々人の間に、あるいは諸階級間にある種の社会的紐帯を求める存在としての国家が配置される。

それらは「国旗、貨幣鋳造、制服、記念碑、儀式といった象徴の使用によって、構成員は自分たちの共通の遺産と文化的類似性を思い起こし、共通のアイデンティティと帰属の感覚によって高揚し、励まされると感じる」ことであり、国民国家の象徴としての貨幣鋳造の意味を重要視する。これは慧眼といってよい。わたしたち日本人が国内で使用している分には、国家を感じない「円」貨も、外国に出て他の通貨に両替するときに、「円」という貨幣はまちがいもなく、国民通貨としての貨幣であることに気づく。そこには国家が刻印されている。

スミスは、「貨幣＝通貨」という関係が、国民国家の構成員＝国民にその共通の遺産と文化的類似性を気づかせ、共通の帰属感覚を感じさせる象徴的なものであると強調する。より視覚的かつ具体的にいえば、それぞれの国民通貨に刷り込まれている風景や人物について思い起こせば納得がいくだろう。日本が近代国家として暗中模索していた明治期からいまにいたるまでの円紙幣の人物についてみておこう。

明治初期については神宮皇后（一円、五円、十円券）、明治中期から昭和戦前期の菅原道真（五円、二十円、三五円券）、同、武内宿祢（一円、五円、二百円券）、和気清麻呂（十円券）、藤原鎌足（百円券、二百円券）、日本武尊（千円券）である。もっとも、聖徳太子は昭和初期に百円券に使われ、戦後も千円券、五千円券、一万円券に登場した。

こうしてみると、明治期、大正期、そして敗戦までと敗戦直後の混乱期という昭和期には、もっぱら日本の国民通貨を代表する人物としては、国民教育と連動して神話と歴史的記憶にある奈良・平安期の朝廷に近い人物などが象徴的に印刷されていたことがわかる。

第二次大戦後では、敗戦直後の二宮尊徳（一円券）、高橋是清（五十円券）、板垣退助（百円券）、岩倉具視（五百円券）、伊藤博文（千円券）。このなかには紙幣が硬貨になることですぐに消え去ったものもある。わたしは朝鮮戦争のころに生まれた世代であり、わたしの同年輩でも二宮尊徳、高橋是清の記憶はないが、板垣退助、岩倉具視、伊藤博文、そして昭和戦前期以来の聖徳太子が印刷された紙幣の記憶はいまも鮮明である。米国の占領政策の下では、天皇制を象徴化するような人物などは消え去り、明治の元勲など政治家が紙幣に刷り込まれた。これは米国による占領政策下での、戦前的天皇制国家観が見直されていた結果でもあった。

そして、現在である。

いまの世代にとって、福沢諭吉（一万円券）、新渡戸稲造（五千円券）、夏目漱石（千円券）がようやく定着し始めたら、今度は偽札が相次ぎ、野口英世（千円券）、樋口一葉（五千円券）が発行された。いままで札裏面には富士山など風景が印刷されていたが、表面に人物でなく建物が印刷されるようになったのは二千円券で、そこには琉球の守札門が描かれた。

ここでは政治家が消え、教育者——もっとも、福沢や新渡戸はこの範疇だけに収まり切れないが——や文学者が登場していることは、日本人の国民国家観の変化を暗示しているようでもある。同様の傾向は、米国、南米、欧州諸国やアジア諸国などにも共通した。貨幣が通貨である以上、そこにはつねに国家が登場する。

第三章　蓄　積　論

資本と商品

先に商品を論じた。さて、商品と資本との関係である。カール・マルクスは『資本論』第二編「貨幣の資本への転化」で、資本の一般定式についてふれている。

この部分の冒頭、マルクスは、「商品流通とは資本への出発点である」と述べている。そして、商品流通の「最後の過程」こそが「資本の最初の現象形態」であるとする。つまり、商品流通の「最後」の過程＝資本の「最初」のかたち。これこそが毎日繰り返される資本の生き様（＝成立史）である。それは貨幣という「かたち」が商品をへて資本という「かたち」に転化される時間的瞬間である、とマルクスは見通した。

商品流通は「W－G－W」というかたちをもつ。そこには「買うために売る」という行為がある。マルクスはこのかたちに対して、第二のかたちとして「G－W－G」という、「売るために買う」という類型を提示する。これは、「流通を描いて運動する貨幣は、資本に転化され、資本となる。そしてすでにその性質からいえば、資本であり」＝「貨幣を貨幣に対して交換した」ものだと指摘する。

前者は「使用価値が、その最終目的であり」、後者は「交換価値そのもの」を目的とした流通過程である。

後者について、マルクスは「この過程の完全なる形態は、したがって、G―W―G´であって、このばあいG´＝G＋⊿G、すなわち、最初に前貸しされた貨幣額プラス増加分である。この増加分、すなわち、最初の価値をこえる剰余を、私は剰余価値と名づけ」た。この「価値増殖の運動」こそが「資本の本質」である、とマルクスは主張する。すなわち、

「貨幣は、運動の終わりには、再び運動の発端として出てくる。売りのために買いが行われる各個々の循環の終結は、したがって、おのずから新しい循環の発端をなしている。単純なる商品流通――買いのために売り――は、流通の外にある終極目的にとって、すなわち、使用価値の取得、欲望の充足ということにとって、手段としての用をなしている。これに反して、資本としての貨幣の流通は、自己目的である。何故かというに、価値の増殖は、ただこのたえず更新される運動の内部においてのみ存するのであるからである。したがって、資本の運動は無制限である。」(向坂逸郎訳)

マルクスの指摘で重要なのは、「資本としての貨幣の流通は、自己目的である。何故かというに、価値の増殖は、ただこのたえず更新される運動の内部においてのみ存するのであるからである。したがって、資本の運動は無制限である」という指摘である。「資本」＝「自己目的」としての「価値の増殖」の更新運動＝無制限性という点である。

つまり、「G―W―G´」とは資本の一種である「商人資本」の特有なかたちにすぎないようにみえるが、「産業資本もまた貨幣であって、これは商品に転化され、また商品の販売によって、より多くの貨幣に再転化される。およそ買いと売りとの間で、流通部門の外部に行われる行為は、運動のこの形態に少しも変えるところはない。……こうして、事実上G―W―G´は、直接に流通部門に現われる資本の一般定式である」こ

と。そして、それは「貨幣への再転化」を求める定式である。

こうした説明方法でピンとこなければ、つぎのように考えてみよう。ここに一〇〇円という貨幣がある。この一〇〇円という価値をもつ貨幣は、自動販売機からジュースを買うことができる。それを飲めば、貨幣はジュースという商品に交換され、自分で飲めば、最初の貨幣は貨幣であったことになる。他方、のどが渇ききって、二〇〇円でもそのジュースをすぐに飲みたい人がいて、そのジュースを売り、二〇〇円を手にすれば、最初の貨幣は最後には一〇〇円という貨幣を生み出した資本となる。

貨幣というのは自己消費を目的とした商品に転化されるかぎり、それは貨幣であって資本になりえない。換言すれば、商品の他者消費を目的とする交換手段としての貨幣は資本に転化しうる。「転化しうる」としたのは、「他者」消費のためには、この「他者」を見つけ出し、消費をしてもらわなければならないからである。


この他者消費を促すマーケティング（消費喚起学）という経営管理手法が米国などで模索され、さまざまなマーケティング手法が考え出されておよそ一世紀過ぎた。そして、こうした考え方が日本に導入され、半世紀以上の時間が過ぎた。この一世紀と半世紀という時間の流れのちがいは、両国における商品生産のあり方を反映した結果である。米国でいえば、大量生産体制前夜ともいえる時期に呼応して「他者に消費してもらう」あの手この手が早期に模索され始めたことは興味を引く。

このことは、貨幣から商品に転化し、商品から貨幣へと再転化することはそう容易なことでないことを示唆する。事実、商品生産が拡大・大量化する時代の到来は、他方で貨幣から商品という生産過程の技術革新によってもたらされたものの、商品から貨幣へと大量販売の時代の到来をも告げていた。この時期の米国を素描しておこう。

二〇世紀への幕開けの一九〇一年の米国を振り返る。この世紀は大統領ウィリアム・マッキンリー（一八四三～一九〇一）がニューヨーク州バッファローで開催中の博覧会で狙撃され、一週間後に死去するという暗雲から始まった。

同年、テキサス州では大量の石油が自然噴出し、石油ブームとなる。他方、ずっと北のウィスコンシン州では、合併を通じて発電用重電機器、鉱業用機器、農業機器を生産する大企業が生まれていた。さらに東へいったあたりでは、米国の製鉄能力の七割近くを支配する製鉄会社（持株会社）が設立されつつあった。日本では、官営八幡製鉄所が設立されたが、完全操業には程遠く悪戦苦闘のころであった。

当時、本格的に自動車は普及しないころであったが、自動車を工場生産で作ろうという者が現われ始めていた。オールズは生まれ故郷のミシガン州で小型自動車の生産に乗り出そうとしていた。ただし、販売不振で行詰った。この会社で技術者をしていたのがヘンリー・フォード（一八六三～一九四七）であった。彼の才能にほれ込んだ投資家によって自動車製造会社がこの年に設立された。フォードも加わったが、この会社を逃げ出し、自分の会社を二年後に作ることになる。フォード自動車の創業であった。フォードもまた自動車作りを目指した多くの若者の一人にすぎなかった。

ボストンではジレットが五千ドルを元手に安全かみそりの大量生産を夢見て工場を起こした。すぐ近くのマサチューセッツ工科大学では大量生産に必要なさまざまな技術が研究され始めていた。そこから、新しく登場し始めた自動車で六時間あまり南下したニューヨークでは、世界最大のメーシー百貨店が生まれ始めていた。

こうしてみると、フォード自動車に代表される「大量生産」↓これを支える鉄鋼や化学などの関連産業の興隆↓メーシー百貨店＝人びとに消費は美徳を訴える華やかさと「大量販売」を教える学校（場）、という連鎖が世紀の変わり目に米国ではすでに現われ始めていた。これを本格化させたのは、第一次世界大戦で潤い過熱化（バブル化）した米国経済の興隆であった。さらに、十数年ばかり飛んで一九一〇年代半ばからの米国を振り返っておこう。

第一次世界大戦が勃発する年の初め、ヘンリー・フォードはいつか自分の工場にも労働争議が起こるのではないかと怖れ、浮かない日々を送っていた。連邦政府も、合併を繰り返し大企業となった経営者の影響力に不安をもち、労働者寄りの法律を考え始めていた。これもフォードの気がかりなことであった。

フォードは思い切って米国の平均的工場労働者の二倍以上の日給を支払うことにした。要するに、生産性を上げれば元は取れる、と考えた末の決断といってよい。事実、そうなった。価格的に買いごろとなった自動車は普及し、自動車の普及は大量生産による生産性上昇の教訓を普及させた。米国民が豊かさを実感し始めた頃、欧州では戦争は激しさを増し、拡大するばかりであった。欧州の戦争は、米国農民の作る小麦粉の値段を上げ始め、荒地が開拓され、小麦生産が拡大した。農民も潤い始めた。

戦争勃発後一年半ほどして、静観を決めていたトーマス・ウィルソン大統領（一八五六〜一九二四）は中立から一歩踏み出しつつあった。遠く離れた欧州の戦争は米国経済に膨大な富をもたらしつつあった。だが、それは平等に行き渡ったわけでなく、他方、工場労働者の賃上げストライキをもたらしてもいた。欧州戦争という外憂のときに内患であるストライキに多少嫌気がさしたウィルソン大統領は、経営者に賃上げを促した。工業生産はまだ好調であった。農業もまた好調であった。

ウィルソン政権は農民へ公的融資制度の途を開き、農民はこの好況が続くことを期待し、多額の借金をしてまで農業の機械化を進めた。ウィルソン大統領は対岸の火事とはいえ、欧州での戦争に参戦すべきかどうか迷っていた。この迷いはドイツの潜水艦（Uボート）による米国商船への攻撃で、ウィルソンを参戦に踏み切らせた。

近代工業の博覧会のような様相を呈した近代戦としての第一次世界大戦は、直接戦場とならなかった米国製造業に大きな刺激を与えた。神経ガスが使われたために装着されるようになった防毒用マスク用の活性炭、飛行船用のヘリウムガスなどの需要は拡大し、四社が合同した文字通りの「ユニオン」カーバイド社は生産を一挙に拡大させた。

生産の拡大ということでは、戦争が始まった翌年の米国でのタバコ生産量は、その後わずか二年間ほどで二千倍近く伸びた。他方、食料品の統制があり、砂糖もその対象となり、清涼飲料水好きの米国人にとって物議を呼んだ。だが、結局のところ、甘党の米国人には不評で統制は失敗し、人々は砂糖を消費した。戦争とは、人びとのタバコと砂糖の消費を促すものなのだろうか。

この戦争は、一九一八年の一一月になってようやく休戦条約で決着した。戦死者数の推計はつぎのとおりである。ドイツ（約一八〇万人）、ロシア（約一七〇万人）、フランス（約一四〇万人）、オーストリア・ハンガリー（約一二〇万人）、英国（八〇～九五万人）、イタリア・トルコ（約八〇万人）。そして米国（約一一万人）。近代戦の凄まじさがこの死者の数にそのまま表れていた。他方、破壊と殺人の大量消費行為は、米国そして日本などの経済を過熱させ、バブル化させた。

米国経済の過熱ぶりを、ウォール街の株価という体温計で計っておこう。戦場で惜しげもなく費消された鉄鋼を生産していたベスレヘムスチール、軍事車両やエンジンなどを供給したゼネラルモーター、戦場を焼き尽くした火薬を製造したデュポンなどの株価の上昇は止まるところを知らなかった。こうした株価の高騰は素人投資家をひきつけ、さらに株価を引き上げていった。

この時期の米国経済をやや単純化して構図化すれば、戦争景気の拡大、大量生産体制の浸透と企業合併の二人三脚、百万長者数の増大と労働者のストライキ増加の並走。このストライキ増加の背景には、物価上昇と実質賃金下落という「上」「下」のねじれがあった。やがて、このねじれは、生産力の拡大と消費購買力の縮小を背景に過熱経済と信用という虚構に支えられた株価のねじれとなり、やがてニューヨーク株式市場で切断されていった。

生産力の拡大という「Ｇ—Ｗ」という運動は無制限に続くはずなどない。商品はやがて貨幣へと転化されないかぎり、貨幣から貨幣という資本運動へとつながらず破綻する。それは販売という「Ｗ—Ｇ」という運動に掛かっている。マルクスは『資本論』第一巻・第二章「交換過程」の持って回った言い方——マルクスの教養主義が災いして、ときにかえってわかりにくい表現となっている場合もあり、それならもっと平易な修辞法で書けば、いまの若者あたりも読みやすいに違いない——で、「Ｗ—Ｇ」という過程を表現する。

「商品は、自分自身で市場に行くことができず、また自分自身で交換されることもできない。……他方において、商品は、それが価値として実現される前に、使用価値であることを立証しなければならない。……その生産物が他人の欲望を充足させることができるかどうかは、諸商品が交換されてはじめて証明しうることである。」（向坂逸郎訳）

マルクスのこうした表現のなかに、わたしが素描してきた米国の経済発展期にこそ、マーケティング手法の開発・発展をみた背景が読み取れよう。つまり、マーケティングとは、自分自身で市場に出かけ、自分自身で交換することができない商品に代わって、その商品が使用価値をもつことを示し、諸商品が交換される可能性を高める仕事請負人の行為のことを意味することにほかならない。

貨幣は投下され、商品に転化して、さらにそれを貨幣へと再転化させることで資本となるのである。貨幣には止まることなど許されない。だが、この転生は必ずしも容易ではない。

大量生産は貨幣の大量投下を必然化させる。そして、それを資本として回収するには、大量の販売を必要とせざるを得ない時代が米国において一足早く到来していた。こうした国で、宣伝や広告などさまざまなマーケティング手法の発達が促された。

資本と法則

本章はいうまでもなく、カール・マルクスの『資本論』の逐次解釈集ではない。この種の研究は、旧社会主義圏を除き世界有数のマルクス経済学やマルクス主義の消費大国であった日本――この背景については、拙著『通史・日本経済学―経済民俗学の試み―』を参照――で、すでに多くの解説書が発刊されてきた。そうした著作には、芸能人のファンクラブ雑誌の記事のような感じで、マルクスのいろいろな側面まで入り込んだマニアックな本まである。

ただし、昨今はマルクスを取り上げ、その理論などで米国型資本主義の行詰りはどうだこうだ、という一刀両断的言説は流行らない。この種の論者も開店休業か、店仕舞いした。その背景には、ソ連や中東欧諸国など旧社会主義圏の行き詰まりと「市場経済」への移行があった。喩えれば、それは、かつてはその若さと美貌を保持した社会主義モデルが、中年になりその体形を維持できず引退したように、さらにはファッションショーをするにも市場経済に依存しないようなモデル国家がなくなったことに起因する。

日本の大学で経済理論を学んだわたしたちの世代の共通体験は、たとえていえば、つぎのようなものだろう。レストラン「経済学」には二種類のメニューが用意されていた。一つめのメニューはマルクス経済学。二つめのメニューは近代経済学。数学嫌いは消去法で前者。イデオロギー嫌いは後者。わたしのような好奇心旺盛派は両方。もっとも、経済学史という理論史偏重の日本の大学講義では、職業的エコノミストに必要な現実の経済分析手法の伝受は不問に付された。実学としての経済学にあまり関心がなかった当時の経済学教育において、この二分法は結局のところ、「経済」学――「経済学」学ではない――そのものへの自然な関心をどこかに封じ込めた。

本章でマルクスを論じているのは、彼のように真っ向から「資本」を取り上げた論者が他にないからだ。諸国間の制度的障碍が取り除かれ、市場経済体制が無人の野を行くようなかたちを「グローバル化」というなら、いまこそ、この主人公の「資本」を「論」じなければならないではないか。

マルクス自身は、若い頃から資本の越国家的性格を見抜いていた。なんでもかんでも、わたしたちは経済の新しい動きを「新たな」とか「グローバル化」という融通無碍なことばで済ましていないだろうか。マルクスの『資本論』は、およそ一三〇年前に書かれた。古典的『資本論』の論理がいまの時代の本質をどこまで切り取れるのか。また、そこでとらえ切れないものがあるとすれば、それは何なのか。マルクスは『資本論』で、資本の法則性を追い求めたように、わたしたちもまた「資本論」で資本の法則性を追い求める必要があるのではないだろうか。

この課題を念頭に置き、『資本論』の構成をみておこう。第一巻では、前章で取り上げた「商品と貨幣」との関係、さらに「貨幣の資本への転化」、「資本と剰余価値」との関係、「剰余価値と労働賃金」との関係、そして「資本の蓄積メカニズム」が対象となった。具体的な章構成はつぎのようなものだ。

第一巻　資本の生産過程
　第一篇　商品と貨幣
　　第一章　商品
　　第二章　交換過程
　　第三章　貨幣または商品流通
　第二篇　貨幣の資本への転化
　　第四章　貨幣の資本への転化
　第三篇　絶対的剰余価値の生産
　　第五章　労働過程と価値増殖過程
　　第六章　不変資本と可変資本
　　第七章　剰余価値率
　　第八章　労働日
　　第九章　剰余価値の率と剰余価値の量
　第四篇　相対的剰余価値の生産
　　第一〇章　相対的剰余価値の生産

第一一章　協業
第一二章　分業と工場手工業
第一三章　機械装置と大工業
第五篇　絶対的剰余価値と相対的剰余価値の生産
第一四章　絶対的剰余価値と相対的剰余価値
第一五章　労働力の価格と剰余価値との量的変動
第一六章　剰余価値率の種々の標識
第六篇　労働賃金
第一七章　労働力の価値または価格の労働賃金への転嫁
第一八章　時間賃金
第一九章　出来高賃金
第二〇章　労働賃金の国民的差異
第七篇　資本の蓄積過程
第二一章　単純再生産
第二二章　剰余価値の資本への転化
第二三章　資本主義的蓄積の一般法則
第二四章　いわゆる本源的蓄積
第二五章　近代殖民理論

「資本」がどのように生み出されるのか。その過程は何か。実は、この過程こそが「資本の法則性」そのものである。章構成そのものがマルクスによる資本の法則性の分析手順となっている。マルクスは、実際に資本の法則を明らかにする上で、経済学とは人間観察学であり、社会関係学であることを『資本論』第一版の序文で述べている。マルクスの経済学にはどこか人間臭さが残っている。

「起こりうる誤解を避けるために一言しておく。私は、資本家や土地所有者の姿を決してバラ色の光で描いていない。しかしながら、ここでは、個人は、経済的範疇の人格化であり、一定の階級関係と階級利害の担い手であるかぎりにおいてのみ、問題となるのである。私の立場は、経済的な社会構造の発展を自然史的過程として理解しようとするのであって、決して個人を社会適所関係に責任あるものとしようとするのではない。個人は、主観的にどんなに諸関係を超越していると考えていても、社会的にはひっきょうその造出物にほかならないものであるからである。……経済学の取り扱う素材の特有の性質は、もっとも厳しいもっとも狭量なそしてもっとも憎悪にみちた人間胸奥の劇場である。私利という復讐の女神を挑発する。」

「私利」とくれば、そのあとに「私欲」が続く。「私利・私欲」を何の制限もなく追求できる資本家や土地所有者から構成される社会関係は、一方において富の集積をもたらす。反面、労働者との間に厳しい階級的緊張をもたらす。にもかかわらず、この社会関係を推し進めるのは誰なのか。

それは資本家階級という資本の機能集団である。彼等は資本という神に仕える神官であって、あくまでも彼等は資本の法則性が生み出す造出物である、とマルクスはいう。マルクスの『資本論』に限らず、彼の他の著作においても、マルクスは経済学という「唯物論」の世界を分析するのに、宗教という「有神論」あるいは「唯心論」の世界との対比あるいは隠喩でとらえていることが多い。では、資本の分析に従来の経済学は有効性を持ってきたのか。彼は従来の経済学に限界をみていた。

マルクスの不満は、大工業の発達と機械による生産力の顕著な拡大——といっても、その後の発展を知るわたしたちからすれば、まだ、小工業や小農が広範に存立した牧歌的な資本主義であった——の意味を正確にとらえ切ることができず、また、労使関係の緊張と対立について明確な展望を示せなかった「階級闘争未発達の時期」の「古典的経済学」への苛立ちでもあった。

ゆえに、マルクスは、『資本論』の副題に「経済学批判」を付し、その第一版の五年半後に出版した第二版の「あとがき」で、この苛立ちを率直にぶつけてもいる。彼は古典派経済学の「最後の偉大なる代表者である」デビッド・リカード（一七七二〜一八二三）を取り上げ、「意識して、階級利害の対立を、すなわち労働賃金と利潤、利潤と地代との対立を、素朴に社会的自然法則と考えて、彼の研究の跳躍点としている」ことにその限界を指摘し、リカード以後の経済学の展開にも噛み付いている。マルクスは皮肉たっぷりに、「ブルジョワ経済学の代弁者たちは二つのグループに分かれた」とする。すなわち、

(一)　利巧で金儲け大好きで実際的な人たち——「俗流経済学的弁護論のもっとも浅薄な、したがってもっともよく成功した代表者であるパスティアの旗のまわりに群がった」集団。

(二)　多少とも科学的で教授的な品位をもっている人たち——「ジョン・スチュアート・ミルに追従して、調和しうべからざるものを調和しようと試みている」集団。

いまでは、フレデリック・パスティア（一八〇一〜五〇）というフランス人は、その名前を経済学辞典などで引いてもまずはお目にかからない人物だ。彼はリカードと同様に実業人であり、貿易商として成功して、

国会議員にもなり、経済関係の著作や政治評論も残した。日本では明治初期にその抄訳が出版されたりしたが、ほとんど忘れられた「自由」思想家といってよい。

いまでいえば、彼の本は、実業界で成功したカリスマ経営者がゴーストライターに語った経験談が、「市場経済の時代、こうすればお金持ちになれます」というような俗っぽい経済学指南書となり、一時のブーム本となったようなものかもしれない。マルクスにとって、この俗っぽさを鼻持ちならないと思ったのだろう。

他方、彼はジョン・スチュアート・ミル（一八〇六〜七三）を「資本の経済学」と「プロレタリアートの経済学」を調和させようと試みた「生半可な混合主義」的経済学者とこき下ろす。マルクスはミルの『政治経済学原理』（一八四八年刊）の調和論には満足できなかったのだろう。それにしても、マルクスは辛らつだ。

いずれにせよ、当時、資本主義は景気循環をともないながらも発展しつつあった。この光の部分に目が奪われた分、その影に目をそむけ、資本の自律的運動がやがて経済の不均衡発展の問題などを解決するとみた人たちもいた。マルクスは光と影を同時にとらえようとした。

資本と法則

問題は資本の運動性をどのようにとらえるかである。いうまでもなく、マルクスは、資本とは剰余価値を生み出し、さらなる貨幣の獲得を促すものであるとみていた。では、資本による剰余価値の発生が「売り手が商品をその価値以上に売るということによっても、買い手がこれをその価値以上に買うということによっても、説明しうるものではない」とすれば、どう説明されうるのか。マルクスは第四章の「貨幣の資本への転化」論でつぎのようにいう。

「商品生産者が流通部門の外部で、他の商品と接触することなくして価値を、増殖し、したがって、貨幣または商品を資本に転化するということは、不可能である。それ故に、資本は流通から発生しえない。そして同時に、流通から発生しえないというわけでもない。資本は同時に、流通の中で発生せざるをえないが、その中で発生すべきものでもない。」

マルクスは「貨幣の資本への転化は、商品交換に内在的な法則の基礎の上に展開すべきもの」である以上、その転化は「流通部門で行わなければならず、また流通門で行われるべきものでもない。これが問題の条件である。」と述べる。ここで、マルクスは単なる一般的商品論を展開してはいない。彼は労働力という商品の特性について論じる。商品交換の内在的法則が「労働力」という「商品」でも同様に貫徹するには、つぎのような関係が成立しなければならないと説く。

① 貨幣所有者が労働力を商品市場（労働市場）で買い入れることができること。

② 人が自由な人格として、自分の労働力を商品として商品市場（労働市場）で売ることができること。

そして、マルクスはここでさらにもう一点付け加える、すなわち、

③ 「彼は他方において、売るべき他の商品をもっていないということ、すなわち、彼の労働力の現実化のために必要なる一切の物財から、放免され、自由であるということである。」

手元に換金性の高い財産や生活手段があれば、わたしたちは原則的に働く必要はない。いまでも十分な年金や資産がありながら、健康のため、あるいはボケ防止のために働く人たちもいる。この場合、働いているのであって、働かなければならないというわけではない。土地や生産設備などの生産手段を持っている人たちもそうだ。だが、生活手段や生産手段もない人たちは、自分の労働力を商品として市場で売るしか生活の途がないのだ。

労働力という商品の市場で、買い手の貨幣所有者と売り手の労働者――いまは、「労働者」はドイツの経

営学辞典でも流行らない。今風にいえば、「人材」ということになろうか——が向かい合うようになったのは、そんなにむかしのことでもない。マルクスの言い方では、「この関係は決して自然史的のものでなく、またすべての歴史時代に共通である社会的の関係でもない。……このことは、ただ一つの全く特殊的な生産様式、すなわち資本制生産様式の基礎の上においてのみ起こるということを発見するであろう」ということになる。この関係はあくまでも特殊的で自然史的歴史形態の一つである資本主義社会においてのみで成立している、というのだ。

この種の議論もまたいまどきあまり流行らないかもしれない。この特殊な関係が将来において解消されれば、フリーターでも食える社会が来るのか、と早とちりする若者がいるかもしれない。他方、「ベンチャーだ、ベンチャーだ」と、やる気のある人間がみんなベンチャーという「新」資本家になれば解決だ、と意気軒昂の元気な若者もいるかもしれない。

「資本主義」論が「市場経済と自己責任論」に滑り込んだいまの時代にあって、資本主義の命運はという議論は、民主主義の命運はという議論と同じ結果になるかもしれない。かつて、英国の政治家は「民主主義？　そりゃもっともひどい政治のやり方じゃないか。じゃ、これよりマシなやり方があるかい」といった。同様に、「市場経済？　そりゃもっともひどい経済のやり方じゃないか。でも、これよりマシなやり方があるかい」ということになるかもしれない。

市場経済と自己責任という概念は、ある意味で米国社会の内在的論理を象徴した「自由」という考え方に合致したものでもある。たとえば、「米国中小企業法（一九五八年修正法）」の第二条ほど、この意味を良く伝えている文章はない。一部を引用しておく。

「私企業を基礎とする米国経済の本質は、自由競争にある。十分かつ自由な競争によってのみ、市場を自由にし、事業への進出を自由にするとともに、個々人の主体性と自決権を発揮させ、その成長機会を保障することができるのである……」。

ここでの循環的論理の展開は、私企業→自由競争→市場の自由→事業進出の自由→個々人の主体性と自決権の発揮→個々人の成長機会の保証→私企業の設立→……となっている。この米国中小企業法の第二条数行の文章中に、「自由」が四度も登場している。ここにあるのは「自由」な競争、市場への「自由」な接近、事業への「自由」な参入、個人の主体性と自決権という自己責任に任される「自由」、この「自由」が経済成長の条件だとする文脈である。

ちなみに、日本の旧「中小企業基本法」（一九六三年）にも「自由」が二度登場する。中小企業基本法の文脈では、『自由』かつ公正な競争の原理」と「貿易の『自由』化」である。ただし、後者の「自由」は自主的でなく他者的な「化」という文脈であるので、日本の場合、「自由」は一度だ。この意味では同じように中小企業振興の「原理」を述べた法律とはいえ、米国とは「自由」を日本の四倍も強調することによって成立せざるをえない社会であるともいえよう。

さて、マルクス自身は、労働力という商品を論じるときにおいて、この「自由」ということばを連発する。たとえば、「自由」な労働者というように。ここでは、「自由」は二重の意味で使われている。「自由」な人格と自分の労働力を具体化するために必要なすべての物財から放免された「自由」という表現である。

ここでの「自由」と先にみた「自由」の概念との間には「ずれ」がある。米国的な自由な概念が、ポピュリズム的かつ主観的・自律的自由であるとすれば、マルクスのいう「自由」はあくまでも客観的・他律的自由である。マルクスはいう。

「労働力の買いと売りとが、その柵のなかで行われている流通または商品交換の部面は、実際において天賦人権の真の花園であった。ここにもっぱら行われることは、自由、平等、財産、ベンサムである。自由！ なんとなれば、一商品、たとえば、労働力の買い手と売り手は、その自由な意思によって規定されるから。彼らは自由なる、法的に対等の人として契約する。契約は、彼らの意思が共通の法表現となることを示す。終極の結果である。平等！ なんとなれば、彼らは、ただ商品所有者としてのみ相互に相関係し合い、等価と等価とを交換するからである。財産！ なんとなれば、各人が自分たちのものを処理するだけであるからである。ベンサム！ なんとなれば、両当事者のいずれも、ただ自分のことに関わるのみであるからである。彼らを一緒にし、一つの関係に結びつける唯一の力は、彼らの特殊利益、彼らの私的利益の力だけである。そしてまさにこのように各人が自分のことだけにかかわって、何人も他人のことに関わらないというのであるから、すべての人々は、事物の予定調和の力で、あるいは万事を心得た神の摂理のおかげで、はじめて彼らのお互いの利益、共通利益、総利益のために働くことになるのである。」

二度ほど登場するベンサムとは、マルクスよりすこし前の世代の功利主義思想の実践家ジェレミー・ベンサム（一七四八〜一八三二）のことである。ベンサムもまたマルクスと同様に英国のロンドンの裕福な弁護士の家に生まれ、マルクスがこき下ろしたジョン・スチュアート・ミル（一八〇六〜一八七三）の父親ジェームズとも親しかった。ベンサムを著名にしたのは彼の造語である「功利主義者（utilitarian）」であり、同性愛者への支持である。マルクスが「自由」のあとにベンサムの名を挙げたのはその個人主義＝功利主義的言説への批判であった。

では、自由な労働力の交換が行われる場において、どのようにして「剰余価値」が生み出されるのか。マルクスは『資本論』第三篇第五章以下で展開する。マルクスは『資本論』のみならず他の著作でもいつも歴史的な視点を重視した。資本優位となりつつあったマルクスの生きた時代とむかしとはどのように違うのか。これが彼の基本的な視点だ。労働過程についてマルクスは問う。

むかしは、労働過程とは労働をするその人のものであった。いまは労働過程の生産物とは「資本家の所有物であって、直接生産者の、労働者の所有物ではない。……労働者が資本家の作業場に入った瞬間から、彼の労働力の使用価値は、したがってその使用、労働は、資本家に属したのである」とする。

これは、資本家が「その生産のために要した諸商品の価値総額よりも、すなわち彼が商品市場で、大切な貨幣を前貸しして得た生産手段および労働力の価値総額よりも、高い価値を有する商品を、生産しようと欲する。彼は一つの使用価値のみではなく、……剰余価値をも生産しようと欲する」という過程に他ならない。マルクスは労働過程＝生産過程＝価値形成過程という三面の構図を示した。

要するに、生産手段を買える資本を持つ者（＝資本家）の下で、自らの労働力という商品しか持たない者（＝労働者）が生み出した価値と生産された商品の価値の差額こそが重要視される。マルクスはいう。「労働力の価値と、労働過程におけるその価値増殖とは、二つの異なる大きさである。資本家が労働力を買ったとき、彼はこの価値差額に注目しているのである」と。このあと、生産手段と労働量との関係について、マルクスは「不変資本」と「可変資本」という用語に置き換えそれぞれの特質を論じる。

「不変資本」――「生産手段に、すなわち原料、および労働手段に転化する資本部分は、生産過程で、その価値量を変じない。ゆえに、私はこれを不変資本部分、あるいはより簡単に、不変資本と名づける。」

「可変資本」――「労働力に転化された資本部分は、生産過程においてその価値を変ずる。それは、それ自身の等価と、それ以上の超過分である剰余価値とを再生産し、この剰余価値そのものは、変動しうるものであって、大きいことも小さいこともありうる。資本のこの部分は、一つの不変量から絶えず一つの可変量に転化する。ゆえに、私はこれを可変資本部分、あるいはより簡単に、可変資本と名づける。」

このように「資本」の区分をしたうえで、マルクスは剰余価値率を「可変資本の比率的な価値増殖、あるいは剰余価値の比較量」と定義した。Vを労働力に転化された資本部分である可変資本、Mを剰余価値とすると、M／Vが剰余価値率となる。これを剰余労働／必要労働に等値し、「この二つの比率は、同一の関係を、ちがった形態で、一つは対象化された労働の形態で、他は流動的な労働の形態で表現する。ゆえに、剰余価値率は、資本による労働力の、あるいは、資本家による労働者の、搾取度の正確な表現である」と、マルクスはこの比率を解釈する。このあと、マルクスは「労働日」そして「搾取への法的制限がない英国の産業諸部門」で、「米国インディアンへのスペイン人のあこぎな仕打ち」にも劣らないような長時間労働――つまり、大きな剰余価値を生み出す剰余労働――の実態を当時の新聞記事や報告書などから紹介している。

たとえば、

① レース製造業――九～一〇歳の子供たちが夜中から夜中まで働いているノッティンガム市の現状。

② 陶器製造業――議会報告書によれば、スタッフォードシャーの一〇歳にも満たない子供が朝の六時か

ら夜の九時ごろまで働いているような現状。陶工の平均寿命が肺病などで短いという医師の報告。

③　マッチ製造業——児童労働調査委員会の報告書から一三歳未満の少年、一八歳未満の少年が一二時間以上の長時間労働、夜間労働を強いられている状況。マッチ工に特有な疾患の報告。

④　製パン業——違法で不衛生な製造。パン焼きと配達の長時間労働のパン職人。その平均寿命の短さが問題視された。

⑤　製鋼製鉄業——厳しい職場環境と夜間労働の実態。

これが事実——程度の差こそあれ事実であった——であれば、だれしも憤慨するだろう。この現状に対し、既存経済学がその理由と背景をきちんと説明し、その改革の道筋に明確な経済論理を提供していれば、マルクスは『資本論』を書かず、ドイツのどこかの大学教授として法哲学あたりを講義していただろう。

マルクスはこうした少年や若年労働者の消耗戦のような労働過程の背景を、「経験から資本家一般が知っていることは、いつでも過剰人口があること、すなわち資本の増殖要求に比較して過剰な人口があることである」と人口論を展開する。そして、「後は野となれ山となれ！　これがすべての資本家と、すべての資本家国家との標語である。だから、資本は、労働者の健康と寿命とにたいしては、社会によってそれにたいする考慮を強制されないかぎり、何等考慮するところがない。……しかし、大体において、このこともまた、個々の資本家の意思の善悪に依存するものではない。自由競争は、資本主義生産の内在的法則を、個々の資本家にたいして、外的競争法則として、貫徹させる」。

マルクスは自由競争と資本の運動法則の負の遺産を、いまに生きるわたしたちにこのように伝えている。わたしたちは、現代日本社会の過労死やサービス残業という不法行為をどのようにとらえるべきだろうか。

資本と蓄積

マルクスは、資本主義生産の「内在的法則」＝個々の資本家への「外在的競争法則」という構図を示した。これが弱者である少年などの長時間労働に顕在化していた。マルクスが労働日のあり方を取り上げた理由がわかるではないか。

当時の英国において、資本と工場生産の二人三脚が大きな利潤を上げつつあった。ゆえに、さらに多くの資本とより多くの利潤への希求は工場生産を一層推し進め、より安い労働力を追い求めることになった。この資本の内在的法則は、「生産の騒ぎにだまされていた労働者階級が、いくらか正気に返ったとき、彼らの反抗」を生み出していった。やがて労働日を定めた労働法の制定運動という動きが始動した。とはいえ、長時間労働に対し社会的規制が課されるには紆余曲折の政治運動と長い時間が必要であった。

英国での工場法制定は他の諸国にも影響を及ぼすことになる。マルクスはフランスや米国についても言及している。それにしても、より安い労働力を求める資本の衝動は何であるのか。それは剰余価値量と剰余価値率の増加ということに突き動かされる資本の内在的法則性である。マルクスは数式を用いて、資本の具体的な運動とは、つねに労働時間の延長――名目的のみならず実質的にも――を通じて、剰余価値のさらなる増加を求めるものであることを強調した。

マルクスは絶対的剰余価値を「労働日の延長によって生産される剰余価値」とする。要するに、同一賃金で労働時間を延長すれば、それは実質的に労働コストを引き下げたことになり、必然、投下資本の生み出す利潤は増加する。この場合、剰余価値は絶対的に増加する。他方、相対的剰余価値は「必要労働時間の短縮」をさせることで生じる。つまり、同一労働時間の下で労働生産性を引き上げれば、実質上、労働時間の延長となる。『資本論』第四篇では、相対的剰余価値と資本の関連性について、マルクスは従来の経済学的考え方を整理しつつ、当時の英国を中心とする資本主義生産体制を観察し、資本投資と利潤との関係について論じた。彼の論点を整理する。

（ア）競争と生産性向上への衝動——資本どうしの競争は商品の低廉化をもたらす半面、「労働の生産力を高めることは、資本の内在的衝動であり、普段の傾向である。商品の絶対的価値は、それを生産する資本家にとっては、それ自体としてはどうでもいいことである。彼が関心をもつのは、商品の中に含まれ、販売されて、実現されうる剰余価値のみである。……交換価値の生産のみを問題とする資本家が、絶えず商品の交換価値を低下させることに努力するという謎が、解けるのである。……かくて、労働の生産力の発展による労働の節約は、資本主義的生産においては、決して労働日の短縮を目的としない。それは、ある一定の商品量の生産のために必要な労働時間の短縮を、目的とするに過ぎない。」

（イ）資本主義的生産の出発点としての協業——「価値増殖の法則そのものは、個々の生産者にとっては、彼が資本家として生産し、多数の労働者を同時に使用し、したがって、初めから社会的平均労働を動かすにいたって、初めて完全に実現されるのである。……同一の労働過程で、比較的多数の賃金労働者を、同時的に使用することは、資本主義的出発点をなす。この出発点は資本そのものの出現と一致する。……単純な協業は、分業と機械装置とが重要な役割を演ずることなくして、資本が大規模に作業するような生産諸部門においては、なおつねに主要な形態なのである。」

（ウ）工場制手工業から機械制大工業へ——機械装置を利用した「工場制度の巨大で飛躍的な拡張可能性と、その世界市場への依存性とは、必然的に熱病的な生産と、それにつづく市場の過充とを生み出し、市場の収縮とともに麻痺状態が現われる。産業の性格は、中位の活況、繁栄、過剰生産、恐慌、停滞の諸時期の一系列を転化して行く。機械経営によって労働者の就業と、したがって、生活状態とが受ける不確実さと不安定さとは、この産業循環の周期的変化とともに、あたりまえのものとなる。……熾烈な闘争が行われる。この分け前は、生産物の低廉さに正比例する。これによって、労働力に代わる改良された機械装置と、新たな生産方法の使用における競争が起されるとともに、さらに、労働力の価値以下に労働賃金を強圧的に引き下げることによって、商品を低廉にする努力の行われる一点が、各時期に現われる。」

英国の機械制大工業に投ぜられた巨額の資本と生産の顕著な拡大は、労働の工賃抑制と生産性の引き上げによる剰余価値の増殖を促した。この動きは、インドやオーストラリアを安価な原料の供給地とさせ、より安価な穀物の輸入を推し進めることで国内労働工賃の騰貴を抑制するようになる。他方、生産工程での機械化は、従来の手工業的な熟練者や手工業の存立を困難にさせ、より低労賃で機械化に対応しうる若年世代を工場労働者へと押し出していった。マルクスは資本が工場生産に投ぜられ、そこから剰余価値が生み出される過程をこのような構図で描いてみせた。

つぎに、マルクスは『資本論』第七篇で「いかにして剰余価値から資本が生ずるかを考察せねばならない」とする。以下、マルクスの資本蓄積論である、資本主義的蓄積の一般法則からみておこう。彼はこの法則性をつぎの手順で説明した。

一つめは不変資本（＝生産手段の価値）と可変資本（＝労働力の価値）の構成比が不変の場合に、労働力需要がどのように変化するのか。具体的には、より多くの剰余価値を求める資本蓄積は、より多くの労働量の投下、すなわち、より多くの労働者を雇用する。だが、そうなれば賃金率は上昇する。

必然、資本はこれを避ける。では、労働生産性――マルクス経済学者の用語では労働搾取度ということになるが――をどのように引き上げるのか。ここでは、資本蓄積と賃金率との関係が「資本に転化された不払い労働と追加資本の運動に必要な追加労働との関係にほかならない」のであり、マルクスは労働市場の需給関係――自然的人口法則――が大きな影響を及ぼすとみた。

二つめは資本蓄積の進行と可変資本部門の相対的減少との関係である。たとえば、価格競争力を引き上げるには、生産費用を低下させるための機械化など不変資本を増額させるか、あるいは、より安価な労働力の投入か、あるいは両方の選択がある。いずれにせよ、この方向は「資本の技術的組成におけるこの変化、すなわち、生産手段を活かす労働力の量に比較した生産手段の量の増大は、資本の価値構成に、すなわち、資本価値の可変的構成部分を犠牲にしたその不変的組成部分の増加に反映する」。

ちなみに、資本の技術的組成というのは、マルクスの用語では「生産手段の量と、他方におけるその充用のために必要な労働量との比率」と定義された。また、この資本の技術的組成の変化がもたらす資本の価値組成は「資本の有機的組成」と名づけられた。資本の有機的組成の「高度化」は、資本間の競争によって促進されるのだが、この点についてマルクスはつぎのようにとらえる。

「労働の生産性は、生産の規模に依存する。したがって、より大きい資本はより小さい資本に勝つ。さらに、一事業をその標準的諸条件のもとで営むために必要な、個別資本の最小量は、資本主義的生産様式の発展とともに大きくなる、ということが想起される。したがって、比較的小さな資本は、大工業がまだ点在的または不完全にしか征服していない生産部門に押し寄せる。ここでは競争の激しさは、敵対する諸資本の数に正比例し、その大きさに逆比例する。それは、多数のより小さい資本家の没落をもって終わるのをつねとし、彼らの資本は、一部は勝利者の手に移り、一部は消滅する。」

だからといって、小企業すべてが大企業によって市場から放り出されたわけでもなかった。だが、英国では機械制大工場は巨大な生産力を手中にして、特定分野の手工業者や小工業者を駆逐し、資本の集中が進んだ。この資本集中は、マルクスも指摘するように、「資本主義生産とともに、信用制度という一つの全く新しい力が形成され、それはその初期には、ひそかに蓄積の控えめな助手として忍び込み、大小種々の大きさで社会の表面に散在する貨幣手段を、見えざる糸によって、個々の資本家または結合した資本家の手に引き入れるのであるが、やがて一つの新たな武器となり、そして遂には、諸資本の集中のための巨大な社会的機構に転化され」、重工業分野において現実のものとなった。

マルクスの予想通り、「資本主義的な生産と蓄積とが発展するにしたがって、それと同じ程度に、競争と信用とが、二つのもっとも強力な集中の槓杆が発展する。それとともに、蓄積の進展は集中されるべき素材、すなわち個別資本を増加させ、また資本主義的生産の拡張は、一方には、先行する資本の集中がなければ実現されないような、巨大な産業的企業にたいする社会的要求を、他方には、そのための技術的手段をつくり出す。かくして、今日では個別資本の相互牽引力と集中への傾向とが、以前のいかなる時よりも強い」時代が到来していた。

この資本集中は「株式会社によって、たちまちこれをなしとげた。そして集中は、このように蓄積の効果を高め、促進すると同時に、資本の技術的組成における変革を、すなわち、資本の可変部分の犠牲においてその不変部分を増加させ、したがって、労働に対する相対的需要を減少させる変革を、拡大し、促進」することになっていった。

必然、この傾向は現実の労働市場あるいは潜在的な労働者――これから新たに労働市場へ参入しようという若年層など――の市場に影響を及ぼした。マルクスが資本の有機的組成の高度化のあとに相対的過剰人口論を、「資本主義的生産様式に特有な人口法則」として展開したのはこのためであった。

このように資本蓄積を促進するのは、より多くの剰余価値を求める資本の内在的法則性であり、このためには相対的過剰人口を背景にしたより安価な労働賃金の活用が鍵を握る。労働賃金のこうした一般的運動は「産業循環の運動によって規定されているのではなく、また、労働者階級の絶対数の運動によって規定されているのでもなく、労働者階級が現役軍と予備軍とに分かたれる比率の変動によって、過剰人口の相対的な大きさの増減によって、それがあるいは吸収され、あるいは再び遊離させられる程度によって、規定されている」というのがマルクスの労働市場観だ。この意味で、資本の運動は適度の失業人口の存在――それが過度であると多くの反発を招くが――を必要とし、労働賃金の実質的引き下げをつねに要求する。

マルクス自身は、相対的過剰人口を「流動的」、「潜在的」、「停滞的」の三つの形態に分けて論じた。この区分はつぎのように説明される。

(一)　流動的というのは、産業によっては労働者が減少するが、他の産業では増加するというように、あるいは企業間での異なる増減によって、就業数全体についてみれば増加するような形態である。

(二)　潜在的とは、「相対的過剰人口の泉」として形態であり、都市への人口移動は農村での「不断の潜在的過剰人口」が前提となる。

（三）停滞的とは、「その就業が全く不規則である。……その生活状態は、労働階級の平均水準以下」にあるような就業層を指す。

では、マルクスのいう流動的、潜在的、停滞的な形態をもつ労働市場と資本主義的蓄積とはどのような法則をもつのか。マルクス自身のことばで引用しておく。

「社会的富、機能する資本、その増加の大きさと勢力、したがってまた、プロレタリアートの絶対的大きさとその労働力の生産力、これらのものが大きくなればなるほど、産業予備軍も大きくなる。……この予備軍が、現役労働者軍に比して大きくなればなるほど、その窮乏が、その労働苦に逆比例（引用者注―マルクスの勘違いで正比例であろう）する固定的過剰人口が、ますます大量となる。最後に、労働者階級の極貧層と産業予備軍とが、大きくなればなるほど、公認の被救護貧民もますます増大する。これが資本主義的蓄積の絶対的一般法則である。」

つまり、マルクスが『哲学の貧困』（一八四七年刊）でも指摘した「資本主義的蓄積の敵対的性格」、つまり、資本蓄積という富は過剰人口を基礎として形成され、他方においてプロレタリアートで代表される貧困の民を蓄積させていくこと。とはいえ、いまは、このプロレタリアートということばも流行らない。この原義は、古代ローマで「貧乏人の子沢山」という、これまた日本語でも流行らない物言いに置き換えることができる。

流行らないといった意味は、マルクスのいう資本主義の敵対的性格が、その後、大きく変化したからである。このあと、マルクスは資本主義的蓄積の一般法則の事例として、一八四六～六六年の英国での手荒い資本蓄積の経緯、工業労働者層の悲惨な環境、恐慌の影響度合い、産業予備軍のプールとしての農村、アイルランドの移民などに言及した。

マルクスのいうように、この時代は「資本主義的蓄積が急速であればあるほど、労働者の住宅状態は、ますます悲惨」であった時代であり、資本は大きな経済的格差を引き起こしながら猛烈に飛び跳ねた。また、工業化と都市化は同時に進行し、この二人三脚は農村からより安価な労働力を都市に引き寄せた。マルクスは、この点について「資本主義的生産および蓄積の敵対的性格が、イギリス農業（牧畜を含む）の進歩とイギリス農業労働者の退歩とにおけるより、その野蛮さを実証している所はない」と指摘した。

つぎにマルクスが取り上げるのは、本源的蓄積である。なぜか。貨幣がより多くの貨幣を求めて、つまり、より大なる剰余価値の獲得を目指して貨幣が資本に転化されたとしても、それは商品生産者の手元に「比較的大量の資本と労働力とが、現実にあることを前提と」して可能であるからだ。

資本主義社会に先行する封建社会では、自営農民や手工業者たちは土地や生産手段を自ら所有し、家族などともに生産を行っていた。こうした人たちが自らの労働力を労働市場で売ることなくして生計が成り立たない労働者へと再編成するには、彼らが土地や生産手段から切り離されることが前提となる。この前提が形成される過程をマルクスの表現方法でいえば、それは「社会の生活手段と生産手段を資本に、他方では、直接生産者を賃金労働者に転化する過程」以外のものではありえない。

したがって、いわゆる「本源的蓄積」とは、生産者と生産手段とのこの歴史的分離過程にほかならない。それが「『本源的』として現われるのは、資本と資本に対応する生産様式との前史をなすものだからである」ということになる。こうした封建制の崩れ方は各国によって異なる。マルクス自身はこの過程が早期に現われた英国を取り上げ、その歴史的展開の様子を紹介している。
この過程は封建領主、僧や土地所有者などは別として、土地に縛り付けられていた人びと――いわゆる農奴や隷農――を解放して自らの労働力を自由に売ることができるようにし、また、同業組合に縛られていた職人や徒弟もまたその拘束規則から解放して自由の身とした。やがて、土地所有者たちも封建領主によって追われ、持たざる者へと分解させられていった。これは「囲い込み運動」としても知られる。と同時に、こうした分離こそが商品生産のための国内市場を形成させていったことに留意しておくべきだ。マルクスはいう。

「以前、農民家族は、生活手段と原料を生産し、加工し、然る後その大部分をみずから消費した。これらの原料と生活手段は、いまは商品となった。……以前の自営農民の収奪と彼らの生産手段からの分離とならんで、農村副業の破壊、工場制手工業と農業との分離過程が進行する。そして農村家内工業の破壊のみが、一国の国内市場に、資本主義的生産様式の必要とする広さと鞏固な存立とを与えるのである。」

ただし、日本の場合、工場制手工業というよりも、家内制手工業と明治政府が主導・育成していった大工場が並存した。大工場＝近代的工場は、自立的発展を遂げるまで政府の厚い保護の下にあった。したがって、日本では、近代工場が手工業や小工業を必ずしも駆逐したわけではなく、むしろ双方がその存立を補強しあった。マルクスが形式論理化したような資本主義的経済発展は、英国などのようなモデル通りに行われたわけではなかった。とはいえ、一方に資本の存在、他方に労働力の存在という構図については共通した。
こうした「資本」とはあくまでも抽象的概念であり、現実の資本を運用したのは資本「家」であった。このため、マルクスは産業資本家の出自についてふれる。その歴史的な候補者としては、封建時代に高利貸資本と商人資本がすでに存在していた。しかし、「高利貸しと商業とに形成された貨幣資本は、農村では封建制度により、都市では同職組合制度によって、その産業資本への転化を阻まれた」のであって、自由に産業へと資本を投ずることのできる資本家の登場は、封建制度の解体を前提として可能であり、事実そうなった。

さらに、英国でこの登場に拍車をかけたのは、海外への殖民や貿易であり、こうした政策は商品生産の販路を一挙に拡大させ、蓄積された富を本国に流れ込ませた。さらに、国債の登場は、「株式会社、各種有価証券の取引、株式会社取引業を、一言でいえば、証券投機と近代的銀行支配とを勃興させた」。公信用制度の成立は貨幣の資本への転化を一挙に促した。マルクスの慧眼である。

この資本主義的蓄積の歴史的傾向、つまり、土地や生産手段などの資本と労働力への分離という資本主義の前史と、これ以降の資本主義的発展は、どのような未来を引き寄せていったのか。マルクスは「資本主義的生産様式が自己の足で立つにいたれば」、労働はさらにそれ以上に社会化され、土地その他の生産手段もますます社会的に利用されると述べつつ、労働者階級への「収奪は、資本主義的生産自体の内在的法則の作用によって、資本の集中によって、実現される。……すなわち少数の資本家による多数の資本家の収奪となら んで、ますます大規模となる労働過程の協業的形態、科学の意識的技術的応用、……世界市場への世界各国民の組み入れ、およびそれとともに資本主義体制の国際的性格が、発展する」と予測した。

この結果、マルクスは「資本主義的生産過程そのものの機構によって、訓練され結集される労働者階級の反抗も、増大する。……生産手段の集中と労働の社会化とは、それらの資本主義的外皮とは、調和しえなくなる一点に到達する、外皮は爆破される。資本主義的私有の最後を告げる鐘が鳴る。収奪者が収奪される」

と予想した。だが、ソビエト連盟やその強い影響下にあった地域では、鐘は無理やり鳴らされた。

他方、多くの地域では鐘が鳴るようで鳴らなかった。この予測的文章が書かれてから一世紀半ほどへた時代にいるわたしたちからみれば、マルクスの指摘した資本の運動法則そのものの正しさとは別に、労働の社会化以上に社会化したのは資本であった。資本の社会化――ここでいう社会化とは経済的論理だけでなく、社会的な関係のなかで資本的論理以外の社会的規範などと折り合いをつけることで、社会的安定のための適応過程とその内実を指す――については後にふれる。

マルクスは資本主義の行詰りが労働の社会化によって起こることを述べたあとに、資本主義的発展を遂げた欧州諸国から移住者が大量に殖民した米国について、その近代殖民理論を取り上げ、本国との比較で「資本主義的生産の大きな美点は、それが賃金労働者を賃金労働者として、たえず再生産するのみでなく、資本の蓄積に比例して、つねに賃金労働者の相対的過剰人口を生産するという点にある。……しかし、植民地では美しい妄想が引き裂かれる。そこでは、……絶対的人口は、母国におけるよりもはるかに急速に増加するが、しかもなお、労働市場はつねに供給不足である。……今日の賃金労働者は、明日は独立自営の農民、または、手工業者となる。……」という米国での現状にふれつつ、『資本論』第一巻を閉じている。

米国では、労働市場で労働者が常に不足したゆえに賃金は高騰し、手工業は早期に機械工業に転化していった。そして、未開の土地――そこには米国の先住民族であったインディアンが住んでいた――がフロンティアとして存在することで、賃金労働者は独立農民や独立的スモールビジネスの所有者となる余地が、欧州よりもはるかに残されていた。

資本と流通

さて、『資本論』第二巻（第二冊）である。これはマルクスの生前に脱稿ができなかった部分である。第二巻は、実際にはマルクスの死後、友人のフリードリッヒ・エンゲルス（一八二〇〜一八九五）が一八八五年に残されたマルクスの癖ある筆跡の草稿をかき集め編集してなんとか刊行された。具体的には、つぎのような構成となっている。

第二巻　資本の流通過程
　第一篇　資本の諸変態とそれらの循環
　　第一章　生産資本の循環
　　第二章　商品資本の回転
　　第三章　循環過程の三つの形
　　第四章　流通期間
　　第五章　流通費
　第二篇　資本の回転
　　第六章　回転期間と回転度数
　　第七章　固定資本と流動資本
　　第八章　前貸資本の総回転、回転の循環
　　第一〇章　固定資本と流動資本に関する諸理論、重農学派とアダム・スミス

第一一章　固定資本と流動資本に関する諸理論、リカード
第一二章　労働期間
第一三章　生産期間
第一四章　流通期間
第一五章　回転期間が資本前貸の大きさに及ぼす影響
第一六章　可変資本の回転
第一七章　剰余価値の流通

第三篇　社会的総資本の再生産と流通
第一八章　緒論
第一九章　研究の対象に関する従来の所説
第二〇章　単純再生産
第二一章　蓄積と拡大再生産

第二巻では、第一巻で資本がどのようにして生まれるかが論じられた後で、資本はどのように流通するのかが分析された。第一篇は貨幣資本がどのようにかたちを変えて循環していくのかを明らかにする。二つの段階が設定された。

第一段階　G―W（＝A＋Pm）――ここでAは労働力、Pmは生産手段のドイツ語の接頭語の略語である。貨幣資本は労働力と生産手段を買い入れる。

第二段階　W（＝A＋Pm）―P――労働力と生産手段を買い入れて生産が行われる。これは製品（P）で

あって、商品ではない。商品になるには、P＋M（剰余価値、⊿G）が達成されなければならない。

第三段階　W—G′（G＋⊿G）——生産された商品は販売されて始めて貨幣に転化される。

以上のことをマルクスのことばで引用しておく。

「第一に、最初の貨幣形態への終結的再転化は、商品資本の一機能である。第二に、この機能には、その最初の商品形態から貨幣形態への剰余価値の第一の形態転化を含む。したがって、ここでは貨幣形態が二重の役割を演じる。それは一方では、最初に貨幣で前貸しされた価値の復帰形態である。したがって、過程を開始した価値形態への復帰である。他方ではそれは、最初に商品形態で流通に入る価値の第一の転化形態である。……過程の終局において、再び資本価値は、それが過程に入ったときと同じ形態にあり、かくて、再び新たに貨幣資本として過程を開始し、通過することができる。過程の開始形態と終局形態とが、貨幣資本（G）の形態であるからこそ、循環過程のこの形態は、われわれにとって貨幣資本の循環と呼ばれるのである。前貸しされた価値の形態ではなく、ただその量のみが、終局において変化しているのである」。

これは、要するに、「第一段階がG—Wであるということによっては、生産資本の諸構成部分が商品市場に由来することも、一般に資本主義的生産過程が流通、商業によって制約されることも、明らかになる。貨幣資本の循環は、単に商品生産であるのみではない。それはそれ自身流通によってのみ成立し、流通を前提とする」ということである。でなければ、世界初の大衆消費社会となった米国で、大量生産の技術以上に大量販売手法というマーケティング手法が発達しなかったはずだ。「G—W」は「W—G」の前提として成立して、貨幣は商品をへて貨幣に再転化され資本となる。

マルクスのいう生産資本の循環、すなわち、生産のための生産では、それは単純再生産にすぎない。「商品」生産のための資本こそが重要な鍵を握る。マルクス自身は、ケネーの経済表を意識しつつ、「貨幣資本↓生産資本↓商品資本」という循環構造のなかに資本の運動法則（G―G´）をみている。ここでは、「産業資本の循環過程の、したがってまた資本主義的生産の、もっとも明瞭な特性の一つは、一方では生産資本の形成要素が商品市場から生まれて、たえずあらためてそこから商品として買われなければならず、他方では、労働過程の生産物が商品として、そこからたえず新たに売られなければならないという事情」がある。

つぎに生産と流通である。資本はこの二つの過程を通る。このため、「資本がその循環を描く全期間は、生産期間と流通期間との合計に等しい」。この期間をいかに短縮するか。これにより流通費用が削減できる。これは、トヨタ生産方式からさまざまなサプライチェイン・マネジメントに至るまで、売れる物だけをつくり、無駄な在庫をいかに減らすかという経営上の大命題だ。でなければ、資本の回転率が落ちる。当然、マルクスも流通費用を論じた後に、資本を「固定資本」と「流動資本」に分け、そして、資本主義的生産が未発達な時代の経済学者の学説——ケネー、スミス、リカードなど——を検討しつつ、固定資本と流動資本それぞれの回転率を取り上げているのはこのためだ。

第三篇では、重農学派やいわゆる古典派の諸説を解説して、社会的総資本の再生産と流通が取り上げられた。マルクスのいう社会的総資本とは、個別資本の総体であり、その運動とは個別資本の回転の総体のことであり、商品の生産と消費に関する総過程のことでもある。この視点は、個別資本における運動法則でなく、これらの個別資本が「相互に絡み合い、相互に前提し合い、制約し合い、そしてまさにこの絡み合いにおいて、社会的総資本の運動をなす」ことへの着目だ。この後、マルクスの予想以上に、個別資本の総体である社会的総資本は英国という場から解き放たれ世界史的な運動に連動していった。

『資本論』第三巻（第三篇）である。これもマルクスの不完全草稿をエンゲルスが苦労を重ねて編集したものである。エンゲルスは序文で「素描的で欠落の多いものとなり、研究の途上で現われる副次的な点にかんする余論を、ますます多く含み、それらの余論の決定的な位置は、後の整理に残されたままであり、生成途上で書き下ろされた思想が表現されてある一区切りの文章は、ますます長くなり、錯雑したもの」と述べる。第三巻は読みやすい構成と内容ではない。エンゲルスはマルクス独特の悪筆から途方も無い時間をかけて「判読」「解読」し、自らの解釈も入れざるを得なかった。

「資本主義的生産の総過程」という魅力的な題名をもつ第三巻は、第二巻刊行の後一〇年をかけて刊行された。第一巻や第二巻は資本そのもののダイナミズムをとりあげた生き生きとした内容となっていることに比べ、第三巻は資本の「経営論」といった内容である。具体的な構成は、つぎのようなものだ。

第三巻　資本主義的生産の総過程

第一部

第一編　剰余価値の利潤への転化と剰余価値率の利潤率への転化

第一章　費用価格と利潤

第二章　利潤率

第三章　剰余価値率に対する利潤率の関係

第四章　回転の利潤率に及ぼす影響

第二〇章　商人資本に関する歴史的考察
第二部
第五篇　利子と企業者利得とへの利潤の分割、利子付資本
第二一章　利子付資本
第二二章　利潤の分割、利子率、利子率の「自然的」な率
第二三章　利子と企業者利潤
第二四章　利子付資本の形態における資本関係の外在化
第二五章　信用と空資本
第二六章　貨幣資本の蓄積、その利子率に及ぼす影響
第二七章　資本主義的生産における信用の役割
第二八章　流通手段と資本。トゥックおよびフラートンの見解

マルクスは第三巻で、資本の運動を、①商品生産のための費用分析、②利潤、③販売価格などから具体的数字を挙げ論じようとした。いまなら、大学での会計学や財務諸表論の初歩的な講義で、費用分析から利潤率の計算などマネジメントの効率性の問題として論じられるところだ。いまではマルクス流のクセのある用語でなく、会計学の平易な用語で再編成すれば、第三巻第一篇は個別企業の財務分析に近似した内容となるはずである。

たとえば、「もう一つの利潤率上昇は、不変資本を生産する労働の節約からではなく、不変資本の重用における節約から生ずる。労働者の集積と彼らの大規模協業とによって、一方では不変資本が節約される。同

じ建物、加熱および照明設備等の費用が、大規模生産のばあいには、小規模生産のばあいよりも比較的少ない。……」といったような指摘は、いまでは損益分岐点を扱ったごく普通の経営学書にもみられる。ただし、マルクスが「労働者を犠牲としてなされる労働諸条件の節約」で「資本主義的生産は、われわれがこれを個別に考察し、また流通の過程と競争の冗多とを考慮に置けば、実現された、商品に対象化された労働については、極度に節約的にふるまう」状況はいまもある。

資本主義的生産が資本間の競争を通じて展開する限り、マルクスの論じた個別資本における「動力生産、動力伝達および建物における（費用）節約」、「生産廃棄物の活用」、「発明による（費用）節約」などの指摘あたりも現実的妥当性を充分にもっている。他方、剰余価値の獲得は先にみた費用節約という面とともに、原材料価格、労働賃金、そして商品そのものの市場での販売価格によって大きく規定される。

第二篇と第三篇では資本と市場競争との関係が論じられる。異なる資本構成――不変資本と可変資本との比率――をもつ個別資本間の競争は、利潤率の傾向的低下を生み出すとされる。もちろん、これはどのような期間を対象にするかにより異なる。いずれにせよ、個別資本の側では利潤極大化の内在的法則が働いた結果として対抗策がとられる。マルクスも「そこには一般的法則の作用と交錯し、これを解消させる、そして一般的法則に単に一傾向という性格のみを与える反対に作用する諸影響が、働いているに違いなく、それゆえにわれわれも、一般的利潤率の低下を一つの傾向的低下と呼んだのである」と述べている。

具体的には「労働の搾取度の上昇」や「不変資本の諸要素の低廉化」――経営主体からみれば生産性の引き上げによる実質的賃金の引き下げなど――、「外国貿易」――労働者が必要とする生活必需品をより安価に外国から輸入することによって労働工賃などの引き上げを実質的に抑制することに加え、高利潤が確保できる外国市場などへの輸出など――の活用によって、個別資本が利潤を確保しようとするのは、マルクスの時代と同様にいまもある。では、この資本蓄積の作用・反作用というダイナミズムはいったい何を生み出すのか。マルクスは「この法則の内的矛盾の展開」という章でつぎのように「恐慌論」を展開した。

「恐慌は、つねに、現存する諸矛盾の瞬間的な暴力的解決であり、錯乱された均衡を、一瞬回復する暴力的爆発であるにすぎない。極めて一般的に言えば、矛盾は次の点にある。すなわち、資本主義的生産様式は、価値とそれに含まれる剰余価値から離れて見るならば、生産諸力の絶対的発展への一傾向を含むが、同時に他面では、既存資本価値の維持とその最高度の価値増殖（すなわち、この価値のたえず加速される増大）を目的とする、という点にある。……生産諸力の発展と相携えて進む不変資本に比しての可変資本の相対的減少は、労働人口の増加に一つの棘を与えるが、同時にそれは人為的な過剰人口を作り出す。価値から見ての資本の蓄積は、利潤率の低下によって緩慢化されるが、それは使用価値の蓄積を一層促進することになり、他方この蓄積はまた、価値から見ての蓄積を加速的に進行させる。」

むろん、資本が循環的に生み出す恐慌という「資本主義生産の真の制限」については、資本の執行者である経営者は全力で回避しようとする。だが、個々の経営者の努力を超えた社会的総生産力を経営者自らが調整することは困難である。マルクスはつぎのように強調した。

「生産の無制限な増加を、自己目的としての生産を、労働の社会的生産諸力の無条件的発展を、目指す諸生産方法と、絶えず矛盾することになる。手段――社会的生産諸力の無条件的発展――が、既存資本の価値増殖という制限された目的と、たえず衝突することになる。それゆえに、資本主義的生産様式が、物質的生産力を発展させて、これに対応する世界市場を作り出すための、一つの歴史的手段であるとすれば、それは同時に、かようなその歴史的任務と、これに対応する社会的生産諸関係とのあいだの、不断の矛盾なのである。」

このあとにマルクスは、「人口と資本の過剰論」を展開した。ここでは、資本の運動のもつ性向について、「過剰生産」と「利潤率」、そして「過剰人口」という三つの鍵用語を中心に論じる。この命題は『資本論』全巻を通じてマルクスがやや重複的に述べている。それだけに彼自身が強調したかったことでもある。箇条書き的に紹介する。

① 資本の過剰生産――「資本の過剰生産が意味するものは、資本として機能しうる、すなわち、与えられた搾取度をもってする労働の充用される生産手段――労働手段と生活手段――の過剰生産以外のものではない。……労働の生産力を高め、商品生産物の量を増加させ、諸市場を拡張し、量の上からも価値の上からも資本の蓄積を促進し、そして利潤率を低下させた事情、その同じ事情が、相対的過剰人口を生み出したのであり、またたえずこれを産み出しているのである。」

② 資本の外国投資――「資本が外国に送られるとすれば、それは資本が国内では絶対に運用されえないからではない。それは、資本が外国ではより高い利潤率で運用されうるから、起きるのである。しかし、この資本は、就業労働人口にとっては、また当該国一般にとっては、絶対的に過剰な資本である。」

③ 利潤率の低下と競争――「蓄積に伴う利潤率の低下は、必然的に競争戦をひき起こす。……利潤率の低下が、諸資本間の競争戦を呼び起こすのであって、その逆ではない。」

④ 生産と消費――「欲望の充足ではなく、利潤の生産が資本の目的なのであるから、……資本主義的基

礎の上にあって、局限されている消費の大きさと、かようなその内在的制限を絶えず越えようとする生産とのあいだには、たえず衝突が生ぜざるをえない。」

⑤　資本主義的生産の制限（その一）――「労働の生産力の発展は、それが一定の点に達したとき、それ自身の発展にたいしてもっとも敵対的に対立し、したがって、たえず恐慌によって克服されねばならない一法則を、利潤率の低下において産み出すということ。」

⑥　資本主義的生産の制限（その二）――「この生産様式は、欲望の充足が休止を命ずる点においてではなく、利潤の生産と実現とがこれを命ずる点において、休止される。利潤率が低下すれば、一方では個々の資本家が改良された方法等によって、彼の個々の商品の個別的価値を、その社会的平均価格以下に押し下げ、かくして、与えられた市場価格のもとで、一つの特別利潤を得ようとするため、資本の緊張が生ずる。他方では、一般的平均から独立し、これを超過する何らかの特別利潤を確保するため、新たな生産方法、新たな投資、新たな冒険における熱狂的な試みによって、思惑が現われ、思惑の一般的助長が現われる。……資本形成がもっぱら、利潤量によって利潤率を償いうる僅かばかりの既成大資本の手に落ちるに至れば、一般に生産の活気は消え失せるであろう。生産はまどろむであろう。利潤率は、資本主義的生産における推進力である。」

マルクスはこれらの点を挙げたあとに――エンゲルスの編集上で――、資本主義的生産の三つの主要事実を列挙している。

（一）　資本の集中――「少数の手に生産手段が集積されること。」

（二）　資本主義的生産様式の止揚――「労働自体の社会的労働としての組織、協業、分業、労働と自然科学の結合、によって。二つの面から見て、資本主義的生産様式は、私的所有と私的労働とを止揚する。むろん対立的な諸形態においてである。」

（三）世界市場の形成――「人口よりも遥かに急速に増大する資本価値（単にその物質的基底のみではなく）の増大は、この巨大な生産力がそのために作用して、増大する富に比して相対的に狭隘となる基礎とこの膨張する資本の価値増殖過程とに矛盾する。かくして恐慌が乗ずる。」

この指摘より一世紀以上先にいるわたしたちからみれば、最初の点は、「一般経済集中度」ということに引き寄せれば首肯できる。と同時に、産業別集中度でいえば、金融や資本集約的な分野と、労働集約的な産業分野で事実は当然異なる。経済活動とはつねに不均衡なものである。

二番目の点もまた首肯できる。だが、同時にそれゆえに資本主義的経済はつねに変容を迫られてきた。マルクスの時代といまの時代とはやはり異なる。

もっとも興味あるのは第三番目の点である。マルクス以後の資本主義経済の発展そのものがこの点に集約できる。そして、一九三〇年代の世界的大恐慌は二番目の点に関連して、資本主義のあり方を変容させてきた。これらの諸点は後述する。

さて、マルクスは第四篇で「資本の核心構造の分析に必要なかぎりにおいて」、商人資本（商品取引資本）または商業資本（貨幣取引資本）の特質を論じている。この理由は、経済学者が商業資本と産業資本を混同しているからとされた。もちろん、生産者の立場の産業資本が自らの商品を自らで販売することもある。また、商人資本の流通業者が商品販売のみを担当することもある。

この商人（商品取引）資本の存立について、マルクスは分業効果に言及し、「商品がもっぱらこの業務に従事するのであるから、生産者にとって、彼の商品がより早く貨幣に転化されるのみではなく、商品資本自体がその変態を、生産者の手中でこれをなすばあいより、速く了る」と指摘する。商人資本にも重要な役割がある。その本質的役割はつぎのように示された。

「商人資本は、流通部面の内部で機能する資本以外の何ものでもない。流通過程は総生産過程の一段階である。しかし、流通過程では、何らの剰余価値も、生産されない。ただ同じ価値量の形態変化が行われるにすぎない。……商品資本は、価値も剰余価値も作り出さない。すなわち直接には作り出さない。それが流通期間の短縮に寄与するかぎりでは、間接には、産業資本家によって生産される剰余価値の増加を助けうる。それが市場の拡張を助け、また資本家間の分業を媒介し、したがって、資本がより大規模に作業することを可能にするかぎりでは、その機能は、産業の生産性と、またその蓄積とを促進する。それが流通期間を短縮するかぎりでは、それは前貸資本にたいする剰余価値の比率、すなわち利潤率を高める。それが資本のより小さい部分を、貨幣資本として流通部面に拘束するかぎりでは、それは、生産において、直接に充用される資本部分を増大させる。」

では、いったい商業利潤とは何なのか。マルクスは「商人資本は、剰余価値を産まないのであるから、平均利潤の形態でそれに帰属する剰余価値が、総生産資本によって生み出された剰余価値の一部をなすものであることは、明らかである。……いかにして商品資本は、生産資本によって生み出された剰余価値、または利潤のうちから自己に割り当てられる部分を、引き寄せるのか」と問う。マルクスが学生時代に商店などのインターンシップを経験していれば、もっと気のきいた直感的にわかりやすいことばで、商人資本の役割を述べることができたであろう。

マルクスが指摘した商人資本の「取り分」を紹介しておくと、「商品資本は、剰余価値の生産には参加しないにもかかわらず、平均利潤への剰余価値の均等化に参加する。それゆえ、一般的利潤率は、商人資本に帰属する剰余価値からの控除を、すなわち、産業資本の利潤からの一控除を、すでに含んでいる」ということになる。要するに、本来ならば、商品生産を行った産業資本が自ら販売してその剰余価値を実現すればこれに越したことはない。だが、これが困難であるため、商人資本が販売して、本来は産業資本がすべて手にすることのできる剰余価値の中から、自らの取り分を確保するということになる。

マルクスは、このように商人資本の役割を論じた。このあとに、商人資本の回転などにふれた。わたし自身、学生のころに読んだときには気づかなかった。だが、商人資本の特質へのマルクスの言及は、秀逸な「マーケティング論」ではないかと思うようになった。マルクスは「W↓G」＝マーケティング論の展開を通じ、のちにソースタイン・ヴェブレン（一八五二～一九二九）等も指摘するように、消費こそが大きな資本の運動の鍵を握る資本主義の本質を見事に明らかにした。重要部分をわたしなりに整理しておこう。

（a）「商人資本は、生産資本の回転を媒介するに違いない。しかし、ただその流通期間を、短縮するかぎりにおいてのみである。……この回転は、結局は総個人的消費の速度と範囲とによって、制限されている。」

（b）「商品の性質から出てくるW―GとG―Wとの分離は別としても、一つの仮想的需要が作り出される。その独立化によって、商人資本はある限界内では、再生産過程の諸制限から独立に運動し、それゆえにまた、再生産過程をその制限を越えてまでも推進する。内的依存性と外的独立性とは、商人資本を駆って、内的関係が強力的に、恐慌によって、回復される点にまで至らしめる。」

（c）「かくして恐慌にこういう現象、すなわち、恐慌がまず出現し勃発するのは、直接的消費に関係する小売業においてではなく、卸売業と、これに社会の貨幣資本を用立てる銀行業との部面においてである。」

（d）「商人の利潤は、彼が回転させる商品資本の量によってではなく、この回転の媒介のために、彼が前貸しする貨幣資本の大きさによって、規定されている。」

こうした機能をもつ商人資本——マルクスはしばしば「商業資本」や「商品資本」などと言い換えたりしている——を「資本主義的生産様式よりも古いものであり、事実上歴史的にもっとも古い自由な、資本の存在様式である」として、商業資本が産業資本へと転化していく歴史的過程を論じる。類型としてはつぎのようなものだ。

第一類型——「商人が直接に産業資本家になる」場合。

第二類型——「商人が小親方を自分の仲買人とするか、あるいはまた直接に自己生産者から買う。商人は生産者を、名目上は独立のままにしておき、その生産様式を変化させずにおく」場合。

第三類型——「産業家が商人となって、直接に大規模に商業のために生産する場合」。

これらは歴史的系統発生の類型でなく、いまも見られる事業類型でもある。いずれにせよ、産業資本と商人資本は連動し、さらには貨幣取引資本にも連動する。マルクスは貨幣取引資本について、「分業は、資本の諸機能によって条件づけられている。……貨幣の払出し、収納、差額の決済、当座勘定の処理、貨幣の保管、等々。これらの技術的操作を必要ならしめる諸行為から分離されるとき、これらの機能のために前貸しされる資本」と規定する。歴史的には、貨幣取引資本は国際交易から発展し、やがて両替商などに分化していった。

『資本論』第三巻の最後の第五篇では、利子付資本などが取り上げられる。通常、資本は貨幣から商品をへて再度貨幣へと転化することで資本となる。この意味では、貨幣が利子を生み出す貨幣＝資本の性格について、マルクスは「それは貨幣としてもっている使用価値のほかに、一つの追加使用価値を、すなわち、資本として機能する使用価値を、与えられる。ここでは貨幣の使用価値は、まさに、それが、資本に転化されて、生み出す利潤に、存する」とみる。では、「現実の運動において資本が資本として存在するのは、流通過程においてではなく、ただ生産過程においてのみ、労働力の搾取過程においてのみ、である」と指摘するマルクス自身は、この利子付資本をどのように解釈したのだろうか。マルクスはいう。

「利子付資本はそうではない。そして、まさにこのことが、利子付資本の特殊の性格をなす。自分の貨幣を利子付資本として、価値増殖しようとする貨幣保有者は、それを第三者に譲渡し、流通に投じ、資本として商品となす。それは、それを譲渡する者にとって、資本であるのみではなく、初めから資本として、剰余価値、利潤を作り出すという使用価値を有する価値として、第三者に渡される。……資本として貸し付けられる商品は、その性状に応じて、固定資本または流動資本として貸し付けられる。貨幣は、いずれの形態でも貸し付けられうる。」

こうした貸し出された資本は、「再生産過程において機能資本家の手に帰り、次にもう一度、貸し手への貨幣資本家への、移転として、資本の現実の所有者への、その法律上の出発点への、返済として、復帰が繰り返される」ことになる。

この資本とは「その使用価値の消費によって、その価値とその使用価値が保存されるのみでなく、さらに増殖される、という特性をもっている」のであり、さらに価値増殖される割合、すなわち利子率がどのように決定されるのか。マルクス自身はこの点について、あらゆる階層の貨幣貯蓄との関係、さらには「産業循環」との関係から論じ、「借り入れた資本で仕事をする資本家」にとっての利子と利潤との関係を取り上げる。マルクスの時代よりも、金融・証券市場が大きな発展を遂げ、自前の資本だけで事業を展開する元来の資本家が少数となったいま、ほとんどの事業体はマルクスのいう機能資本家といえる。

さしあたって生活などに必要な商品を消費する貨幣を除き余剰となった貨幣は、利子付き資本としてその増殖過程に投じられ、これがさらに貨幣の利子付き資本化を押しすすめる過程は、バブル経済を生み出してきた。これは家計もまた企業についても指摘することができよう。マルクスはこうした機能資本家の「監督賃金」についてもふれている。

彼は監督賃金――経営者所得――について、「普通の賃金労働者のそれよりも高い賃金である。なぜ高いかといえば、(一)それが複雑労働だからであり、(二)彼が自分自身に賃金を払うのだからである」と論じた。米国経営者のストックオプションを含んだ「監督賃金」の法外さを考えると、これは(一)の理由以上に、米国経営者の(二)のあり方に米国型資本主義の本質が反映されている。

これはマルクスのいう「利子付き資本の形態における資本関係の外在化」を反映したものである。この外在化とは、たとえば、利子は利潤の一部であるにもかかわらず、「利子が資本の本来の果実として、本源的なものとして、現われ、そして利潤は、いまや企業者利得の形態に転化されて、再生産過程でつけ加わる単なる添加物や付加物として現われる」。マルクスの表現では「利子付き資本においては、資本物神化の観念が完成されている」ことになる。マルクスはここでも物神(呪物)崇拝という宗教用語を好んで使った。

いまもむかしも、貨幣は商品生産へ利子付き資本として投じられる。だが、現在、貨幣は商品生産へ投資される以上に、それはさまざまな金融商品などへの転化を通じて、あるいは、通貨という別の貨幣などへの転化を通じてその増殖を追い求める時代となってきている。貨幣から貨幣へと再転化される過程での時間的差異は「信用」というかたちで埋め合わされ、この信用のかたちがいまはさらに多様化、多彩化、国際化(グローバル化)してきている。

一世紀以上まえに、マルクスが『資本論』第三巻の最終部分で展開し論じた信用論や貨幣資本蓄積論は、彼が意識したか、あるいは予想しえたかは別として、きわめて象徴的にいまの資本主義の方向性を示唆している。

いまや資本の運動は、その本性をさらに解放させ、大きく飛び跳ねる時代となった。『資本論』の続巻こそわたしたちに委ねられている。

資本の時代

やや長く、わたしなりに『資本論』三巻を紹介した。だが、これには続巻の第四巻がある。第四巻もまたエンゲルスの編集によってマルクス生前の研究ノートが『剰余価値学説史』としてのちに発刊された。

当時、カール・マルクスとその著作は、国際労働運動家やドイツの社会主義運動家などごく一部の人たちを除けば、多くの人たちに知られていなかった。マルクスが生前中に出版できた『資本論』(ドイツ語版)第一巻の初版はわずか千部ほどであった。出版元がようやく初版在庫を売り切ったのはこの五年後であった。ただし、ドイツ語初版在庫の最後の一冊が売れ切れた年に出版されたロシア語版千部は二ヵ月で早々と完売となった。この販売数の多寡は、当時の欧州諸国の経済発展と政治の状況そのものを反映していた。

多筆家――生活のためでもあった――であったカール・マルクス以外にも、「資本」論において独創的な思想家や研究者がいたかもしれない。マルクスの現代性とわたしたちのあと智恵との乖離を論ずるまえに、当時の社会そのものを見ておく必要がある。マルクスやエンゲルスが生き、観察した時代を「資本」という鍵用語で写しだしたのが『資本論』であったとすれば、彼等はどのような時代に生きたのか。

カール・マルクスが弁護士の息子として生まれたのは一八一八年であった。フリードリッヒ・エンゲルスの方はこの二年後に紡績業者の息子として生を受けた。彼らは同じ世代の「ドイツ人」であった。両者ともいわゆるブルジョワ階級あるいは中産階級の出自である。エンゲルスは父親のマンチェスター工場で修行したことが、後日、英国の労働問題に関心をもち、経済学へと突き進むことになった。

マルクスが頭でっかちであったこととは対照的に、エンゲルスは実態派といってよい。エンゲルス自身は、英国でうなりを立てるような資本主義の発展をマンチェスターという場で現実に感じたにちがいない。農村から都市へと押し出されてきた労働者層の悲惨な生活を『英国における労働者階級の状態』にまとめたのは、エンゲルス二五歳のときであった。

両者の接点は、頭でっかちのマルクスが反政府寄りの新聞社に入り、多少とも現実の経済問題に触れ急先鋒の記事を書き、政府などからにらまれ、フランスに移ったころであった。頭でっかちから実態派へと移りつつあったマルクスと、実体派から頭でっかちとなって資本が飛び跳ねる資本主義という時代を理論的にとらえたかったエンゲルスがここで交差した。経済学の研究については、エンゲルスが先導役となり、マルクスはロンドンに居を移し、エンゲルスの金銭的援助を受けながら再び頭でっかちの理論派となっていく。

彼等は一八四〇年代後半からの英国資本主義の発展を見ながら、社会主義運動を欧州などに広げようとした。この間、両者とも英国、フランスやベルギーなどにも行き来しているが、自国のプロイセン（ドイツ）を含め欧州の大陸国家からは危険人物のお墨付きを貰い、結局は両者とも英国に住み、その一生を終えた。彼らが英国からも追放されなかったことは、当時の英国政治家の寛容さに負っている。

彼らに物心がつき多少とも経済や政治の動きがわかり始めたのは一八四〇年代である。一八四一年の英国の人口は一八五〇万人であった。他方、英国の植民地から独立した米国の人口は、アイルランドなどからの移民を受け入れ、一七〇〇万人ほどになっていた。米国ではマサチューセッツ州でようやく、一二歳以下児童の労働時間を一日一〇時間に制限する立法措置が取られた。米国でもこの時期、幼い子供までを取り込むような「手荒い」経済発展がようやく一段落し、機械化と工場生産を中心に経済発展が新たな段階へと差しかかかっていた。

他方、悲惨な児童労働の「先進国」であった英国でも、数を増した工場労働者が過酷な労働条件の改善を求める運動を展開していた。エンゲルスは当時の報告書や自身の知見を元にまとめた先述の『英国における労働者階級の状態』で英国の労働実態を紹介する一方、マルクスも『資本論』でこれにふれている。

そして、一八四八年が来た。マルクスとエンゲルスは、ロンドンで労働者協会のドイツ語版パンフレットとして『共産党宣言』を匿名で発表した。この小さなパンフレットがロンドンの狭いドイツ人社会から飛び出し、欧州諸国に影響を及ぼし始めた背景には、これを受容するだけの状況が欧州大陸にもあったことになる。

国王を頭にいただく王朝国家という体制が、王朝間の地縁血縁のなあなあの調整で維持できる時代は終焉しつつあった。そして、経済発展で富と名声を獲得しつつあった資本家階級や小金持ちとなった中間階層がそれなりの役割と既得権を要求し始めていた。他方で、数を増しつつあった労働者たちも厳しい労働条件や経済的格差などに不満を蓄積させていった。こうした経済格差を所得の再分配で調整しようという福祉国家の成立は、このときより一世紀以上も先のはなしである。当時は、文字通り「自由」主義の時代であった。

フランスのパリでは、一八四八年二月、学生や労働者が街のあちこちを占拠、国王に廃位を迫り、首相を退陣させ、臨時政府に代表を送り込んだ。だが、その後の選挙で大敗、ルイ・ナポレオンが大統領となり従来型政治を復活させた。とはいえ、パリの革命は民衆暴動、市街戦などのかたちでベルリン、ウィーン、ブタペストなどにも飛び火し、しばしば過激な動きを促した。

この騒ぎは各国の国家体制に大きな動揺を与え、その見直しを迫った。とはいえ、労働者層がそれなりの政治的見通し、とりわけ、国家新体制の青写真をもっていたわけではなく、旧体制が返り咲いた。

マルクス等のお膝元のロンドンでは、英国資本主義の先行性ゆえに労働運動そのものが「制度化」されつつあった。「チャーティスト運動」という流れである。この運動の主目的は選挙を通じた労働者層の政治参加であった。他の欧州諸国と異なり、過激な運動の目標となった君主制国家はすでに英国では変質していたことがその背景にあった。

英国の労働者層は従来の制限選挙の改正を求める運動を起した。だが実際には、新興の資本家層だけが一八三二年の改正でその恩恵に与っただけであった。失望した労働者たちはより急進的な運動へと向った。これもまた弾圧され挫折。以後、労働者層は新たな運動目標を模索した。

その後の不況で失業数が急増した英国北部を中心とした労働者層は、成人男子への選挙権付与（いわゆる普通選挙権)、無記名投票、議員の財産資格撤廃、議員への給与支給などの憲章(チャーター)を掲げ、いわゆるチャーティスト(憲章要求者)運動を起こした。

この動きはやがて英国全土の署名活動を通じて大衆運動となっていった。だが、議会は労働者層の憲章要求を受け入れようとはしなかった。チャーティストたちは、フランス二月革命を背景に三度目の憲章要求を行った。議会はこれを突っぱね否決した。以後、この運動は実質上終息し、実質的な生活向上を求めた協同組合運動が展開する。

英国の碩学ボブスボームは、この一八四八年のパリ二月革命からおよそ三〇年間を「資本の時代」と位置づけ、その著『資本の時代―一八四八〜一八七五―』でこの時代の光景を描き出している。ボブスボームがマルクスやエンゲルスが生きた時代を描き出すのに頻繁に使った鍵概念はつぎのようなものだ。

「民族」、「好況」、「紛争」、「戦争」、「国民の形成」、「民主主義」、「社会変化」、「土地」、「人びとの移動」、「都市」、「工業」、「労働者」、「ブルジョワ」、「化学」、「イデオロギー」。たとえば、このうち、「人びとの移動」では、世界の鉄道開通マイル数は一八四〇年〜八〇年の四〇年間で欧州では約六〇倍、米国では約三六倍、世界全体でも五一倍へと伸びた。当時の急激な発展を促した資本の時代のある種の「凄まじさ」が理解できるだろう。

こうした鉄道網の整備は農村から都市へという人の流れを加速させ、やがて国境を越えた人と物資の移動を通じて世界の一体感――汽船トン数も大きく増加した――をもたらした。と同時に、移動は「国民」という概念を人びとの意識の中に定着させ、紛争と戦争という産物をも産み出した。いうまでもなく、鉄道や汽船の急速な発達はこの間の工業生産の拡大に支えられたものであった。

人と物資の移動は資本の運動をさらに激しく、そして資本の運動の激しさは人と物資の移動をさらに促した。人が移動した都市では工業労働者層が堆積し、資本家層への対抗力も蓄積していった。とはいえ、彼等の意識が一枚岩であったわけではなく、この間の経済的活況がときに急速に、ときに徐々に人びとの生活水準を改善しつつあったのも事実だった。ボブスボームはこの点をつぎのように描いてみせる。

「資本主義の切迫した没落を信じる者たちに都合がよい時代とはおよそ言えなかった。一八四九年ののち一、二年は革命の再現についてまだいくらか希望を持っていたマルクスとエンゲルスは、その後次の大きな経済恐慌（一八五七年）に期待したが、それ以後は長期的な展望で考えざるをえなかった。……カール・マルクスがこの時期政治からの隔絶を強いられていたことに関しては、それが彼をして理論を成熟させ『資本論』の基礎をすえることを可能ならしめたとして感謝すべきかもしれない。ただし彼自身はそう思っていなかったが、それにしても労働者階級の政治組織、ないし労働者階級に献身せんとする政治組織で残っていたものも、一八五二年の共産主義者同盟のように崩壊したイギリスのチャーティズムのように無力化したりした。」

資本の運動は加速し、ときに過熱化した。それだけにこの時期の生産力の拡大には著しいものがあった。ただし、マルクスが『資本論』で描いた資本の原始的蓄積のようなすさまじい「収奪」はやがて英国では上品で洗練されたものとなっていき、資本主義的の厳しい原始的収奪を海外植民地へと押し出すようになった。ボブスボームが「資本主義とブルジョワ社会が勝利を収めると、大衆政治や労働運動の出現にもかかわらず、資本主義以外の社会への展望はかすんでいった」と指摘する。マルクスはお膝元の英国での大変革でなく、『資本論』を書く段階で米国、海外植民地、そしてロシアでの革命を思い描いた背景には、資本主義が

「定着」した英国で、「資本主義以外の社会への展望がかすんでいった」ことがあった。

マルクス等の社会変革予想の当否ということでは、ロシア革命が三分の一の確率を代表した観があった。ただし、ロシアでは経済体制の不備を政治体制で押さえ込むような転倒した構図があった。また、米国ではその急速な発展ゆえに常に労働者不足があり、このために賃金の高騰がみられ、欧州から貧困層を移民として引き受け、欧州社会を安定させた。「資本の時代」に、欧州から米国へと移った人たちの数は九〇〇万人を超えた。

また、二〇世紀に顕著となった大衆消費社会の到来とまではいかなくても、一部の富豪の消費市場だけでなく、上・中間層の消費市場の拡大こそが工業生産を支えてもいた。ブルジョワジーの上層階級が文字通りの資本家階層であったとしても、その下限層もまた拡大していた。そこには小生産者や商店主、企業の管理層、熟練工や監督工などの社会層があった。

ボブスボームは『資本の時代』の最終章で、この時代の変化方向をつぎのようにとらえる。わたしなりに整理してみる。

(一) 資本競争における「個人主義」の終わりと「集産主義」――独占体など――の始まり。

(二) 新しい技術の時代――電気と石油、タービンと内燃機関、鋼と合金、非鉄金属などの新素材とこれを用いた新機械や有機化学の登場。

(三) 国内消費市場を中心とした経済体制への転換――とりわけ、米国で耐久消費財を含む大量生産・大量消費の時代の到来。

(四) 帝国主義の時代へ――「広義においては、それは経済体制の構造的変化、たとえば、『独占資本主義』を含んでおり、狭義では、『先進』国の支配する世界経済に『低開発』国を従属的に統合する新たな動向を指している」というような資本輸出面の動きもあるが、「新しい技術に基礎づけられた産業は、石油、ゴム、非鉄金属といった原料を必要とした」。

（五）いわゆる南北問題の顕在化――「世界的規模における先進地域と（理論的対概念としての）低開発地域という二分法はそれ自体新しいものではないが、この両者の区分が明瞭に現代的様相を呈し始めたのである。発展と従属が背中合わせとなった新たな形態が、一九三〇年代の不況に至る間、ほんの短い中断を伴っただけで、持続的に展開した」。

（六）「積極性を帯びた新しい国家」の発展――といっても、現代的な意味での福祉国家とはいえなかったが、それでもその端緒が見られた。

こうした六つの特徴がより前面に出た一八七五年以降の世界を、ボブスボームは、その著『帝国の時代―一八七五～一九一四―』で描くことになる。つまり、それは「資本と資本」とがぶつかり合う時代であった。

資本と帝国

ボブスボームの欧州史観による時代区分では、一八四八～一八七五年は「資本の時代」、これに続く一八七五～一九一四年は「帝国の時代」となる。そもそも帝国と何であろうか。

ボブスボームは帝国の時代を、資本が飛び跳ね、多くの問題を引き起こしたが、それなりに国内的に問題解決の方途が制度化された「資本の時代」とは異なり、資本が国外に向かい、資本と資本の果てしないぶつかり合いを引き起こした時代と規定する。この時代は「本質的には、国家が競う合う時代であった」ともボブスボームはいう。さらに、彼は続ける。

「一八七五年から一九一四年にかけての時代は、新しい型の帝国主義を発展させたという理由からだけではなく、それよりもずっと古めかしい理由から、帝国の時代と呼ぶことができよう。おそらくこの時代は、自らを公に『皇帝』と称したり、西欧の外交官が『皇帝』の称号にふさわしいと考えた国家元首の数が、近代世界史の中で一番多かった時代である。」

「帝国」とは一般に「皇帝」の統治する国家を指す。この皇帝たちが孤独にその称号を弄ぶ分には実害などなかったろう。だが、厄介なことに、皇帝という称号はつねにナショナリズムと二人三脚で対外的に大きな影響を及ぼした。この事態こそがしばしば「帝国主義」とよばれた。岩波『現代経済学辞典』で、江口朴郎は帝国主義をつぎのように解釈する。

その一――「国内で過剰となった資本を国外へ輸出しようとする……国家の領土拡張政策、およびそのような政策を生み出す資本主義。」

その二――「歴史的概念としての帝国主義は、このような領土拡張主義を一般的に指すのではない。一九世紀末から二〇世紀初頭にかけて成立した……特殊な時代の領土拡張政策、あるいはその政策を生み出した資本主義を、歴史上、帝国主義とよんでいる」。

その三――「生産制限をともなう独占の支配は、国内に過剰な生産設備と、投下先のない過剰な資本を生み出す。植民地への資本の輸出は、本国に投資収益をもたらすだけでなく、本国から植民地への商品輸出を促すことにもなりうる。このために植民地領有と利害が結びついたのである。」

この定義によると、帝国主義の内実は、欧州の事例を念頭において、つぎのように整理できよう。

① 結果として国外で植民地を獲得する、あるいは獲得しようとする行為あるいは政策。
② この獲得政策は「近代」以前の領土獲得とは異なる。

後者の意味では、ここでいう帝国主義は新「帝国主義」となろう。ただし、この定義は、こうした主義が人畜無害の思想でなく、武力行使を付随させたことにふれていない。また、国内での資本の過剰と資本の輸出という事実では、この主義がいまも元気に生きている。この意味では、新「新帝国主義」ということばがあってもよい。

事実、この「新・新」という接頭辞にはいろいろなことばが付けられる。岩波『哲学・思想事典』で山崎カオルは、「新・新」＝「新しい定義の試み」として、「新植民地主義」という別の主義に関連させて帝国主義を解説する。

「植民地の形式的な政治独立が経済的従属からの脱却を意味しないとみる人々は、形は異なっても依然として帝国主義体制は継続しているとして、それに対応した新植民地主義という概念を提唱している。また、従属理論や不等価交換は、従来の帝国主義分析が重要視してきた資本輸出だけでなく、国際貿易においても余剰があることを指摘している。それゆえに、政治的な植民地支配がなくとも、帝国主義はありうるとされるのである。他方、帝国主義は他民族の政治的・軍事的支配という拡散された意味でも使われるようになり、『ソ連帝国主義』という呼び方まで現われるようになった。また、イスラエルなどに見られる地域的に限定された他民族支配を指して、『亜帝国主義』(subimperialism) と呼ぶ論者までいる。今日ではさらに、さまざまな形態での西洋的言説やメディアの支配を、文化帝国主義と呼ぶこともある。」

ここでは、レーニンそしてボブスボーム等が指摘した、それぞれの国家において国内で過剰となった資本と資本が新たな未開の地を求めてぶつかり合った経済政策（＝帝国主義論）――しばしば暴力を伴った――が、政治的、軍事的、そして文化的支配にまで拡張されて示された概念となっている。

資本はすでにみたようにその利潤率によって動く。国内外で利潤率の差異があれば、資本は移動する。移動させるのは企業――したがって、投資家――の意思である。移動しうるのか、そうでないのか。帝国主義の時代において、国家の意思と保障が無ければ、資本の移動が困難であった場合、国家がしばしば武力をもって前面に出た。結果として、領土獲得合戦となった。いまは、こうした実力行使は流行らなくなり、山崎がいうように、ファッション、音楽などなんでもありの他国「支配」が帝国主義と呼ばれる。だが、本質はいまも資本と資本のぶつかり合いにある。

先に、「帝国」とは皇帝の支配する国家と述べた。いまはこうした国家も少なくなった。では、そもそも帝国とは何か。資本輸出の家元として帝国をとらえれば、それはきわめて近代的な概念である。資本の時代以前にもローマ「帝国」やオスマン・トルコ「帝国」という帝国もあった。こうした古典的な帝国は、さまざまな民族や部族を通商関係と文化関係のなかに包摂していた。ローマ帝国をとってみれば、その拡大する領土内と領土間における通商関係はいろいろな食い違いと問題を引き起こし、このゴタゴタの解決が求められた。この場合、ローマ帝国の法律、いわゆる「ローマ法」がその共通判断尺度となった。

つぎに文化関係についてみれば、ローマ帝国が各地にローマ文化会館を建てまくって、ローマ文化普及のためのセミナーを頻繁に開催したわけでもなかった。現実には、ローマの宗教となったキリスト教――もともとローマの宗教ではなかった――が共通文化の基礎をなす宗教となっていった。

通商関係の拡張や宗教関係の浸透は、共通言語の普及なくしては困難である。その地のローカル言語と平行してラテン語が普及したのはこのためであった。つまり、帝国とはその領土拡張の前提条件として、あるいは結果の条件として、普及度のきわめて高い法律、文化（＝宗教）、言語をもつ国家である。遅れて帝国主義競争に参加した日本「帝国」の場合、台湾や韓国などを始め日本の戦時占領下にあったアジア地域で、国内法の準用、宗教、日本語の普及が図られた。まさに日本もまた帝国への意思をもっていたともいえよう。宗教については、神社の建立、日本語については日本語教育が導入された。当時、昭南といわれたシンガポールの昭南日本学園（昭和一七［一九四二］年設立）では、詩人の神保太郎が校長を務め、井伏鱒二や中島健蔵あたりも「宣伝班員」として徴用され、日本語教育を間に合わせでやっている。この体験の一部は、井伏が当時の「内地」の新聞に五〇回にわたって投稿し、のちに『花の町』として単行本となった。

この種の日本語教育についてのわたしの知識の在庫はこのぐらいで、韓国や台湾、さらには他の「南洋諸島」でもさまざまな日本語の試みが行われた。こうした日本語教育がどのような影響をもったのか。黒川創は、「表層譚—井伏鱒二・高見順・武田泰淳らの『外地』—」（『思想の科学』一九九五年八月号）で、それを「親日」感情や「外地」での「日本語文学」の側面に引き寄せつぎのように述べる。

「そこには、日本人の殖民作家や、日本語による創作を強いられた現地人の作家、そして、旅行や徴用で現地を訪れる日本在住の作家らがいた。そこから生まれた作品は、概して「戦後文学」の始まりとともに、〝日本文学〟の範ちゅうから意識的・無意識的に排除された。」

井伏らがシンガポールなどで、手探りで慣れない日本語教育をやっていたころ、「帝都」東京などでは

「大東亜文学者大会」の第一回開催が準備されていた。すこし脱線してしまった。

さて、資本の運動が国内から解き放された結果として、資本と資本が世界市場でぶつかり合うようになった「帝国」主義下の「領土拡張」時代を、ボブスボームは一八七五年から一九一四年までの約四〇年間とする。この間のいざこざの地域をほんの一部だけ列挙しておこう。

（一）トルコなどバルカン半島――ロシア・トルコ戦争と休戦。周辺国や英国などの干渉。新たな独立国の成立。トルコとギリシアとの恒常的対立。

（二）ビスマルクの下で対英、対仏の周辺国との同盟。

（三）英国――エジプトなどアフリカでの戦争。アジアでは武力によるビルマ併合。英国は世界各地のどこでも関与し干渉した。

（四）フランス――ベトナムなどへの侵攻と清国軍との衝突。台湾での武力衝突。マダガスカルへの武力行使。

（五）ドイツなど欧州諸国によるアフリカの分割化（保護領化を含む）――欧州諸国の利害・武力衝突によるアフリカ部族抜きの国境線の成立。

（六）欧州諸国によるアジア南洋諸島の分割など――たとえば、英国とドイツによるサモア諸島分割協定。

（七）米国――ハワイ併合。キューバ、グアムで武力行使。フィリピン独立派との対立が強まる。

（八）中国での欧州諸国、のちには日本――それぞれの権益をめぐる対立。ロシアも熱心に権益拡張。

この時期の欧州諸国によるアジアやアフリカの植民地獲得は、できるだけ武力衝突を避けたい当事者国同士、あるいは利害関係諸国の同盟条約によって進んだ。こうした同盟はまた軍事同盟でもあり、植民地化した地域の経済便益をお互いに認め合うご都合主義的な経済協約でもあった。

昨日の敵の敵は友好国であり、明日の友好国の敵は友かもしれないといって結んだ協約や同盟のあり方は、複雑なパズル政治と社交外交を生み出した。この間にも、鉄道敷設権によって「本国」は「保護国」などの交通インフラを整え、資本の活躍が期待された。だが、複雑な同盟関係はやがて利害連鎖の摩擦熱を高め、欧州大陸を焼き尽くす第一次世界大戦――実質は世界というよりも戦場は欧州であった――を引き起こした。

連鎖的摩擦熱がまず発火した地であるボスニアのサラエボ市をわたしは訪れたことがある。オーストリア皇太子が乗った自動車の運転手がサラエボ市内の道を間違わなければ、狙撃は不成功に終わったかもしれない。狙撃場所はごくありふれた場所にわたしには思えた。サラエボでなくても、摩擦熱が発火点に達し、自然着火するような火種は欧州のあちらこちらにあった。資本と資本のぶつかり合いは、一方で強硬な外交姿勢や軍事衝突のかたちをとりつつあった。

いまは、この資本と資本の摩擦熱がすぐに武力対立と植民地化に結びつき、利害衝突が連鎖反応を起したかつての帝国主義時代のやり方は「それほど」流行らない。旧来の帝国主義とは異なるやり方については、次章でふれる。

資本と資本の「対立」と「協調」が一国を超えて多くの国にわたる現在の情況を「グローバル化（世界的）」ということばだけで剥ぎ取るだけでいいのかどうか。いまは「帝国主義」という物言いは本当に骨董品となってしまったのかどうか。

柄谷行人は、冷戦終結と湾岸戦争による帝国主義の終焉、「米国」という「帝国」の誕生を論じたアントニオ・ネグリー等の「帝国論」を紹介した上で、「アメリカ合衆国は帝国主義ではなく、帝国だという考えに私は賛成できない」と主張する。

柄谷が疑問視するのは帝国の構成要素である。たとえば、米国が米国国内法の準用を迫ったり――日米や米欧間の貿易摩擦などで米国通商法の適用を無理強いしたことがあった――、あるいは帝国の宗教として米国的キリスト教――米国は多くの伝道師を日本やアジア・アフリカ諸国に派遣してきた――や、帝国の共通言語として米国英語――多くの米国人が日本の英会話学校で働いている――の普及を強いているのでもない、と柄谷はみる。柄谷が問題視し批判するのは、ネグリ等の見方、すなわち、米国はあくまでも「グローバル」な法権利と国際的正義の下で動いているのであって、米国は自国の国家的動機を他国に押し付けているのではないとする点である。

ここで重要であるのは、グローバル国家の米国が世界資本主義に組み込まれている以上、資本と資本がぶつかり合う帝国主義的世界がそこにあるという点である。柄谷はいう。

「世界資本主義が望むのは、自由主義的な交換によって剰余価値を得ることである。それは、それに対する各国の抵抗や干渉、そして、それらをもたらす体制を、すべて半自由民主主義的なものと見なす。そして、アメリカ合衆国がそれを実行しているようにみえる。しかし、アメリカ合衆国はそれ自身ネーション＝ステートであり、自国の利害によって動いている。すなわち、世界資本主義国（帝国）の中にあって、『それ自身の国家的動機』に動かされている。むしろ、二〇世紀以後では、帝国主義は、帝国主義を否定する身振りの下でしか存在しなかったのである。」

わたしもまたそう思う。グローバル・スタンダード（世界基準）論のもつ危うさがここにある。

資本と信用

何度もくり返す。資本とは剰余価値（利潤）を生む貨幣である。

この限りない運動は、さらに「信用」という媒介によってさらにその活動を活発化させてきたこと。この点は、その後、さまざまな金融資本論の主要テーマとなってきた。すでに、マルクスはこの点を資本法則のなかに鋭くみていた。資本と信用との関係は各国の経済史に記録されている。

資本が利潤を生むには、「G→W→G´」という運動を完結させなければならない。信用＝資本調達ということでは、それは「G→W→G´」という過程では、二度登場する。まず、「G→W」で自らの資本（＝自己資本）があれば、金融市場や証券市場など外部から資本調達を行う必要はない。だが、自己資本のみで足りないと判断された場合に、金融市場や証券市場から資本の調達が行われる。そして、つぎの過程の「W→G´」が完結されなければならない。

自己資本の場合、もし最初の投入貨幣が利潤を生む資本として貨幣化されなければ、つぎの「G→W→G´」に投入される自己資本は減少し、やがてこの過程は縮小再生産となる。やがて、手元の自己資金が尽きたところで事業を止めるしかない。ただし、事業撤退は個々の経営主体の廃業というかたちで終結し、他への影響はきわめて軽微である。だが、この過程が借り入れ資本などで展開している場合、「W→G´」は全く異なった意味と影響をもつ。

わたしたちのまわりにある企業をみれば、自己資本だけで事業を展開している企業もないわけではない。現実には、多くの企業は金融市場や証券市場で資本を調達して事業を展開している。こうした企業が少なくとも倒産もせず、事業展開できるのは「W→G´」という過程がそこにあるからである。この過程をより深く理解するには、逆になぜ企業は倒産に至るのかを考えればよい。

わたしは、倒産経験をもつ経営者たち――本人は、最初、嫌がったが――を大学に来ていただき、学生たちにその経験を語ってもらったことがあった。このうちの一人は学生たちにつぎのように語り始めた。

「なぜ、企業は倒産するのか。わたしは倒産してみて、倒産とは単純な過程の結果であることがよくわかった。当たり前といえば、当たり前である。学生諸君は、『倒産に至る当たり前のこととは何か』ということがわかりますか。」

彼――技術畑出身で、いわゆるベンチャー型起業の経験者――は、この問いかけに対する学生たちの小難しい回答に苛立ちながら、彼自身の答えを開陳した。

「要は簡単だよ。わたしは会社を潰してみてよくわかった。自分の展開している事業で、入ってくるおカネよりも、支払いで出て行くおカネが多く、やがて支払うおカネが無くなったところで会社は立ち行かなくなる。まあ、この過程で銀行などからおカネが借りることができれば、当面はしのげる。これだって、銀行におカネを返せなければ同じだ。財務とかキャッシュフローの重要性とかコンサルタントや学者たちいうけれども、要するに、入ってくるおカネが、つねに支払うおカネを上回るようにすればいいのだ。できれば、この上回る度合いが大きければそれに越したことはない。」

この単純な構図は、街の小さな商店の倒産から、バブル崩壊後の日本の大企業の行詰りにも共通する。大企業の場合、支払うおカネ（＝支払い金）が入ってくるおカネ（＝営業収入など）よりはるかに上回っても潰れなかった。なぜか。銀行の貸し渋り、あるいは貸し剥がしで倒産せざるをえなかった中小企業の事例をみればその理由は明らかであろう。

つまり、大企業が倒産を逃がれたのは、入ってくるおカネと支払うおカネの差額を、銀行が支払い続けてくれたことに起因した。差額を支払う＝信用の供与という問題を、ここでは、なぜ大企業――もっとも、すべての大企業ということではなく、そこでもある種の政治的、経済的な選択が行われた――では可能で、中小企業では困難であるのかという議論にはこれ以上深入りはしない（拙著『中小企業の政策学―豊かな中小企業像を求めて―』を参照のこと）。ここでの問題は、あくまでも資本と信用に関するものだ。

信用とは「W→G´」の先送り、つまり、支払いと入って来るおカネの「時間差」を埋める機能を指す。だが、それが銀行借入である場合、この先送り自体が借入金の元本と利子の支払いから自由放免になったわけでは決してない。むしろ、先送りがさらなる先送りを伴うとき、信用の拡大や収縮が資本の運動に強制力として圧し掛かる。これは、最近では一九九〇年代の日本のみならずバブルに踊り、不良債権の処理に苦しんだ諸外国の実態を振り返れば容易に想像がつく。

この場合、不良債権問題の場に信用という想像上のおカネ（＝信用）を作り出す金融機関が位置した。巨大化した不良債権が金融機関を中心とした信用システムを不安定化させ、日本経済にとってバブル経済崩壊後の経済回復へのアキレス腱となった。

一般に、信用創造とは金融機関が受け入れた預金以上に信用供与（＝貸付）を行うことを指す。過去の歴史を振り返れば、土地や株式などの「商品」をベースに信用が創造された場合、信用とはその商品の価値に依存する。結局のところ、資本とは現実の貨幣である。創造された貨幣である「信用」が不安定な状態となればなるほど、資本は商品に対価されたものではなく、その貨幣的側面が前面に押し出されることになる。

過去そしていまも、投資家や銀行預金者は「商品は貨幣を愛する」ことを再認識せざるを得ない。資本への投資——その現実の提供者である子どもたちのお年玉貯金から、さまざまなファンドや機関投資家の投資まで——は世界中を飛び回り、資本は信用を媒介にして動く。ゆえに、この信用の中心にある銀行自体が債務不能に陥るときに、その混乱は大きい。

歴史を振り返っておけば、こうした「信用恐慌」(=銀行恐慌)は、貨幣恐慌の様相を呈するのが通常であり、人びとは金あるいは金への兌換貨幣に「救い」を求めた。米国では、一九〇七年恐慌のときに金価格が高騰し、金の需給が米国内で逼迫した。英国から金が流入しようやく収まった。その英国でも、この七年ほどのちに、第一次大戦の勃発によって英国系銀行のドイツ引受け債券の返済が不履行になる怖れから、シティーが大混乱になり、ここでもまた金への需要が高まった。

繰り返すが、資本とは貨幣であり、それは信用という架空貨幣によってさらに運動量を増す。

この架空性が、いまでは世界中で通貨間取引の投機的なかたちをとりさらに高まっている。このかたちが崩れるとき、資本は現実貨幣という本来の姿で自己保存をしようとする。だが、金(地金)——といっても、現在流通している貨幣価値を金で置き換えることなど不可能に近い——はともかく、金への兌換制度はなくなった。それゆえにいまは過去以上に、国家が貨幣そのものを支えざるを得ない構造にある。

資本と信用の先には、やはり国家論が出現する。

第四章　暴力論

ある方向性

湾岸戦争、そしてイラク戦争。わたしたちが、忘れがちであった国家のもつ暴力性が露わになった。

これ以前、大国間の対立を軍事力——したがって、これを支える経済力——の拮抗力によって均衡させる構造が固定化されていた。東西冷戦という構造により第二次大戦を引き起こした要因が安定したかに見えた。東の横綱たるソ連と「東」側諸国。西の横綱たる米国など「西」側諸国。この冷戦構造は、第二次大戦後には必要以上の軍事力をもたなかった、あるいはもてなかった敗戦国の日本にとり、この構図ゆえに内外の政治的安定と経済的繁栄の時代が続いた。

第二次大戦前の日本では、軍事力増強による「極東」の安定が重要視された。そして戦後である。すべてを焼き尽くす大量破壊兵器によってにらみ合い、互いに競い合うことで、核兵器の実際の使用が抑制されたなかにあって、皮肉にも軍事力を低下させたことが日本にとって安定をもたらした。

しかしながら、冷戦構造はソ連の軍事力を支えた経済力が不安定化したことで東西の対立構図は変容した。いまは、この構図もあいまいとなり、世界各地で「紛争」という戦争とそこに直接的あるいは間接的に利害を有する関係国の介入が活発となった。

かつての東側の代表選手＝ソ連のアフガン侵攻のあり方は、軍事大国の米国の出方を強く意識した上での展開であったことを考えると、湾岸戦争下での米国などによるイラク攻撃、イラク戦争のあり方は従来とは明らかに異なる。そこには、それぞれの国家のかたちを守るというイデオロギー対立という要素は必ずしも多くない。ここでは他国侵略や不特定多数の一般市民を巻き込んだテロリズムという暴力に対して、暴力（＝軍事力）で応ずるが、それは「正当な暴力の行使」であるという外交主張である。

こうした構図の登場は、現在の軍隊や軍事力というあり方の再考を迫っている。日本の戦後体制を規定した日本国憲法の改正、とりわけ軍事力規定である「第九条」をめぐる論議の背景にはこのような変化がある。と同時に、日本の軍事「同盟」国である米国のあり方、そして、米国と日本とのあり方に再考をせまっている。

ある方向性

さて、暴力論である。ここでは、別段、暴力論＝米国論を基軸とはしていない。だが、暴力論では、やはり米国を頻繁に取り上げざるを得ない。千田善は、米国から地理的には遠く離れたユーゴでの民族紛争を取り上げた『なぜ、戦争は終わらないか』の「エピローグ」で、東欧の「地域紛争論」の半分以上を米国論に割かざるを得なかったのか、について述べている。

「『ユーゴ問題についての本』のはずなのに、とくに後半部分、アメリカについての記述が多くなったのは偶然ではない。二一世紀の前半の国際政治におけるアメリカの比重は、二〇世紀に比べてもはるかに大きくなる（なって）いるからだ。……たとえて、『ユーゴ紛争』はブッシュ(父)、クリントン、ブッシュ（息子）の三代のアメリカ大統領に共通して出された『宿題』だった。……心配なのはアメリカの

『ユニテラリズム』(一方的・単独行動主義)がどこまで行ってしまうのかということだ。アメリカは巨大な島国で、国民の多くも世界のことにあまり関心がない。「内向き」の度合いは島国の本家、日本以上かもしれない。」

このユーゴ紛争の地は、平均的日本人にとって米国の関与のあり方についてはもとより、その地理的な位置についてもあまり馴染みのない地域だ。だが、この地域の「戦後」復興に、日本政府はかなりの財政的支援を行っていることなど多くの日本人は知らないに相違ない。わたしもボスニアなどを調査で訪れることがなければそうだった。

ユーゴ紛争というのはその根底に、民族と領土とのさまざまなねじれがある。問題は、当事者自らがそのねじれを是正できなかったことから派生した。結果的に、国連、NATO(米軍を含む)、そして米国の介入なくしては、解決の途が示されなかったことが不幸であった。

その結果、「国連の無力→NATOの関与と武力行使→国連の地盤沈下→米国単独主義の台頭→国連のさらなる無力化」という悪循環が生まれた。千田がその著作の半分以上を米国について取り上げざるを得なかったのは、この循環の先に二〇〇一年のアフガニスタン空爆、この翌年のイラク攻撃という米国の軍事外交が展開されたからである。千田はつぎのような構図を描いた。

「コソボ問題をめぐるNATOの空爆は、旧ユーゴやその周辺諸国だけでなく、二一世紀の世界全体にも影響する深刻な問題を残した。……NATOの空爆の最大の問題点はなにか——それは、国連をまったく無視したことだ。……アメリカは国連を避けるだけでなく、国際法上の議論も避けて、空爆を強行した。それでは、その空爆は国際法的になんだったのか。いろいろな表現でぼかしているが、結局、アメリカは『これは戦争ではない』とする立場だった。戦争だと認めると、国連憲章で禁止されている『武力による威嚇または武力の行使』(第二条)に当てはまるので、国連憲章違反になる。『戦争ではなくて、人道的介入だった』というのがアメリカとNATOの説明であった。」

考えてみれば、わたしたちの二〇世紀初頭はサラエボから端を発した戦争で始まり、二一世紀を目前とした時期にコソボで紛争がくすぶり続けた。サラエボから始まった第一次世界大戦のときと比べ、格段に破壊力が強まった兵器による猛烈な空爆が「戦争ではなく」、人道的「介入」であるとすると、人道介入的紛争とは何なのかということになる。

ある方向性

コソボ、そしてイラク戦争にいたる一連の軍事行動を結びつける構図をみると、やはりそこには軍事的利害以上に経済的利害という古典的な姿が見え隠れしている。

手元の世界地図で旧ユーゴ周辺の地域を眺めてみれば、石油はペルシャ湾岸地域だけでなく、その北東部にカザフスタン、ウズベキスタンなど旧ソ連邦の石油産出国が存在する。天然ガスであれば、その南部にイラクとアフガニスタンに国境を接するトルクメニスタンがある。

これらの国はいずれも内陸にあり、産出後の石油やガスはパイプラインで港に待つタンカーまで運ばざるを得ない。問題はパイプラインをもっとも経済的に敷設し、保安しうるかである。いくつかのルートが検討され、そのいくつかはすでに実現されている。

(一) ロシア領の黒海周辺までの敷設――ただし、ロシアの民族紛争の問題がある。
(二) トルコまでの敷設――ただし、敷設地域のクルド人との民族紛争の問題がある。
(三) イランを通ってインド洋までのルート――ただし、イランの政治問題がある。

（四）アフガニスタンとパキスタン経由でインド洋へ――ただし、両国の民族紛争問題がある。
（五）旧ユーゴ地域への敷設――ブルガリア、マケドニア、アルバニアを通過する。ただし、これら関係国の民族紛争問題がある。

こうしてみると、石油パイプラインの敷設ルートには、「ただし、民族問題あり」という民族紛争の火種がある地域ばかりである。旧ユーゴ地域のコソボ紛争は、旧ソ連からの独立国とロシア、その周辺国への石油パイプライン敷設に利害をもつ米国、トルコや東欧諸国を統合する方向にある欧州連合（ＥＵ）、そして石油大消費国の日本の利害がうずまく地域でもある。

コソボでの人道的介入は、「民族浄化」という他民族圧殺の「国家元首」ミロシェビッチへの攻撃とその後の「国際法廷」での断罪というかたちで決着したかにみえる。とはいえ、ここに一つの問題が生じる。国家元首の国際法廷での断罪である。つまり、人道的介入の基準こそがきわめて主観的であり、それゆえに米国大統領という米国の国家元首も、基準が変われば、ミロシェビッチと同様に国際法廷で裁かれることになるのだろうか。事実、米国外交は米国へのこの例外規定などをめぐって動いた。

他方、国連での活動では米国だけの例外的規定など適用されるはずはない。千田は、こうした米国の単独行動主義――京都議定書もその事例の一つである――の問題性をコソボ紛争処理のあり方に見出し、警鐘を鳴らす。

米国の政治学者シーモア・リプセットは『アメリカ例外論』で、米国はどの国も真似ができないような例外的国家として描いた。この場合、リプセットはこれをもっぱら政治文化の問題として提示した。だが、この視点は米国外交での米国単独主義＝米国例外主義としても貫かれている。

西洋法制史の研究者である山内進は、『暴力—比較文明史的考察—』で、石油に関わる経済的な利害だけでこうした地域の火種を説明することは必ずしも妥当性を持つとは限らないと述べる。

「パレスチナ紛争、アフガニスタン戦争そしてイラク戦争において行使されている巨大な国家的暴力も、単に国家的・経済的利害の関連だけでは到底とらえきれない複雑な要素を含んでいる。ブッシュ大統領とネオ・コンサーヴァティズムの信奉者たちが石油だけを目的としてイラクに攻め込んだ、と考えるなら、二一世紀の国家と国際政治を理解することは不可能であろう。……国家や国家理性の枠を超える比較文明史的視点が必要である。」

この理由として掲げられるのは、「暴力へと人を突き動かす独自の感覚、感性、価値観を深く理解するのは、現象的な物質的利害だけでなく、生や価値、宗教の問題と緊密に関わる、多様な歴史やさまざまな文化的事実を比較的に検討すること」の必要性である。つまり、冷戦が終わり——もっとも、冷戦終結の要因の一つは、旧ソ連が米国との軍事競争を支えるだけの経済力を維持しえなくなったことであり、ロシアが石油だけでなく、その産業の競争力を強化し復活すれば、何らかのかたちで米ロ対立の構図が出現するであろう——、大きく変化したのは国家の暴力への抑制力ではなかったのか。

山内も「国家に独占されるはずの暴力は、家族、親族、部族、エスニック集団や宗教的原理主義集団等に拡散し、国内での衝突が国境を越えたつながりのなかで、殺戮や加害、強奪や暴行といった形で展開している」と述べる。

暴力のもつある種の方向性は、文明史的な国家論を問うことに当然つながる。

犯罪と暴力

文明史的暴力論は、他方で文化史的暴力論も必要とする。国家という絶対的機構が存在する以前において、人びとはどのように暴力を抑制し、社会秩序を維持してきたのか。いまでこそ、暴力は犯罪とされる。だが、犯罪とされるには、暴力が社会的な制裁を受け、割に合わないものとみなされる外部規制、そして何よりも内面的な社会的規範を必要とする。前者の外部的社会的規範（＝規制）とは法律であり、後者の内面的な社会的規範の定着は主として教育による。

現在、わたしたちの社会は暴力化しているのだろうか。この問いを大した文脈もなしに、人びとにぶつければ、多くの人たちは肯定的な回答を寄せるだろう。この問題は、第五章の文化論や第六章の社会論でも展開すべきであろうが、まずは暴力論としてこの犯罪と暴力の関係を取り上げる。

「犯罪」とは広辞苑にはつぎのようにある。罪を犯すこと、また犯した罪。法律では、刑法各本条その他刑罰を定めた諸規定に示された一定の構成要件に該当する有責・違法の行為。他方、「暴力」とは乱暴な力、無法な力、とされている。暴力は「乱暴な力」、つまり力の行使という中立概念である。それが犯罪となるかどうかは、それが罪であるかどうかの社会的判断を前提にしており、刑法においては定められた罪に価するかどうかの基準による。

この基準によれば、罪を犯しているかどうかの判断——つまり、社会的かつその終局的なかたちである刑法において——が重要であり、この判断力をもたない少年についてはその対象外となっている。とはいえ、昨今の犯罪の低年齢化と刑法強化を求める議論は高まりを見せてきた。

ここで冒頭の問いに戻れば、いまの社会は、むろん、日本社会も含め、暴力化し、凶暴化し、しかも低年齢化している、とわたしたちは認識している。では、このような認識はどのように生まれるのだろうか。地縁血縁的な共同体的地域社会が崩壊したいまの日本では、自分が住むベットタウン化した地域の情報についてて疎く、地域の少年犯罪についても断片的な情報しかもたない。わたしたちが、なぜ、「暴力化、凶暴化、低年齢化」という総体的傾向を認識しうるのか。それはいうまでもなく、新聞、雑誌やテレビ報道を通じてである。とりわけ、暴力を画像として繰り返し伝えるテレビの影響はきわめて大きい。

土井隆義は『〈非行少年〉の消滅―個性神話と少年犯罪―』で、テレビや新聞、雑誌が少年犯罪のうちでも凶悪犯罪を取り上げ、少年犯罪そのものが増加傾向にあることを示す「定型報道」そのものに異議を唱える。土井はいう。

「私たちは、少年による事件が大々的に報道されるたびに、『少年犯罪の巨悪化』というイメージを膨らませてきた。『少年犯罪は凶悪化などしていない』などといわれても、そんなことはあるまいと反発し、逆に『少年犯罪の凶悪化はますます進んでいる』などといわれと、『さもありなん』と妙に納得してきた。……どうやら『少年犯罪は凶悪化していない』といった情報は、さまざまな他の情報と不協和をきたしてしまうらしい。逆にいえば、現代の日本には、『少年の犯罪』という情報を私たちにむしろ積極的に期待させるような認知要素が数多く存在していることである。」

これは米国でも同じである。犯罪＝黒人というイメージは払拭しがたいほどにマスメディアによって増幅、定着してしまった。この傾向は、わたしたちに犯罪、暴力の社会的背景、あるいは、これを取り巻く社会的規範についての思考を停止させている。

さて、冒頭の「国家という絶対的な機構が存在する以前において、人びとはどのように暴力を抑制し、社会秩序を維持してきたのか」という点に戻る。

日本の場合、戦国時代という暴力の行使が正当化された時代――もっとも、領主たちが互いに相手方の暴力行使を不当として自らのも暴力を行使した結果である――が、豊臣秀吉政権の成立によって「刀狩」が行われ、秀吉政権への暴力の一元化が進められた。こうしたなかで、暴力の行使者は犯罪者として断罪される体制作りが進んだ。

しかし、武器供出がいろいろな手段で進められたアフガニスタンやイラン、旧ユーゴスラビアからの独立国でも、新たな政府を信じることができなかった人びとは武器を隠し持ったように、当時、すべての村落民が秀吉の刀狩に応じたわけではなかったようだ。

村落民だけでなく武士たちの暴力の抑制には、外部的規制としての諸法度の制定と処罰の実行だけでは充分でなく、より内面的な規制が必要であった。後者に関して、新田一郎は「『武士』と秩序―武家法―」でこの点を、武士道と儒教と関連させて、つぎのように問題提起する（前掲『暴力―比較文明史的考察―』所収）。

「武士を主要な構成員としながら武力に対する厳しい制約を課するという、近世政治体制のアンヴィヴァレンスは、武士のあるべきさまを物語る『武士道』という言説をめぐって先鋭化する。……本来、儒教がその中心的価値として説く『徳』は、武勇と順接するものではない。……問答無用の剥き出しの暴力によって成立した徳川の体制が、一八世紀以降あとづけの説明のために儒教の言説を用いた、とする構図が示されることがある。……しかし、このことは、なんらの装飾ももたない『剥き出しの暴力』

によったことを意味するわけでもない。その成立過程では、武家の伝統や官位制・国郡制の枠組みなどが所与のモデルとして適宜利用され、また『喧嘩停止』のプログラムが掲げられた。」

わたしが新田の指摘に興味をもつのは、「喧嘩防止」プログラムが定着しはじめた日本の近世社会のあり方ももちろんながら、「中世と近世との間」にある「断絶よりもむしろ連続性」である。新田はこの連続性について、「その連続性は、秩序形成の能動的主体としての武士にではなく、制御の客体としての武士にそくして観察される」という視点である。この先にさらに、江戸から明治へとつながる日本の国家機構のあり様を描くことができるからである。

また、新田の指摘は欧州地域での暴力抑制について、マックス・ウェーバー等が指摘する国家の歴史性概念にも共通する。欧州中世社会の自力救済権が暴力と不可分に結びついたいわゆる「フェーデ」という「制度」の下では、武力的優位者が必然大きな力を持った。弱者は貴族などの有「力」者に保護を求めるか、あるいは親類縁者に加勢を求めた。

ただし、さまざまな暴力が狭い小さな地域でのいざこざに止まっていれば実害は少なかった。だが、一旦、乾燥した地の火の粉が野辺の火として広がるように、小さないざこざがしばしば大騒動になった。これを背景に、領主による所領内の暴力管理が、やがて広域地域を基盤とする国家の成立によってすすみ、さらには武力の国家への一元化が行われ、国家の暴力独占と国民への保護が並行的に進んでいった。

フェーデは国内でこそ抑制されたものの、やがて、それは前章でふれたボブスボームのいう「帝国の時代」である一九世紀から二〇世紀前半にかけて、国家間のアジアやアフリカなどの植民地拡大へとつながり、やがて欧州の地でも大きな暴力を発生させていった。この国際的なフェーデは、第二次大戦後、戦前の国際連盟の機能的不備を補ったはずの国際連合（国連）という機構の成立に結びついた。ウェーバー流にいえば、国連の「正当な暴力の独占」によって、加盟国は国連の保護を受け、その武力蜂起などの可能性が低減するはずであった。

だが実際には、ソ連と米国の対立のなかで、どちらかに入ることによる保護と引き換えに対外的な暴力抑制と国内的な暴力抑制というかたちの均衡が定着した。これについては繰り返し述べた。こうしたメカニズムの下で、暴力の抑制機構としての国家は資本との関係をより深く結び、それぞれの資本がフェーデを競ったところに第二次大戦後の世界秩序があった。つまり、そこでは、経済的フェーデが、即、軍事的フェーデに転化されるとは限らなかったのだ。

とはいえ、この構図が崩れてしばらくの時が立った。旧ソ連からの独立国家からの独立を求める民族紛争、アジアやアフリカ、そして旧ユーゴスラビアでの民族紛争の続発など、そこには、しばしば中世欧州型のフェーデ社会が再成立したかのような感じがしないわけではない。

資本と暴力

ニューヨークの貿易センタービルを爆破した航空機は、その後の世界秩序を大きく変え、イラク戦争はわたしたちに多くのことを考えさせ、そしていまも考えさせている。

二度にわたる世界大戦、ベトナムなどの東西冷戦の代理戦争、そして旧ソ連のアフガニスタン侵攻など二〇世紀のおぞましい大量殺戮という暴力が、二一世紀には消滅するだろうという考えを跡形もなく吹き飛ばした瞬間がそこにあった。

そこには、暴力装置としての軍隊、そして軍隊をもつ国家のあり方という抽象的な問題設定ではなく、イラク以上に、米ソ冷戦の終結後、突出した軍事力をもつ米国という国家について、二〇〇一年の「九・一一事件」はわたしたちに多くのことを考え続けさせている。

テレビ番組を中断させ突然飛び込んできた九・一一の衝撃的な映像を前に、まるでハリウッド映画ではないかと、多くの人はわが目を疑ったに違いない。十数時間後、ブッシュ大統領は、貿易センタービルなどへの航空機突入などはテロではなく、米国の「自由」への攻撃であり、戦争行為である旨の声明を出した。

わたし自身はこのときに、日本の真珠湾攻撃が当時の米国民によってどのようにとらえられ、指導者たちはどのようにこの攻撃を米国民に伝えたのだろうかとふと思った。この日から、わたしはCNNニュースをよく見るようにした。わたしの記憶も定かでないのだが、他の米国内のニュースではどうかわからないが、CNNニュースでは三日後あたりから日本の真珠湾攻撃に言及され始めたのではなかったのか、と記憶する。ブッシュ大統領自身は、九日後に演説の中で真珠湾攻撃を引き合いに出した。

米国にとってみれば、真珠湾攻撃はハワイもまた米州とはいえ、本国から遠く離れた場所であった。だが、今回の戦争という「事件」が米国本土、しかもその首都近くで起こったことで、戦争とは外国で戦うものだと考えていた米国指導者や国民に、ニューヨークなどへの攻撃は大きな衝撃を与えた。そして、この事件は米国内の戦争を外国の地へと押し出した。約一ヵ月後にアフガニスタン攻撃が開始され、二〇〇三年三月半ばにはイラク攻撃が始まった。

歴史的にみて、米国という資本主義国で、暴力と資本はどのような関係を構築してきたのか。湾岸戦争、アフガニスタン攻撃、そしてイラク戦争へと連なる一連の米国「外交」としての戦争の底流には、米国の歴史的な慣性力がある。

欧州諸国の経済体制や政治制度から比較的自由であった米国では、ある意味では、資本主義は無人の野を行くようなかたちで定着した。米国とは、「自由」主義を通じての利潤の追求と富の蓄積がアメリカンドリームとして無邪気なまでにルール化されていた社会でもあった。米国はいまもまたそのように存立しようとしている国家である。このルールは多民族国家でありつづける米国社会にとって、「多様・多彩・異質」な移民とその価値観がもたらす混乱や変化への一種の安全装置でもあった。

この視点は米国の外交においても貫かれてきた。一般に、米国外交姿勢の原型は米国第五代大統領ジェイムズ・モンロー（一七五八〜一八三一）の頃に築かれ、これは後にモンロー主義と称されるようになる。欧州諸国のように国王や貴族階級、これらに連なる歴史的伝統性をもたなかった、あるいはもてなかった米国にとって、欧州諸国の専門的外交官による複雑な外交という魑魅魍魎的騒動から距離を置いて、自国の「自由」を守るべく孤立主義をつらぬくのは当然であったろう。

だが、モンロー主義から七〇年余りたち、帝国主義の時代といわれる二〇世紀を迎える頃には、米国は欧州流の植民地主義をとらなかったにせよ、キューバをめぐるスペインとの戦争をわずか三ヵ月間で勝利してフィリピンを領有化した。さらに、いまは日本人観光客が訪れるグアム、そしてプエルトリコを手中にした。むろん、キューバ人をスペインの圧制から救い出すという米国側に聖戦意識が強くあった。だが、キューバ人の独立運動への米国人の同情は、キューバから遠く離れたスペイン領有のアジア植民地の人たちの独立意識とどのような関係をもったのだろうか。

結論からいえば、米国政府はフィリピン人の独立運動にさほど同情を寄せず、また、友好的な関係を築こうとはしなかった。ゆえに、フィリピン側の猛反発を招いた。キューバを挟んだスペインとの聖戦の結果、米国はフィリピンを領有化した。背景には、米国が中国市場への足がかりの場としてのフィリピンに高い関心を持っていたことがあった。

当時の米国大統領マッキンレー(一八四三〜一九〇一)は、就任演説でスペイン追放のあとに米国が居座り、フィリピン独立派を押しつぶしたことについて、「自由」を拡大するためであったというレトリックで語った。他方、スペインに独立を認めさせたキューバはフィリピンとは異なった道を歩んだ。キューバでは国内の経済利害をめぐる政治対立などもあり、結局のところ、米国はキューバの独立を認める代わりに、米国の保護という干渉を認めさせた。以降、中南米での米国のあり方は「自由」のために統治しないが、介入するという行動がパターン化されていく。

その後、一九一四年の第一次大戦は米国外交の世界的比重を決定的なものにした。元来、欧州諸国では複雑怪奇な外交が展開され、それゆえに外交が一つの専門的技能であり、これを担うのは専門家としての外交官であるという政治意識が強い。こうした欧州諸国とは異なり、米国の場合、国内政治と外交とが明確に峻別され実行されてきたわけではない。ゆえに、むかしもいまも、米国的国内政治論理がそのまま外交に横滑りする。新しい「自由」なるものを提唱したウッドロー・ウィルソン大統領(一八五四〜一九二五)においてもそうであった。

西崎文子は『アメリカ外交とは何か―歴史の中の自画像―』で、ウィルソン外交を「自由主義と資本主義が反映するような国際秩序を追い求め、また、『統治者の同意による政府』を世界にあまねく広げることを願った」宣教師外交として、当時のメキシコ革命の介入事例を挙げ、「このようなウィルソンのメキシコ政策からは、今日まで続くアメリカ外交の行動パターンを窺い知ることができよう」として、その問題点をつぎのように分析する。

「(引用者注―メキシコの) 抑圧者ウェルタを排除し、公正な選挙を経て選ばれた指導者が現れれば、その理想はおのずから実現するはずであった。なぜなら、人々は、適切な指導と教育がありさえすれば、すべて民主主義と自由を選ぶはずである。これは、まさに二〇世紀アメリカ外交の基軸に据えられた考え方であった。……二〇世紀を通じて、ラテンアメリカやアジアを中心にさまざまな地域ですすめられた。その原因の一つには、ナショナリズムの壁を指摘できよう。民主化を目標に掲げて強行されるアメリカの介入は、受容する側の国にとっては自分たちの主権と自律性とを脅かす侵略行為でしかなかった。」

西崎の指摘は、第二次大戦の日本占領から中南米への米国の介入、そしてイラク戦争後のイラク総選挙と新イラク政府をめぐる動きの背後にある問題点をうまく言い当てている。

ウィルソン自身はモンロードクトリンの継承者として自らを位置づけ、あらゆる国民は「自由」を与えられなければならないと米国議会などで強調した。モンロー・ウィルソンドクトリンは、第二次大戦後、トルーマンドクトリンとしてさらに継承され、米ソ対立のなかで共産主義社会への強力なイデオロギーとして作用した。米国にとり「自由」こそが重要であり、自由を抑圧する諸国への反発は米国国内ではマッカーシズムへ、そしてその後のベトナム戦争へとつながっていった。

ベトナム戦争は泥沼化した。米国はそこから這い出るために兵力の増派を重ね、その自重でさらに泥沼にはまり込み、これから抜け出るために北ベトナム、さらに隣国のカンボジアやラオスへの空爆をもたらした。

この米国の戦争は、インドシナ半島よりも米国本土で米国社会の亀裂を生み、米国民の批判を受けやがて「勝てなかった」戦争となっていった。だが、「敗北」は軍事戦術上の敗北への反省というかたちで、地上兵力をできるだけ温存し、無人のハイテク兵器による攻撃を優先させる戦争を生み出すことになる。だが、負けたのは米国のいう「自由主義」そのもののあり方ではなかったか。

そして、冷戦後の戦争である湾岸戦争とイラク戦争である。戦術的には、これらの戦争は茶の間のテレビゲームのようであった。だが、それは空爆などによる破壊とその殺戮という人的被害が見えない戦争となった。見えるが見えない戦争である。外交的には、湾岸戦争では、米国は国連重視の姿勢をとり、多国籍（＝同盟）軍というかたちでトマホークミサイルやレーザー誘導爆弾などで軍事施設だけを狙った人道的な戦争であることが強調された。

では、ウィルソン外交はどのようなかたちでブッシュ政権の戦争へと継承されているか。西崎は、ブッシュ政権もまた「アメリカの道義性に対する自信」を持っている反面、ウィルソン外交にあった国際協調性は少なく、単独主義を優位に置き、「アメリカに従う意思がある国家とのみ『国際協調』を追求するという一方的姿勢」が目立つことを指摘する。

米国外交を突き動かし、また、いまも突き動かしている歴史的慣性力はきわめて大きい。

暴力と機構

二〇世紀の戦争は、それまでとは大きく異なるものとなった。それはしばしば総力戦と称されたが、何をもって総力というのかである。この「総力」という概念は、「総動員」ということばに置き換えた方がわかりやすい。それは戦争当事国が、自国あるいは植民地のあらゆる資源を総動員して戦争を行わなければならない状況を意味した。

太平洋戦争と名づけられた日米戦争をとっても、日米双方で「動員」ということばが使われた。人をはじめとしてあらゆる資源が戦争継続のために「動員」された。米国では、"mobilization"ということばが使われた。

この"mobilize"の語源は、"mob"（暴徒、大衆、群集）と共通である。"mob"はラテン語の"mobile"「気の変りやすい」群集ということばの接頭辞が取られて、群衆という語感になってしまったものだ。これは興味ある語義変化である。なぜなら、気の変りやすい群集・大衆を戦争という目的のために「動員（mobilization）」することはそう容易ではないからだ。

このため、米国や日本、そしてドイツ、イタリア、英国など当時の主要参戦国でも、あらゆる階層の国民を戦争へ動員するための立法措置や社会運動が展開された。これを戦争遂行経済、つまり、軍需経済という側面から見ると、いわゆる人・モノ・カネを兵器生産などに徹底的に振り向けるための「労働力統制」、「物資統制」、「金融統制」が必要であり、このための機構がいずれの国家においても整備された。

総力戦となった第二次大戦は、かつて「民主主義」対「ファシズム」という対立の構図でとらえられてきた。だが、ファシズムという主義の内実はともかくとして、戦争経済の現実の遂行機構は動員という「上から」の強制的な制度によって維持されてきたことに留意しておいてよい。

民主主義が「下から」のいわばボトムアップが許容される政治体制であり、ファシズムがいわば「上から」のトップダウンという政治体制であるとしても、これらの体制を支える機構（＝強制システム）が共通していたことをどのように解釈し、その戦後への継承性あるいは非継承性を、わたしたちはどのようにとらえるべきなのであろうか。

赤沢史郎は、「総力戦をどうとらえるか」という論稿で、山之内靖の「総力戦論」を意識しつつ、つぎのように総力戦とファシズムとの関係を整理する（赤沢史朗他編『年報・日本現代史―総力戦・ファシズムと現代史―』所収、一九九七年）。

「総力戦についてのこれまでの研究からすると、ファシズム・反ファシズムの双方の陣営とも戦時動員体制の形成に伴って、動員される労働者向けの社会政策の充実がはかられ、一種の社会改革がおこなわれようとしたことはしばしば指摘されるところである。しかしその場合でも、反ファシズム陣営のイギリスの場合などでは、それが戦後の福祉国家の成立へと直接むすびついていたのに対し、ドイツ・日本などファシズム諸国においては、社会政策はその本来の価値において、労働者の権利として認められることなく、独善的・排外主義的なイデオロギーと結びついて歪曲を受け、現実にその実現も不十分なものに止まったというのが通説的見解であったといえよう。そして評者がこれまで見てきた日本の実例で知る限りでは、この通説的見解を覆すに足る理由があるとは思えない。ところが、山之内氏はこうした点をいとも簡単に否定して、ナチズムの『強制的同質化』という概念についても『社会的身分差別の撤廃』の傾向というその一方の契機にだけ特化させ、それをファシズム・反ファシズム諸国共通に適用可能な概念にまで改変してしまうのである。……山之内氏の議論は、ファシズムと民主主義の差をほとんどないも同然のミニマムなものに押し下げる議論という特徴をもつものと言えよう。」

赤沢の指摘は、山之内靖が『総力戦と現代化』（柏書房、一九九五年）で展開した総力戦論への反発でもある。山之内等は、この時期の動員体制をあらゆる階層の人たちを取り込んだ大衆動員という参加型体制であり、それはファシズムと反ファシズムという二項対立的視野でとらえるのではなく、そこに共通領域を見出そうとした。赤沢は通俗的見解にこだわり、山之内の指摘を「実証分析の結論というよりは、一つの先験的ともいうべき価値判断に基づいている」ととらえたが、果たしてそうだろうか。

この点について、伊豫谷登士翁は山之内等の論点をつぎのように、戦時体制の構図を中心にうまく整理している（大澤真幸『ナショナリズム論の名著五〇』所収、二〇〇二年）。

（一）近代的＝民主主義、前近代的（封建的）＝ファシズムという図式の見直し、および民主主義＝一般性、ファシズム＝特殊性という構図の見直し――「戦時動員体制は、日本やドイツなど『ファシズム』と呼ばれてきた諸国の特殊性によるものではなく、イギリスやアメリカも含めた先進諸国に共通する一つの時代規定であること」。

（二）ファシズムとニューディールとの関係――「ファシズムとニューディールを同じ地平でとらえる総力戦体制論は、民主主義の否定、福祉国家体制の否定的評価と批判される。しかし、ファシズム批判が、そのままアメリカ民主主義への絶対的評価をもたらし、これらは、近代管理装置の重要な機構としての民主主義が抱える近代社会の陥穽を看過することになる。ファシズムは特殊な体制ではなく、ニューディールとともに、近代の危機に直面した資本主義のとったシステムであり、戦後はその延長上に構想されてきた。ファシズムを非合理的な社会と描くことによって、民主主義の合理性を主張するのは、合理性のもつ近代の暴力を見失ってきたからである。」

（三）米国の民主主義への絶対的評価への見直し――「ファシズムを特殊化することによって成立する戦

後世界観は、一方ではアメリカの世界戦略と、他方では敗戦国であった日本やドイツとも、完全に利害の一致する解釈となる。アメリカは自由主義の主導者としての地位を確保でき、敗戦国は戦争責任を曖昧にすることが可能になるからである。ファシズムは、はたして特定の社会層の主導によって構想されたものなのであろうか。むしろ大衆参加型の社会ではなかったのか。」

(四) ファシズムと国民化——「国民化は、単に権力の側が人びとを巻き込んでいくというかたちで進行したのではなく、むしろ積極的な関与を通じて『動員』できたことが重要である。これは、支配・被支配、被害者・加害者、といった二項対立図式から脱却して一つのシステムへと社会が統合化されてきたことを示す。」

(五) 戦後の高度経済成長と福祉国家への積極的評価と総動員体制への評価——高度成長と福祉国家の成立はまさにあらゆる国民層の総動員ではなかったのか。

伊豫谷のこの整理は、ファシズムという戦争動員の暴力機構が日本やドイツ、イタリアといった非民主主義国家だけでみられた特有な形態ではなく、つぎのような一般的構図をわたしたちに示しているのではないだろうか。

① 資本主義の危機に対するシステム作動としてのファシズム。
② 動員による大衆参加型社会という「民主主義」としてのファシズム。
③ 戦後福祉社会への継承性、という一つの時代規定である歴史的意義をもったファシズム。

この構図は、ファシズムが特定国の特有な形態であったのだろうかということを問いかけている。このうち、①と③は、国家による資本の制御あるいは抑制という命題を突きつけている。これが「事前的」であり、特定の「独裁者」――ヒットラーはワイマールの民主主義体制で生まれた――による強制的なものであればかつてのドイツやイタリア型の「ファシズム」、あるいはソ連型の「社会主義」となりこれが「事後的」であれば「民主主義」、あるいは米国型の「資本主義」ということになるのであろうか。

資本と抑制

「ファシズム」といわれた国は、たとえば、ドイツ、イタリア、そして日本などである。「ファシズム」ということばをここですこし定義づけておく必要があろう。

『広辞苑』によれば、もともと、ファシズムの語源はラテン語の“fasces”から来ており、原義は古代ローマの儀式用の棒束であった。これが転じて「団結」という意となった。

岩波『哲学・思想事典』で、山口定はファシズムをつぎのように説明する。まず、狭義には、一九二二年～四三年までのイタリアのムッソリーニの思想・運動・体制を指すが、その時期のさまざまな国の類似運動をも含む。ドイツはヒットラーによるナチス体制、スペインはフランコ体制、日本は二・二六事件以降の大政翼賛会体制が例示される。

では、ファシズム体制の内容とは何か。それはつぎのように示される。

① 立憲主義と議会政治の否認と一党独裁体制の確立。
② 自由主義、個人主義、共産主義、国際主義の排撃。
③ 全体主義、急進的ナショナリズム、軍国主義の高唱。
④ 独裁者への個人崇拝とその指導者原理による社会の再編成。

⑤ 極右政党や軍部、官僚の中の急進右派分子による政治的独裁の樹立に関わる思想と運動。

これらは狭義とはいえ、この定義のなかの「右派」、「急進派」、「極右派」などのことばがさらに定義を必要とする。この意味では、当時の「ファシズム」国家の政治状況において、「何が右であり、急進的であったか」は理解できても、国や時期が異なれば、このファシズムの定義はファシズムの類型――たとえば、ドイツ型やイタリア型など――を指し示しても、ファシズムそのものの内容はつねに状況的説明となってしまう。つまり、悪いものは悪く、良いものは良いというように。だが、この善悪の基準はあくまでも状況対応的であり、現実には多数者の意向によって状況対応的に決まる。

したがって、ファシズムもその構成要素からより厳密に定義する必要がある。同辞典も、広義に「思想」「運動」という要素や属性からファシズムをつぎのように説明する。

(一) 思想的特徴――「基底にある保守的感情と激しい現状変革の欲求との結合の上で展開されており、その意味で伝統と革新の二面性」を示す。

(二) 運動的特徴――「商店主・職人・農民やホワイトカラーなど、要するに新旧の中間諸階層を中心にして社会各層のマージナルな分子の体制への不満や現状打破のエネルギーを広汎に結集して登場する点。『指導者原理』を組織原理とし、暴力の行使を運動の中心に据え、制服を着用した行動体による示威運動」。

これらのファシズム属性を各国に当てはめると、その度合いによって「純正ファシズム国家」、「ファシズム的国家」、「ファシズム傾向国家」、「ファシズム的要素をもつ国家」などの分類が可能となる。

たとえば、ファシズム的要素をもつ国家というのは、イタリアやドイツなどのように一党独裁という政治体制が形成されなかったものの、ファシズム的主張をもった政党が存在していた諸国がそれであり、こうした政党がある程度の政治力を確保したものの、政治支配という段階までは達しなかった場合には、「ファシズム的国家」あるいは「ファシズム傾向国家」ということになる。

一般にファシズム期といわれる第一次大戦と第二次大戦の間のいわゆる戦間期、とりわけ、一九三〇年代世界恐慌期の各国の「ファシズム」状況を振り返っておこう。まず、思想運動と政治運動では、大不況下での一部の富裕階層や大資本への不満・反感は、当時のいわゆるマルクス主義者や社会主義者、さらには社会主義政党などによって抱かれた。

だが、ファシズムは、富裕層だけでなく、富裕層への批判勢力であったマルクス主義者や社会主義者、あるいはその政党にも攻撃を加え、共鳴者を増やした。富裕層など社会的特権階級への攻撃はナショナリズムと結びつき、さらに共鳴者を増やした。こうした思想の伝播と、しばしば暴力を伴った示威行動主義は当時の欧州諸国においても見られた。要は度合いである。

英国やフランスでも、保守党や労働党などからの転向「ファシスト」も存在した。また、ドイツなどの占領地でファシスト共鳴者となるものも少なからずいた。だが、政治の場において大きな力をもち得なかったことにおいて、彼等の存在は歴史上において忘れ去られた。ムッソリーニが一九二二年一〇月にイタリアで政権を樹立してからの欧州の動きは、いずれの国においても政権が不安定化していく。この動きは一九三三年のヒットラー首相就任後——大統領就任はこの翌年——に加速された。そして、世界恐慌がこれに拍車をかけた。わたしたちにあまり馴染みのない諸国の動きをすこしみておく。

ムッソリーニとヒットラーという大物登場の間では、フィンランドで一九三〇年一〇月にファシストのラプア団による反共クーデタが失敗——再度蜂起するが失敗——して、結果的には当時の政権によって共産党が非合法化された。オーストリアでは一九三一年九月にファシスト「祖国防衛団」による武力蜂起が失敗した。

ヒットラーの登場後では、フランスで一九三四年二月には極右団体などが騒ぎを起こし、鎮圧された。同年三月、エストニアでは首相が議会停止と政党禁止による独裁制を宣言し、この二ヵ月後にはラトビア首相も憲法を停止し、独裁体制を敷いた。

この四日後、ブルガリアでは軍事クーデタが起こり、軍人による独裁政権が樹立された。一九三五年には、ポーランドで新憲法が採用され、大統領独裁の色彩が強まった。フランスでは、共産党、社会党などが反ファシズム組織である人民戦線を結成し、翌年の下院選挙で過半数を確保し、ファシズム運動が押さえ込まれた。

一九三六年八月、ギリシアでは軍事クーデタで軍事独裁政権が成立。この三ヵ月後、スペインではフランコ将軍が実質上、独裁者となる。一九三七年一〇月に、ハンガリーではファシスト団体などが政党を結成した。翌年二月、ルーマニアでは国王が政党活動を禁止し、国王独裁制に移行した。

この翌月に、ドイツはオーストリアを併合。以降、ドイツとイタリアの軍事活動が活発となった。一九三九年九月一日、ドイツはポーランドに進撃、二日後、フランスと英国はドイツに対して宣戦布告し、第二次大戦となる。一九四〇年、ルーマニアは国王独裁から軍事政権独裁となる。ドイツの占領下にあった中東欧諸国ではファシズム運動が展開された。

一連の流れをみると、「ファシズム」とは特定国での思想・政治運動ではない。第一次大戦後の欧州諸国の政治的混乱と戦争で疲弊した経済回復などあらたな秩序が模索される中でイタリアでこそ突出したものの、その後の世界恐慌の中でドイツが、議会を通じた「民主的」な手続きでより強力な独裁的政治体制を樹立した。以降、ドイツほどではなくとも、ファシズム現象が欧州諸国を中心に伝播したことに留意しておくべきである。

問題視すべきはファシズム現象の欧州史的意義、さらには世界史的な意義ということである。でなければ、ファシズムは戦前の暗い時代の一時的な出来事ということになる。問われるべきは、戦後世界におけるファシズム現象の継承性である。

なるほど、先にみたファシズムの属性は、先進国についてみるかぎり消滅したかにみえる。つまり、英米仏の自由主義・民主主義国家――ソ連や中国をどのように見るかという問題はある――の勝利と日独伊の敗戦、勝利国を中心とした世界秩序の成立は、ファシズムを根絶させたとされる。

たしかに、先進国では立憲主義や議会政治の全面否定、独裁者への個人崇拝とその指導原理の浸透、その行き着く先の一党独裁政治などは見受けられなかった。だが、ファシズムを生み出した諸力という点ではどうだろうか。

もし、ファシズム現象を生み出した諸力なるものが依然としてあれば、それは表象化するはずである。一九三〇年代においてみられた保守的感情と激しい現状変革への欲求、あるいは指導者原理や示威運動は、現在においても同じ表象をもって現われるとは限らない。それは表面上、多様な価値観の存在、多政党化の進展、言論統制という古典的な統制が行なわれなくとも、「ファシズム的現象」があるのかもしれない。

ここで戦間期ファシズムを押し出した諸力という点に戻れば、根底に資本を制御あるいは抑制をする動きがあった、とわたしは思う。当時、指導者――ムッソリーニはドゥーチェ――と呼ばれ、その後独裁者と呼ばれるようになった政治家や軍人たちの言説に共通したものは、資本の抑制であった。これはイタリアだけではなく、日本の場合も、市場経済制度下での資本の奔放な活動の国家による抑制=善導が当時の指導者の意識の根底にあった。

ムッソリーニ政権の経済政策をみても、一九三三年の産業復興公社の設立、翌年の労使双方の協力を求めた法律制定、国営企業というかたちでの市場への介入政策などがこの事例である。一九三〇年代の国家による市場介入を戦後の福祉国家あるいは混合経済体制の先駆的形態とみるロマノ・ヴィルピッタのような見方もある。

イタリアの元外交官ヴィルピッタは『ムッソリーニ――イタリア人の物語――』で、ムッソリーニ政権下での労働政策や経済政策をつぎのように解釈する。やや長くなるが引用しておく。

「まず、一九二六年に発布された労働組合法で、協調組合国家の基礎がおかれた。……労働紛争の解決の手段としてのストライキは禁止され、労働紛争も民事紛争と同じように国家の管轄のもとに置かれた。同時に、進歩的な社会保険制度も導入された。そして一九二七年四月二一日にファシズム大評議会で採決された『労働憲章』は協調組合体制の根本的な原理を宣言した。全世界に大きな影響を及ぼしたこの憲章は、……経済と生産を調整する国家の権利が主張され、社会義務としての労働の解釈の中で、生産は国家に対する企業の義務とされた。これで、経済活動の動機を利益追求とする市場経済の原理は否定された。……経済体制の重要な転換点は、一九三三年の産業復興公社の設立であった。これは市場経済体制における国家による本格的な介入の世界初の実験であり、第二次大戦後は多くの国のモデルとなったものである。……実に三〇年代後半は、イタリアはソ連の次に最も大きな国営部門を有する国になっていた。ローマ進軍の時点では、ムッソリーニは革命的サンディカリストの感化を受けて、市場経済を提唱していたが、政権担当者となって間もなく、イタリアのような地域格差が激しい国には、社会的公平と所得の再分配のための国家介入が必要である、と悟るようになった。しかし協調組合体制と混合経済の導入は経済開発に伴う一時的な対応策ではなかった。一九二九年の大恐慌によりムッソリーニは従来の資本主義経済・政治体制は破綻しているとの確信を得た。彼は、新しい社会体制に相応しい解決法を追求しなければならないとの考え方から、ファシズムを資本主義と社会主義を一挙に否定する『第三の道』として主張したのであった。」

ヴィルピッタの主張するように、ムッソリーニのいう「第三の道」は、市場原理主義を前面に打ち出した資本主義でもなければ、労働者支配を打ち出した社会主義でもない。それは国家による団結（fasces）を主張した三つ目の道であった。

ここには、社会のあらゆる階層を統合する指導原理としてのファシズムがあり、社会の国家化が主張された。ドイツやイタリアでは、ヒットラーやムッソリーニという象徴的人物が突出したが、「第三の道」は日本では特定指導者ではなく、軍人や革新（統制）官僚等が主張した打開策でもあった。

ただし、ヴィルピッタのムッソリーニ論ではファシズム国家による統合原理を実行するための暴力性が忘れられている。とはいえ、戦間期から大恐慌期にかけての資本の容赦ない運動性は、その余剰ゆえに暴力に転化し、この暴力を押さえ込む反作用のような統合的暴力がファシズムというかたちをとったと分析できないだろうか。前述の山口はこの点に関連して、戦後の先進資本主義国での「ファシズム」現象についてつぎのように述べる。

「第二次大戦後の二〇世紀後半の先進資本主義諸国においては、三〇年代の後半の全体主義体制とは異なり、表面上の価値観の多様性や複数政党制など社会のリベラルな構造が維持されたままで、支配的価値観による事実上の統合が民衆の欲求の表現レベルでも実現されるという現象が見受けられる。……『管理ファシズム』と呼ぶ立場もあるが、後者の表現は、『管理社会』状況が極端に進行し、国家による危機管理が何らかの非常事態の発生のなかで市民の自由な行動を完全に圧殺した状況を指すものとして用いられる場合においてのみ、説得力を持ちうるであろう。」

山口の最後の指摘などは、この辞典が刊行されて三年後の九・一一以降の「聖戦」をめぐる米国を代表とする先進資本主義国の状況――国家による危機管理社会――を見通した不気味な予言ともなっている。資本主義的発展は、ムッソリーニ等の強調した生産という工業社会から脱工業社会である情報社会へと引き継がれた。

ここでは、情報というサービス消費が大きな役割をもち、この情報の管理のあり方が現在の「管理」ファシズムとなっているとすれば、山口の指摘はさらに現実性を帯びる。たしかに、インターネットの普及は自由でさまざまな情報のチャンネルを増やしたが、他方において、これを管理しようという動きを国家に促す。

英国の作家ジョージ・オーウエルは、戦前のファシズム政権やスターリン政権を強烈に皮肉った「動物農園」を一九四四年に書き上げたが、ソ連の反発もあり翌年になって出版された。この四年後に、東西冷戦と国家が情報を管理する社会を予測したような作品『一九八四年』が発表された。ここで描かれた「管理ファシズム」はいまどうなったのだろうか。

暴力と国家

先にファシズムを取り上げた。ユダヤ系ドイツ人であったためにドイツを追われ米国で研究生活を送ったハンナ・アーレントはその浩瀚で難解な著作『全体主義の起源』でファシズムも含め、わたしたちの国家がいまも全体主義傾向を帯びていることに警鐘を鳴らした。

鋭い歴史的洞察力をもつ政治思想家であったアーレントは、ファシズムやナショナリズムはヒットラー政権下のドイツだけに特有なものではなく、ファシズムは継承思想として全体主義を生み出すものであることを、この書で描こうとした。

アーレントは、ナショナリズムの危うさを「反ユダヤ主義」の起源から、帝国主義の危うさを「資本」法則から、全体主義の危うさを「大衆」という視点からとらえた。彼女はナショナリズムの不安定性と暴力性を明らかにしようとした。彼女の重要な視点をわたしなりに整理してみる。

① 資本主義、帝国主義、全体主義の関係――「この（引用者注――資本輸出と国外投資の）保護自体が国民国家の対外政策の通常の機能と化すや否や、すべての経済システムの一つの恒常的構成要素となってしまった。……帝国主義的拡大のプロセス……それが帝国主義的膨張の後継者たる全体主義になると、徹底してプロセスの法則に屈服し、政治的に確立された構造のすべてを手当たり次第に、たとえ本国のであろうと破壊してしまった。」

② 国家（＝権力）と個人（＝委託）との関係性――「権力とは、当人の最大の利益となるように価格を定め需要と供給を調整することを許すところの独占的世論支配である。……したがって権力への意思は

個人の基本的情熱である。それは個人と社会との関係を調整し、また富や知識や名誉などを求めるその他一切の欲望はこの権力への意思に起因する。……ここから国家設立の必要が生れる。国家の存在理由は、潜在的殺人者の社会に生きる個人安全への要求である。国家は権力の委託によって成立するのであって、諸権利の委託によってではない。……言い換えれば、国家に独占され蓄積された多数者の社会的権力に対して、正や不正を問うことはもはや起こりえない。」

③帝国主義とナショナリズム――「あらゆる議会政党が帝国主義政策の共犯者だった……奇妙なのは、帝国主義政策に対する真に民主的な反対が全然なかったことである。政権につけばやはり帝国主義的政治家たちの無数の言行不一致、公約不履行、背信行為は、単に御都合主義とか、まして買収とかで説明のつくものではない。……共通の国民的利益を提供するのが帝国主義だと思われた。……国民国家は異民族の統合に適さないだけに、異民族を単に抑圧してしまおうとする誘惑がそれだけ強かった。」

④帝国主義時代の二つの支配原理の登場――「第一は、人種概念を民族の内政上の組織に導入したことであって、この民族とは、従来は国民として理解され、非ヨーロッパ諸民族の場合は形成途上にある国民と看破されてきたものである。第二は、帝国主義時代以前の征服と収奪を目的とした植民地支配に、われわれが官僚制と呼ぶ、政令による抑圧がとって代わった」。

⑤ファシズムと大衆社会――「ファシズムの中心的政治理念は組合国家の観念である。ムッソリーニがそもそもイタリアでやろうとしたことは、社会の『国家化』によって、つまり全人民を国家機構に組み入れることによって、国家と社会の対立を解消することだった。……最後には全体主義運動が、帝

国主義者からは政党への敵意を、汎民族運動からは国家への敵意を受け継ぎ、しかし帝国なり種族的民族共同体なりを設立するというそれらの積極的な目標のほうは単にプロパガンダに利用しただけで、大衆社会における大衆の組織として他のすべてに優ることを実証してみせるに至った。」

⑥大衆運動としての全体主義――「全体主義運動は大衆運動で、それは今日まで現代の大衆が見出し自分たちにふさわしい唯一の組織形態である。この点だけからしても運動はすべての政党とは異なっている。……比較的少ない人口しかもたない国では成立が不可能である。……全体主義政権が生まれるまでになったのはヨーロッパ大陸で人口の多い国、ドイツとロシアだけだった。また『全体的国家』という言葉をはじめて使ったムッソリーニですら、一党支配国家という独裁で我慢するほかはなかった。……ヨーロッパの全体主義運動の交流に特徴的な点は、これらの運動が政治的には全く無関心だと思われた大衆、他のすべての政党が馬鹿か無感覚で相手にならないと諦めてきた大衆からメンバーをかき集めたことである。」

アーレントは大衆社会と民主主義との接点――特に、⑥の「ヨーロッパの全体主義運動の交流に特徴的な点は、これらの運動が政治的には全く無関心だと思われた大衆、他のすべての政党が馬鹿か無感覚で相手にならないと諦めてきた大衆からメンバーをかき集めたことである」という点――にきわめて懐疑的であり、全体主義といえばドイツというような単純な連想についても疑問を呈する。

アーレントにとってソ連の社会主義もスターリンという体制の下では全体主義にほかならない。彼女自身はヨーロッパでの全体主義の勃興がファシズムといわれた特定国家の問題ではなく、ヨーロッパの政治文化や民主主義者の認識がつぎの二つの意味で幻想であったことを証明したものとみていた。すなわち、

（一）「市民」という概念の幻想。

（二）「大衆」の政治への無関心。

最初の点は、市民は政治問題に興味をもち、政党の党員とならなくとも支持政党をもつという幻想である。しかし、全体主義運動の興隆は、大衆＝市民層とは政治的無関心層であり、多数決原理による民主主義国家においても少数の政治的関心を持つ少数者による支配の可能性を示した。二つめの点は、政治的無関心である大衆層は政治性をもちうるが、その政治性は少数者によって操作されやすいことである。アーレントはいう。

「営利社会において人間生活は経済戦争という仮借ない競争における成功か失敗のいずれの型に分けられるものとして経験され、なんとしてでも私的、個人的成功を遂げねばならぬというような必要のみに全生活が集中されるため、市民としての義務と責任は耐え難い重荷になってしまう。このような態度が、一人の『強い男』がこの重荷をすっかり引き受けてくれる独裁という形式にきわめて好都合なのは勿論だが、それと同時に、全体主義運動の発展にとってはこの態度に内在する個人主義は障害でしかありえない。」

この意味では、「市民」というのは政治的関心をもち、政治的義務と責任をもつ「大衆」であり、大衆の多数決原理という民主主義は容易に全体主義へと転じてしまうことを、アーレントは鋭く指摘した。では、全体主義「運動」とは何であるのか。彼女が全体主義の説明に使った鍵用語とその構成概念を列挙しておこう。

（ア）「個人のアトム化」と「孤立」――「全体主義運動とはアトム化され孤独にさせられた個人の大衆組

織」と結びつきやすいこと。

（イ）「献身」と「忠誠」――大衆組織の成員には「他の政党や運動と比べると前代未聞の献身と忠誠」が要求されること。

（ウ）「大衆」と「エリート」の「一時的同盟」――「驚くべきこと、……全体主義運動が知的エリートや芸術的エリートに疑う余地のない魅力」をもたらすこと。

（エ）「行動主義」と「テロ」――テロこそが「すべての政治的行為に優るもの……テロは政治行為の表現形式そのものとなり、自己を表現し既存のもの一切に対する自分たちの憎悪を盲目的な怨恨を表現する手段となった。」

（オ）イデオロギーの不可謬性――「ナチ支配にとってもソビエト支配にとっても基本的なものだったが、ナチ支配にとってこの困難がそれほど大困難とならなかったのは、ナチがドイツ国外の大きな大衆を支配しなかったからである。」

アーレント自身は、とりわけ、（ウ）を重視した。つまり、大衆とエリートとの一時的同盟こそが「全体主義運動を理解するための基本的な鍵である」と指摘する。この鍵によって全体主義の扉が一旦開けられると、この鍵――大衆とエリートの一時的同盟――が打ち捨てられることを忘れてはいけないと。大衆とエリートとの間に成立する「不穏な同盟」は、国民国家の成立によって階級社会を崩壊させたと幻相を起こさせ、両者が「政治的・社会的故郷を失った」と感じ、その結果、両者が仲間と認め合ったことで成立したものである。ファシズムという全体主義はこれに起因するとアーレントは分析した。

国民国家というかたちが成立して以来、ユダヤ人はその場を失い、全体主義の流れのなかで、大衆とエリートとの同盟関係から阻害されつづけた。反ユダヤ主義の歴史とはまさにこの歴史でもある、とアーレントはみた。

彼女は全体主義の起源を探ったこの大著の最終章を「イデオロギーとテロ―新しい国家形態―」で閉じている。彼女自身はヒットラー政権下のナチに追われ、故郷ドイツを捨て、米国に移住しこの書を完成させたのは朝鮮戦争の頃である。この時期、東西冷戦の構図がそれほどまだはっきりせず、スターリニズムの実態が明らかになったわけではなかった。しかし、こうした時期に世界が全体主義へと向かうことを彼女は憂いていた。

それからおよそ半世紀が経過した。むろん、一九七五年に生を終えたアーレントは、その後の「テロとの戦い」というイラク戦争を分析の射程に入れて、全体主義の起源を探ったわけではない。だが、この最終章はわたしたちになにか予言の書という感じを抱かせるに十分なメッセージ性を強くもっている。

ハンナ・アーレントは、全体主義的統治が「常に階級を大衆に変え、政党制に代える一党による独裁制ではなく大衆運動」化していく可能性を繰り返し主張した。彼女は全体主義とはテロリズムであるとつぎのように述べる。

「全体的統治におけるテロは、反対派弾圧のために利用されはするものの、こうした弾圧の単なる手段ではなくなってしまった。テロはすべての反対派と無関係に存在するようになると全体的になる。それを阻むものがひとりもなくなってしまうとテロは完全な支配権を握る。法を持つことが非専制的支配の本質であり無法が専制の本質であるとすれば、テロは全体的支配の本質なのである。」

つまり、先の（オ）でみた不可謬性とみなされたイデオロギーが浸透すれば、それは運動性をもち全体支配の具となる。このイデオロギーの内実はともかく、それが強い論理性をもった場合に一種のテロリズムとなる。それが国家による全体支配という暴力であるにもかかわらず、その暴力性を感じることがなくなるゆえに「全体」主義であることに、アーレントは警鐘を鳴らした。暴力とは直接的なものとは限らないのだ。

アーレントの指摘は、わたしたちが「営利社会において人間生活は経済戦争という仮借ない競争における成功か失敗のいずれの型に分けられるものとして経験され、なんとしてでも私的、個人的成功を遂げねばならぬというような必要のみに全生活が集中されるため、市民としての義務と責任は耐え難い重荷になってしまう」ことに対する警鐘でもある。

第五章　文化論

文化と周辺

文化とは何であろうか。

おそらく、その文化圏にいる人たちにとって、こうした問いはさほど大きな意味をもたないにちがいない。わたしたちにとって、いま、日常的に話していることばは学校で正式に習わずとも、小さいときから両親や周りの人たちからいわば口移しに知らない間に覚え込んだものだ。ことばとは空気のようなものだ。文化とは、これと同様かもしれない。

だが、ことばのルールである文法の必要を感じるのは、わたしたちが外国語を習うときである。それは、母国語の構造（＝文法）を知ることによって、外国語を効率的に習うことに役立つからである。よく考えてみれば、外国語学習では外国語を母国語で解釈し、母国語の文法との比較で習っているのであって、やがてその外国語に習熟すると、すこし変ってくる。

外国語を母国語に置き換える翻訳という作業は、エネルギー効率の悪い内燃機関のように、作り出された動力がシャフトを通じて車輪に伝達されても、それは当初の半分にも満たないエネルギーの伝達効率みたいなものであると気づく。

外国語の語感が百パーセント自国語に完璧に置き換えられることなどまずない。この意味で、異文化理解は、外国語習得あるいは翻訳みたいなことかもしれない。原語に集約されたその国の持つ文化性を理解するとは、語学学習のように、エネルギー効率の悪い内燃機関を動かすみたいなものだ。

たとえば、わたしたちが日本文化とは何かと問われて、「わび」「さび」といってみても、それはことばの語感だけで語られているのであって、その全体像を伝えているわけでもない。また、より具象的で視覚的なものとして、「歌舞伎」や「狂言」などといってみても、その何が日本文化であるのかを伝えたことにもならない。文化は見えるようで見えない。

そうしたあいまいな時空に外部から入ろうとしたときに、「わたしたち」とそこにある、あるいは、「その人たち」と「わたしたち」の間にある「何か」の存在に気づく。そこらあたりに、文化とその周辺論がある。文化に関わる見えない壁を視覚的に感じさせてくれるのは、芸術家、とりわけ、画家や彫刻家ではないだろうか。複数文化圏で育った芸術家は見えない感じをより具象化された作品に集約させ、わたしたちに強烈に示してくれる。

日本では彫刻家として知られていたイサム・ノグチは一九〇四年一一月ロサンゼルスで、愛知県出身の詩人野口米次郎とアイルランド系米国人女性レオニー・ギルモアとの間に生を受けた。ノグチは、その作品を通じて日本と米国という二つの文化の相克を強調してみせた。だが、それ以上にイサムのこころの底にはいろいろなことがあったろう。米国でのさまざまな人種偏見、日本人移民への排日感情、当時の白人と有色人種との混婚禁止制度という時代の流れもまたそこにあった。

日本と米国という「二つの国」をもつ息子に、父米次郎が「勇ましく生きよ」と願ってイサムと名づけた。母レオニーは息子のイサムを日本で育てる決心をした。レオニーは先に帰国した米次郎が、日本女性と結婚していたのを知ったのは来日してからであった。米次郎はイサムを認知せず、イサムはレオニーの私生児として両国の間で生きていくことになる。

当時、米国でも高等教育を受けた女性など少なかった時代に、大学卒業生であったレオニーは日本で英語教師などしながら、イサムを育てた。異国での一〇年間近くにわたる悪戦苦闘の生活の末、母は疲弊し米国へと戻ることを決めた。イサムは一三歳になっていた。

ドウス昌代は『イサム・ノグチ―宿命の越境者―』で、自ら越境者たろうとしたレオニーの決断と、宿命の越境者として運命づけられたイサムをつぎのように紹介した。

「二歳のイサムを抱いて日本への船に乗ったとき、日米混血の息子を父親の国で、『日本人として育てたい』と願ったアメリカ人の母親は、それから十一年後、この願いを断念した。『アメリカと比較にならない文化の伝統をもつ日本で、アーティストの道に進ませる』夢も、レオニーはこのとき半ば捨てた。血を絶対とする日本という社会が、母親のその夢を許さなかった。(中略)……父親の国に息子を日本人として教育することに失敗した母親はその反動のように息子を『真のアメリカ人』にする教育に期待した。」

以降、イサムのこころの重心は、振り子のように日本と米国を行ったり来たりした。時に米国へ大きく揺れたと思えば、その反動で日本へ揺れた。それが生み出した複雑なエネルギーの出力の巨大さと激しさは、わたしにとって想像して余りある。

イサムは世界を旅した。それは自らのアイデンティーという「文化」を求める旅でもあった。父米次郎が亡くなり、イサムはインドへ旅した後に墓参のため、自らの意思で再び来日することを決めた。日本の敗戦の二年ほどあとのことであった。このときのイサムの心情を、ドウス昌代はつぎのように忖度する。

「『父の国』へ旅立つ日が近づくにつれて、イサムの心は落ちつきを失った。『父の国』ほど、インドと対照的な国もなかった。同じ民族、同じひとつの方向をめざす価値観に支えられてきた『父の国』では、人と異なることが排斥の的であるのを、イサムは身をもって知っていた。イサムにとって最初の『父の国』は、二歳から十一年間を過ごした、まだ封建思想が根強く生きのこる明治末から大正期にかけてであった。十三年の間をへて再訪した、二度目の『父の国』は、軍事国家の不気味な様相をすでにみせていた。それからさらに十九年、三度目の『父の国』では、イサムは、《戦争によってその事態が改善されたとは到底期待しえなかった》。」

社会人類学者の中根千枝がかつて、『タテ社会の人間関係―単一社会の理論―』で日本社会（＝単一社会の論理があらゆる場に働くところ）とは全く異なる対照的な国としてインドを挙げた。だが、こうしたイサムに擦り寄ってきたのは「インドとは対照的な」日本の方であった。

より正確にはいえば、敗戦国となった日本であった。米国占領の影響下にあった日本人はイサムという日本名を通じて、米国文化の何たるかを知ろうとしたのかもしれない。逆に、米国人イサムは敗戦後の日本の「米国化」という風潮のなかで、逆に日本的なるものを求めて多くの作品を創作し、晩年は庭園づくりに向かっていった。

イサムは八〇歳を超えて多額の借金を自らに科した。彼はイサム・ノグチ庭園美術館を米国ロードアイランドに創設した。このことについて、ドウス昌代はつぎのように解釈してみせる。

「イサムは、自分の作品を統轄して提示する場を提供することで、人間としての自分の生き方をも、アメリカ社会に鋭く問いかけた。出自からくる相克の『狭間』に身をおきながら、終生にわたり自らの内面を真摯に掘り下げたひとりの人間としての足跡がいかなるものであったかを、彼は突きつけた。」

文化とは見えないものであるゆえに、見えないものを見えるものとしてつくる感性を極限までに研ぎ澄ます彫刻という表現の場で、二つの文化の間をもがき続けたイサム・ノグチ。その生き方そのものが刻まれたような空間がこの美術館にあった。

文化とは実にやっかいなものである。彫刻や絵画などを語るほどの能力をもたないわたしにとって、イサム・ノグチにこれ以上深入りすることはできない。とはいえ、ノグチの作品を生み出した社会的背景という文化の周辺に思いをはせるとき、わたしたち自身も実はノグチのような異邦人的な感覚をもつようなことがないであろうか。

この感覚は、実は日本における社会科学のあり方を提示している。わたしにとって社会科学、とりわけ経済学を思い浮かべているのだが、人によっては文学、政治学、社会学、心理学であるかもしれない。こうした学問体系において、使われる学術用語といわれる「ことば」にみられる彼我の文化性の相違——それを感じていなければそれまでだが——は、わたしたちがノグチの苦悩を共有できる何かを示唆している。

これをきわめてクセのある修辞法で示した日本人がいた。中国文学者の竹内好（一九一〇〜一九七七）である。

言葉と文化

竹内好の書くものは不思議な力をもち続けている。

竹内自身もどこかで述べていたが、その文章には大学のようなギルド社会で思想的に継承され、体系化される何かがないためだ。ゆえに、そこにはギルド社会そのものの存在を問いかける強烈なメッセージがいつも生きている。竹内の文章は「ことば」のもつ文化性への強烈・強固な鋭い光を発する「問いかけ」である。

竹内好は一九七七年に生を終えた。この後、多くの「竹内好」論が発表されてきた。だが、彼の生存中に書かれた上野昂志の「竹内好とその時代」が、竹内の意味を現在に伝えている最良のものである、とわたしは思う（『思想の科学』一九七四年、第三六号所収）。

上野は、評論の筆を折り、「いま、沈黙して」いた竹内好について、「私が竹内を想い起こす」時をまず論じる。当時、欧米ではなく「アジア」が「流行」し始めたころである。上野は述べる。

「『アジア』についての論議が、文字通りただのコトバとして、現実のコトバとして、現実のアジアを封じこめるよう作用しないという保証はないのである。私が、竹内好の存在を思い起こすのは、このようなときである。周囲の喧騒にひかれて我知らず『アジア』についての気楽なお喋りに加わろうとすると、竹内好は、きまって私の前に浮かびあがってくるのだ。それは、必ずしも彼が、アジアについての深い洞察を示しているからというだけではない。なによりも、彼の沈黙が、私のお喋りを切断するものとして現われてくるのである。そのとき彼は、ことばが流通する場にとっての、異邦人なのである。彼は、ひとつのことばが他のことばと『自然』に癒着することにおいて、日本語を異邦人のように扱うのだ。」

竹内のもつ鋭敏な言語感覚は、竹内自身の魯迅（一八八一～一九三六）との出会いに起因する。竹内の魯迅作品との出会いは、その翻訳者という役割以上に、竹内自身に大きな影響を与えたことは、彼自身も書き、また、「竹内論」者もよく記す。

こうした竹内の評論の出だしは、いつでも簡潔でいきなり「肘鉄」を喰らわすような刺激的で鋭角的なものである。読者をして、冒頭の数行を何度となく読むことを強いる「馴染みにくさ」がある。

上野は、「この馴染みにくさこそ、竹内好が、中国文学にぶつかるところで得たものである」とみる。上野は日本の文学者、中国文学研究者や中国人作家との座談会に対する竹内の評論を中心にすえて、竹内のことば感覚を、たとえば、つぎのように指摘する。

「日本の文学者たちがただコトバをコトバとして発して、彼ら（引用者注―中国人）が生きている現実の基盤から発していないことを見たのである。……逆立ちしてコトバをつかんでいる文学者は、コトバに行きづまると、『外から新しい流派を注射薬として持ち込むか、政治に助けを求めるか』、いずれにしても、『外の力』を借りようとするのである。それは、『ドレイ』の道である。どこまでも救いのあろうはずもない。」

竹内は、日本の敗戦の数年後に開催されたこの座談会で交わされたコトバに「ドレイの道」を見出した同じころ、「指導者意識」という評論を発表している。竹内とはやっかいな「文章家」である。わたしは、彼の文章を引用することをいつもためらう。それは建物から、一部の不必要と思われる飾り窓を取り外しても、その建物が構造的に崩れ去ることはない。だが、飾り窓がないその建物はやはりその建物ではない、という感じなのだ。だが、「指導者意識」の一万字を超える全文をここに引用するわけにもいかない。

上野が示唆したコトバ意識を伝えるところはつぎの竹内の文章だ。

「無意味な文章というものは、世間にないわけではない。たとえば、役人の文章がそうだ。学者の文章の多くがそうだ。また文学者の文章のかなりの部分がそうだ。そしてそれが現在の日本でとくに目立っていることを私は感ずる。一般的にいって、文章の官僚化という現象が、認められるように思う。恐らくそれは、社会的、心理的な支えをもっている。日本文化の構造的なものと結びついている。」

上野もふれているが、竹内好はこの先に日本語における「主語」の不在という構造的なものとともに、その構造の背景にある日本人の「姿勢」について問いかけている。主語の不在ということでは、竹内が東京帝大支邦文学科に入学した翌年に生まれ、その評論集でも「旧」振り仮名にこだわった桶谷秀昭は、広島市の原爆記念碑に刻まれた「安らかに眠ってください。過ちは繰り返しませぬから」の文章に嚙み付いている。一体、だれが「過ちを繰り返しませぬから」なのだろうかと。竹内が魯迅で出会ったコトバの意味を問う竹内の基本的な姿勢もここにある。

上野は問う。こうした竹内の姿勢が出た文章にあえて異議を唱え、唱え続けた論敵や批判者がなぜ日本にいなかったのだろうかと。上野はこの点についてつぎのようにふれる。

「私は、竹内が、執拗な論敵に恵まれなかったという点で、『幸福』ではなかった。……外国のものを移入することがそれ自体で価値と見做される暗黙の『了解事項』があるが、竹内のやり方はそれを平然と踏み破ったものだからである。むろん、竹内にとっては、そんな『了解事項』こそ、我々の精神の『ダラク』を示す以外の何ものでもない。……竹内好の文章は、その対象への否定においてももっとも生彩を放つ、というのが私の見方である。そして、その否定は、ことばに対する『詮議』を基本としている、と私は思う。彼は、一般の評価はいざ知らず、ことばに対する感受性はきわめて敏感である。……彼は、運動を同化において引っぱってゆくのではなく、異化することで活性化させるのである。彼はそこで、自覚的に『敵』を作り出してゆくのだ。……私は、そこにことばと馴れ合うことで次々と『新しい』ことばが生み出されてゆくこの国の風土とは、まったく異なった存在を見るのである。」

中国文学研究者の孫歌もまた、上野の指摘に気づいた一人である。孫は『竹内好という「問い」』で、現代中国文学研究という範囲から抜け出て、「生涯にわたって、言葉に裏切られることを警戒しながら言葉に生命力を注入し続けた」竹内好について、「学問を『評論化』させてしまったという弱点を否定できない」が、わたしたちのコトバの中にある「惰性的思考パターンを崩さないかぎり、竹内の中に何ものも発見できないのである」と指摘する。

たしかに、竹内のことばの発する問いは、いまもわたしたちに「肘鉄を喰わせ」続けている。竹内の「日本文化」にふれたコトバをすこし引用しておこう。竹内は「指導者意識について」（昭和二三［一九四八］年、『総合文化』に発表）で、日本の指導者意識が日本文化に連動したものであり、それを「ドレイ根性」という刺激的なことばで表した。こうした日本文化の内実を「魯迅」と「抵抗」という二つのことばで腑分けしてみせる。たとえば、つぎのように。

（一）　進歩への信仰――「日本の進歩主義者たちは、進歩を信じている。しかしその進歩は、進歩という観念であって、ヨーロッパの進歩ではないし、魯迅のいう『人類の進歩』でもない。魯迅の進歩は絶望に媒介されているが、日本の進歩は影のない観念である。……進歩主義は、日本イデオロギイの重要な特徴のひとつだと思うが、それは否定の契機を含まぬ進歩主義であり、つまり、ドレイ的日本文化の構造にのっかって安心している進歩主義である。」

（二）

第三の道の欠如――「日本では、人間的に憎めない好人物ほど、たやすく指導者になることが特徴的だ。私はこうした例を軍隊でたくさん見た。だから、これはやはり日本文化の構造から出てくるとしか考えられない。つまり、民衆が指導者を要求するのである。指導者意識の根は民衆にある。指導＝被指導以外に人間関係がないのだ。自分が一高―帝大へゆくか、そうでなければ一高―帝大に劣等意識をもつかで、第三の道がない。ドレイか、そうでなければドレイの主人かだ。……私は中国文化と日本文化の構造のちがいを感ずる。そして魯迅のこと考える。」

魯迅の作品を中心に、竹内が「日本の近代」あるいは「日本の近代化」という日本文化を論じたのは、「指導者意識について」とほぼ同時期に発表した「中国の近代と日本の近代―魯迅を手がかりとして―」においてであった。

竹内は「指導者意識」で五回しか使わなかった「抵抗」ということばを、字数にして前論文の一・七倍ほどの論文で六〇回以上も執拗に使って、日本の近代化を魯迅に引き寄せて論じた。竹内は、日本の近代化について、それに「抵抗」しようとしなかった日本＝「東洋には、精神の自己運動はなかった。つまり、精神そのものがなかった」と指摘して、日本のことばについてふれた。

「日本の言葉の歴史を見ればよくわかる。言葉はかならずダラクするか消えてしまう。『文明』はカステラになるし、『文化』はアパートや鍋になる。そのアパートだって、鉄筋から木造にダラクする。木造から鉄筋への方向には決して進まない。新しい言葉が次々にうまれはするが（言葉がダラクするから新しい言葉が必要になるのだが、同時に新しい言葉が古い言葉をダラクさせている)、それはもともと根がないので、うまれたように見えても、うまれたのではない。……言葉は意識の表彰だから、言葉に根がないということは、精神そのものが発展的でないということになるのではないか。」

竹内好の主張は、根のないことばで語られる文化に根があるはずはない、ということである。では、根がない意識とは何であるのか、ということになる。竹内はこのあたりから、魯迅から学んだ「抵抗」ということばに固執する。

竹内は「意識が発生するのは抵抗においてである。(いわゆるヨーロッパの影響下での「近代化」に対して——引用者注)、抵抗がないのは、日本は東洋的でないことであり、同時に自己保持の欲求がない(自己がない)ことは、日本がヨーロッパ的でないことである。つまり日本は何ものでもない」と述べる。抵抗がないのだから、敗北という意識はない。敗北感がないから、失敗を感じるはずがない。

つまり、ことばが意識を貫くことはないから、それは観念であり、この観念が現実に合わなければ、現実を変えるのではなく、ことばを変えればよい。ここでは根という「観念」が育つはずはない、と竹内はいう。すなわち、

「日本では、観念が現実と不調和になると(それは運動ではないから矛盾ではない)、以前の原理を捨てて別の原理をさがすことからやりなおす。観念は置き去りにされ、原理は捨てられる。文学者は言葉を捨てて別のことばをさがす。……自由主義がダメなら全体主義、全体主義がダメなら共産主義、ということになる。スターリンがダメなら毛沢東、毛沢東がダメならド・ゴール、ということになる。……だから東条英機がダメなら誰かが、あるいはオレが、ということにもなる。それはたえず失敗はするが、

失敗をすることは絶対にない。失敗は成功の母、失敗したらやりなおせばいい。……日本イデオロギイには失敗がない。それは永久に失敗することで、永久に成功している。……学問なり文学なり、要するに人間の精神の産物である文化が、追いかけてつかまえるべきものとして、外にあるものとして、かれらには観念されている。……追いつけ、追いこせ、それは日本文化の代表選手たちの標語だ。」

竹内が深く嘆くのは、こうした精神の下では、「たえず新しいものがうまれて、次々に古くなっていく。古いものが新しくなることは日本では絶対にない」ことである。抵抗の根がないところに、旧いものが新しくなるモーメントは働かない。日本の資本主義もまたヨーロッパの産業革命期にみられた「抵抗」にも出あわなかった。日本には抵抗者としての魯迅は存在しなかった、というのである。

竹内は「生産力」というような西洋の近代化をかたちづくった要素を持ち込まず、「型というようなものがない」日本文化の構造的性質の反映としての近代化をみる。丸山真男の「無人の野を行くような」と指摘したその「近代化論」のように、竹内もまたつぎのように述べる。

「鎖国は選択であって拒否ではない。江戸の市民文学は明末の市民文学なしには考えられない。……日本の封建制の上に日本の資本主義がのっかったように、儒教的構造（あるいは無限の文化受用《ママ》の構造）の上に日本の近代は心地よくのっかっている。……外からくるものを苦痛として、抵抗において受取ったことは一度もないのではないか。自由の味を知らぬものは、自由であるという暗示だけで満足する。ドレイはドレイでないと思うことでドレイである。」

竹内のドレイ根性ということば尻に、ムッとくる人も多いだろう。だが、同時に、竹内が日本文化をささえることばの脆弱性を嘆いたころからみれば、わたしたちが外からの力を頑強に拒否し続ける強靭性をもつ日本語をどれほど多く抱えるにいたったろうか。

現代では、日本語に移しかえる努力など無用といわんばかりに、英語などがカタカナ化して日本語として入ってきている。竹内の主張に抗することばを探し出し、どれほど強い反発を示せるだろうか。

ここですこしばかり、竹内好論の余滴にふれる。

さまざまな大学を会場にして学会が開催される。そこで展開される現代の経済や経営についての論議で、どれほどのことが日本語で討議されているだろうか。わたしが出たある経営関係の学会で、使用される用語は日本語に「相当」することばに移し変えられる努力すら放棄され、英語化したカタカナ日本語だけ――より正確には米語――が飛び跳ねた。

そのような討議が展開する姿を見て、竹内の「新しい言葉が次々にうまれはするが……それはもともと根がないので、うまれたように見えても、うまれたのではない。……言葉は意識の表彰だから、言葉に根がないということは、精神そのものが発展的でないということになるのではないか」との指摘はいまも生きると感じざるを得なかった。「概念のないところにはことばが入り込む」といったゲーテの言葉はますます重いものとなってきている。

その学会では、「根のないことば」で現代資本主義の側面――ある種の企業活動――が語られた。そこには「あたらしい」ことばが付され、なにかしらの「あたらしい」現象が生まれているように説かれた。だが、「言葉は意識の表彰」である限り、新しいという現象はわたしたちの日常において意識されるなら、なにがしかのことばに移し変えられてしかるべきである。

しかしながら、そのことばがわたしたちの根と無縁である限り、学会という場での討議が発展的であるとはいえないだろう。来年は今年のことばが忘れられ、新しいことばが登場する。

米国で生まれ日本と米国で育ったという宿命は、イサム・ノグチを越境者とさせた。日本で生まれ、中国で魯迅の作品に出会った宿命は竹内好を越境者とした。

竹内がことばの背景にある文化性を鋭く剥ぎ取ったように、ことばはわたしたちの文化の何かに深く刻印されている。ことばと文化は深く関わる。そして、ことばという文化は、またその社会の階層性に呼応する。もし、ことばが社会階層間で異なるなら、それは、フランスの社会学者ピエール・ブルデューの「文化資本」論の指摘を俟つまでもなく、その「ことば」を話すことが、社会階層内あるいは社会階層間の言語的交換の経済活動の歴史的な結果である。

文化と資本

ピエール・ブルデューはいう。「言語的交換とは経済活動の歴史的な結果でもある」と。むずかしい文章だ。これもまた、学者の中でしか通用しないという意味での階層性をそれなりにもった表現である。要するにつぎのようなことだ。

オードリー・ヘップバーン主演の映画「マイ・フェア・レディ」を覚えている人もいるだろう。これはアイルランドのダブリン出身の「英国」人劇作家ジョージ・バーナード・ショーの戯曲をミュージカルのかたちで映画化したものだ。テムズ川岸の青物市場で花売りをしていた貧しい娘イライザが、偶然、音声学者のヒギンズ教授と出会ったことから、はなしは始まる。このイライザとヒギンズは英国社会での二つの社会階層を象徴する。

イライザ――ロンドンの貧しい生まれ。この娘に小遣いをせびる父親は、ウェールズ出身の母親をもつ。
ヒギンズ――ハロー校・ケンブリッジ大学出身。高級店の多いメイフェア街に近く、医者などが住む高級住宅地に住む。よく遊びに来る友人のピカリング大佐もまたヒギンズと同様な学歴をもつ。

イライザはヒギンズ教授と出会うことで、「シェイクスピアやミルトンを生んだ国のことばを汚している」といわれ、自分のひどい下町なまりに気づく。イライザは、教授を訪ね、なまりの矯正を依頼する。やがて、イライザは、練習の成果を試すために出かけたアスコット競馬場で上流階級出身の青年フレディと恋に落ちる。このあとの展開は、原作とは異なりハッピーエンドとなる。

「マイ・フェア・レディ」のマイ・フェアは、高級街メイフェアをロンドンの下町なまりで発音すると「メイがマイのようになる」ということば遊びである。マイ・フェア・レディは英国の社会階級によって異なることばの違いを描いた。

前述のブルデューは『話すということ―言語的交換のエコノミー―』で、イライザとヒギンズ等のことばの相違について、その間に深く横たわることばの習得への資本投下額の相違に関わらせ、つぎのようにもってまわった学者の言い回しで取り上げる。

「言語資本の伝達法則は、世代間の文化的資本の伝達法則の一特例であるから、学校式の基準に沿って計測された言語能力は、ほかの次元の文化的資本同様、学歴と社会的履歴という肩書によって計られるような学習水準しだいである、と考えられる。正統言語はそれに親しむことによってマスターするものであり、つまり比較的長い期間正統言語にさらされるか、明示的な規則を厳に叩き込まれるかして、獲得される性質のものであるか、表現様態次第で大きく分類される階層＝階級というものは、獲得様態の階級＝階層、つまり正統的な言語能力の生産の主要なふたつのファクターである。家庭と就学システムとの結合がつくりだすさまざまな形態に、照応する。」

ブルデューは、ここで、上層階級あるいは階層の話すことばは、これを維持するには一定の資本が投下される必要のある「文化」「教育」資本が必要であることを指摘する。

かつては東京の「山の手ことば」、あるいは、関西での「船場ことば」は、これらの日本語を話す人たちの社会的出自を暗示するものであった。この習得には世代間にわたる文化資本の継続的投資が必要であり、それなりの家庭環境、それなりの学校が必要であった。

他方、英国最初の女性首相となったサッチャーは田舎の雑貨屋の娘という出自にもかかわらず、奨学金を得て、オックスフォード大学に進み、イライザ並みの努力で自らの階級のなまりを消し去り、英国上流階級のアクセントを身につけた現代のマイ・フェア・レディ物語の主人公でもあった。

南仏小村の郵便局員の家に生まれたブルデューにとって彼とは出身家庭が大きく異なる学生たちの高等師範で学んだことが、彼の言語感覚をとぎすました。階級間の言語調査を中心に、言語能力の取得と学校教育との関係を問うことでフランス社会を分析しつづけたのは、ある意味で自然であったのかもしれない。

ブルデューは『再生産―教育・社会・資本―』で、上層階級（自由業を含む）、中間階級（自営商工業者を含む）、民衆階級（自営農、農民、工場労働者、事務員など）の三つの階級でのギリシア語やラテン語などの古典言語の素養やその習得度などを分析する。当然ながら、高等教育機関への進学に必要な古典言語の取得度と階級は比例関係にある。

ブルデューの分析対象は一九六〇年代であった。この時期は企業経営者や自由業者などの子弟の進学率が圧倒的に高かった。要するに、上級学校への進学に必要な言語の習得はそれに要する教育資本の多寡に関係していた。もっとも、すでにこうした環境にある子どもたちにとって、その習得に要する期間と資本額は節約的であった。

ブルデューは、階級と学校との関係について、『遺産相続者たち—学生と文化—』で、もっとも熱心な学校教育の信者は中間階級であったとつぎのように指摘する。

「文化を獲得しようとする傾向（これは中間階級において最大になる）を区別しなければならない。〈学校〉を通じて社会的に上昇したいという欲求は、下層階級においても中間階級に劣らず強いのだが、この欲求を満足させる客観的可能性がきわめて小さいものである限り、夢想的かつ抽象的なものにとどまってしまう。……だから学校的価値観を最も強く支持しているのは、過渡的な階級であるプチブルジョワジーである。というのも、〈学校〉は社会的成功と価値観と文化的威信という価値観を融合させることによって、彼らのあらゆる期待を満たすことを約束してくれるのだから。中間階級の人々は、自分がそれに就いては下層階級の人々と同じくらいわずかな知識しか持っていないことが多いエリート文化に自発的な承認を与えることによって、下層階級からみずからを差別化する（また差別化することを欲する）。こうした承認の仕方は、文化にアクセスしようとする空しい意図である文化的向上心の現れである。」

フランスとは異なる階級構成をもつとはいえ、ブルデューの指摘は日本社会の受験勉強での上昇志向のあり方を強く示唆している。学校文化というのは、ここでは社会改革というよりも、むしろ社会維持のための安定装置になっている。

さらに、わたしたちは学校と文化資本との関係を問う必要があろう。

学校と文化

ブルデューの指摘を俟つまでもなく、学校は文化的相続遺産の継承機関でもある。ただし、文化的遺産というのは、それぞれの社会で異なる。

文化的遺産とは資本の利潤分配に与ることのできる利益共同体そのもの——たとえば、特定の企業、経済団体、政治家も含め政治団体、音楽や文学などの文化人組織など——かもしれない。こうした組織に帰属するために、学校が一つの通過点となっているのかどうか。そうだとすれば、その社会での階級あるいは階層間の流動性がきわめて低いことになる。

ブルデューは前掲著でグランド・ゼコール入学生の出身階層の分析（対象期間は一九六一〜一九六二年）をおこなっている。フランスのグランド・ゼコールとは、義務教育や中等教育のあとの高等教育機関であり、理系、文系、官僚養成機関の総称である。ブルデューによれば、進学者はつぎのような出身階層別構成比となっている。

①　農民層—六パーセント。
②　商工経営層—一八パーセント。
③　自由業・上級管理層—二九パーセント。
④　中間管理職層—一八パーセント。
⑤　事務労働層—八パーセント。

⑥　工業労働層―六パーセント。
⑦　サービス労働層―一パーセント。
⑧　その他―一四パーセント。

こうした階層別構成比は個別の学校によってもっとはっきりする。理工科学校や政治学院の入学生では、自由業・上級官吏職家庭からの割合がきわめて高い。もちろん、四〇年前の数字とはいまのフランスは異なるが、それでも全く異なってしまったわけでもない。これらはいまもフランス社会の一端を知るには興味ある数字である。

ブルデューが強調するのは、学校という選抜機構に辿りつくには、その階層を維持するための経済的（金銭的）な地位だけではないということである。むろん、それは才能だけでもない。重要なのは「家庭」や「生活環境」という文化資本が、文化的「遺産」というかたちで世代間移転＝「相続」されていることである。ブルデューはいう。

「パリに居住していることと、教養ある階級に所属していることのように、非常に違った性格の特権であっても、ほとんどが〈学校〉や文化にたいする同じ姿勢に結びついているのは、それらが事実上つながりあっていて、まさに特権という事実に共通の根を持っている価値観への支持を助長するからであろう。文化的相続遺産の重みはきわめて大きいので、ここでは他者をわざわざ排除するまでもなく、独占的にそれを所有することができる。というのも、あたかも自分で自分を排除する人々しか排除されないかのようにして、すべてが進行しているのだから。……だから〈学校〉を前にしてあらゆる不平等を、経済的不平等だけのせいにしたり、ある政治的な意図のせいにしたりすると、自分は学校制度と闘っているのだと信じながら、この上なくそれに奉仕してしまう結果になってしまう。」

それゆえに学校教育だけを取り出し、背後にある文化的遺産なるものを不問に付して、学校改革をすることなど容易ではない。逆説的ではあるが、学校を改革しているようにみえて、実は改革が学校の選抜過程の平等性だけを強調することになる。

学校への平等な入口とは、そこに入学することのできる学力を満たすことである。この基準が守られる限り、そこには入口としての平等性が保証される。ブルデューはこの見方を逆説的にとらえる。入学のための学力試験の平等性や正当性を主張すればするほど、入学試験までの入口が見えにくくなる。問題は、入口にたどり着くためには、それ相当の文化資本という教育費だけではなく、家庭環境という文化資本の蓄積を必要とすることである。

ブルデューはこの点について問題をよく見きわめている。

「社会的特権の永続化を保証するには、幼稚園から大学まで、これらの諸要因が作用することにまかせておけばそれでじゅうぶんだからである。……要するに、不平等を生む社会的要因の有効性はきわめて大きいので、経済力の平等化がもし実現されたとしても、大学制度は社会的特権という生まれつきの採用を個人的功績へと転換することによって、不平等を正当なものとして認定することをやめないといった事態が考えられるだろう。もっと適切にいえば、たとえ形式的に機会均等が実現されたとしても、〈学校〉は正統性の装いを一層強固にして、特権の正統化に奉仕するといったことがありうるだろう。」

いずれにせよ、学校は「文化」の再生産機構に深く関わっている。学校への入学が学力試験という明確な基準を前提にする限りにおいて、機会平等が保障されたことになる。

こうして学校に入学した学生についてみれば、いまもむかしも、学校、直接的には講義などを退屈と思いそれに反抗する学生も一定数いるし、また、その退屈さにもかかわらず出席し続ける学生も一定数いる。だが、ブルデューは皮肉たっぷりに、学校という文化に反抗する「反文化」も、よく考えてみれば、学校文化の一面であることの逆説性を鋭く指摘する。つまり、学校という場で、「自分が選別されたことのしるしは学校で好成績を収めることしかないので、勉強の挫折や無名性への埋没といった事態に」学生が直面すれば、「学校の勉強などくだらない」と反発して、いろいろな「イデオロギー的ゲーム」に興じても、それは結局のところ、学校という「場」にとらわれていることの証左に他ならない。

学校での勉学とは、「職業的成功が得られるかどうかでその成否が検証される学習作業としてではなく」、しばしば選別されたという「価値判定以外の判定を排除するゲームとして経験」の時空となる。このことは、学校という場がいわゆるブルジョワ出身だけの学生の場でなくなっても、ブルジョワ文化そのものがそこで再生産される可能性を示している。文化資本のもつ法則性がここにある。ブルデューの慧眼もまさにここにある。彼はいう。

「ブルジョワ出身の学生たちがたとえ数の上では多数派を占めなくってしまったとしても、彼らが学生界に遺産として伝えた規範や価値観は、新しく高等教育を受けるようになった社会的カテゴリーにとってさえ、相変わらず学生界と不可分のものとみなされつづける。」

この意味では、教育はある種の文化伝達システムであり、選別された者の出自が変わっても、学校は社会的価値観という「文化」の再生産機構であることには変わりがない。そこには入口と出口がある。入口ということでは、いまでは、選抜された者という概念と範囲も大きく変化してきた。世界主要先進国の高等教育進学率はここ十数年で大きく上昇してきた。進学層の広がりは、かつての少数選抜者によるエリート集団の教養主義的価値観をそのまま継承させることを困難にする。出口では、選別された者が卒業後の労働市場でも選別された者である保障もなければ、その保障なしにやっていける者が増加しているわけでもない。

高等教育の大衆化、つまり、学生の増加と出身階層の拡大は、しばしば「いまの学生はゲームや漫画ばかりできちんとした本を読まなくなった」とか、「大学生とはいえ、その学力は低下するばかりだ」という議論を呼びおこし、さらに選別の強化が主張されたりする。

この主張の先では、「学校とは何か」がさらに問われることになる。だが、その前に、「では、教育とは何なのか」という問いがある。ブルデューも、「なぜそうした事情になっているのかをあえて自問せず、そこから教育的な結論を引き出すのを避けていること」が問題ではないかと指摘する。

ブルデュー自身は、「教育的な結論」として自らの考え方をつぎのように開陳する。

「真に民主的な教育というものが、可能な限り多数の個人に、可能な限り少ない時間で十全かつ完璧に、ある時点において学校文化を構成する種々の能力を可能な限り多く獲得させることを、その無条件の目的とするようなことが認められるならば、それは生まれのいい人びとのエリート集団の形成と選別をめざす伝統的な教育にも、規格通りのスペシャリストの生産をめざすテクノクラート教育にも、ともに対立するものであることがわかる。……〈幼稚園〉から〈大学〉にいたるまで、文化的不平等を生み出す諸要因の作用をあらゆる手だてを活用して徹底的に、かつ持続的に無力化するような合理的教育学が不在であるならば、すべての人々に教育に対する平等な機会を与えたいという政治的意思は、たとえあらゆる制度的・経済的手段を備えていたとしても、現実の不平等に打ち勝つことはできないだろう。」

この文章が書かれたのは一九六四年秋であった。それから、四〇年以上が経過した。現状はどうだろうか。いくつかの変化があった。

重要な変化の一つは、学校での教育が選抜された者の社会的価値観の再生産機構という場である以上に、より実質的な生産の場としてのあり方がいまは強調されるようになった。選別のための学問の消費が、いまや人的資本を生むための学問の消費へと変わった。

象徴的なことばでいえば、学問、とりわけ科学の商品化（＝市場化）がそこにある。さらに、この背景には、「知識社会」あるいは「知識集約社会」、または「知識基盤社会」という文脈がある。知識社会というのは、「知識と社会」という並存的な関係ではなく、「知識の社会への還元」という文脈でとらえると、それはより端的には知識を基盤とした経済社会を指す。要するに、いま、いわれているのは「知識の市場化」なのである。

もちろん、市場での商品やサービスというのはいまもむかしも、知識がそこに体現されて成立する。知識を基盤としていない商品やサービスなどありえない。では、なぜ、知識社会が強調されるのか。いうまでもなく、背景には各国、とりわけ先進諸国地域の産業競争力が低下し、競争力の低下自体が競争力の概念を変えてきたからだ。

資本は利潤を求める運動の上に成立し、この運動はつねに利潤の最大化を求めてきた。そもそも、資本の性格とは越境的であり、つねに利潤の最大化の場を求める。

知識産業論などが想定するハイテク商品群についてみれば、資本の運動は開発と生産の国内完結性を断ち切り、生産を世界化させ、開発・知識・教育という流れを競争力の中核に据えてきている。ここでは、教育→知識→開発という流れが重要視され、教育が人的資本という視点から論じられる。

もともと、この人的資本という概念は、ゲーリー・ベッカーあたりが教育投資と生涯所得との関係（＝予想あるいは期待収益率）を、企業での従業員への訓練投資と生産性との関連にまで拡大させたところからきた。従来、設備投資と生産性との関連は容易に把握でき、それなりに資本の投資効率も自明であった。だが、研究開発などは、それを担う人材への投資がそのまま高利潤に結びつくわけでもない。

元来、研究開発というのは不確定要素がきわめて高い。たとえ、研究開発が成功しても、その成果がそのまま市場開拓に結びつくわけでもない。また、先行者の研究開発成果が一足先に具体的な商品化に結びつき、市場で一定のシェアを占めた場合、技術的にそれ以上に優れた商品でも市場で受け入れられるとは限らない。こうした場合の研究開発投資は中短期的には回収されず、コスト負担が企業などに大きくのしかかる。

にもかかわらず、資本はその投資先を直接的な生産過程だけでなく、間接的な研究開発過程にも振り向けざるをえない。この傾向は資本の運動を不安定なものとさせつつ、その回転率を鈍らす。このため、資本はリスク回避行動を経営主体に促す。このための方法の一つは、産学官あるいは産学連携での大学のもつ知の市場化（＝商品化）を通じたリスク分散である。

ピエール・ブルデューは、「文化」資本という概念と視点から出発して、教育を旧社会階層の文化的遺産伝達機構としてとらえた。いまは、ブルデューの予想を超えて、ブルデューのフランスも含め、多くの国で高等教育機関の大衆化が進んできた。

そこで起こっているのは文化資本から人的資本への流れである。こうしたなかで、学校という文化伝達機関もまた変化しつつある。そこにあるのは、「文化」資本から「資本」文化の伝達機構の場へと移行しつつある教育である。

帝国と文化

先にイサム・ノグチを越境者と紹介した。もう一人の越境者であるエドワード・サイードは、一九三五年、アラブ・パレスチナ人としてエルサレムに生まれ、エジプトで大学教育を受け、米国に渡りハーバード大学で博士号を取得後、ニューヨークのコロンビア大学で英文学を長く教えた。サイードは『文化と帝国主義』で、その越境的感覚と綿密な比較文学的視点から、「文化」という「意味」をつぎのように規定する。

(一) 文化とは「『われわれ』と『彼ら』を区別する」ものである——「そこにはいつも外国人恐怖が含まれる。この意味でいう文化(=教養)とは、アイデンティーの源泉であり、また、そうであるがゆえにかなり戦闘的な源泉である。この攻撃性を理解するには、最近、とみに叫ばれるようになった文化と伝統への『回帰』を思い浮かべるだけでよい。……このような文化と伝統への『回帰』は、さまざまな宗教的・民族主義的原理主義を生み出している。」

(二) 「文化とはある種の劇場である」——「この劇場のなかでは、さまざまな政治的・イデオロギー的主義主張が、われがちにみずからを主張しあう。文化(=教養)は、アポロン的貴族性をおびた静謐な領域であるどころか、主義主張が脚光をあびようとしゃしゃりでて、相手をおしのけるような戦場ともなりうる。……このような文化概念が困るのは、いまや、それが自国の文化を、日常世界を超越するがゆえに、日常世界から隔離されたものと考えてしまうことだ。」

サイードは「文化」という視覚から、「わたしが発見したやっかいな真実のひとつは、わたしが尊敬するイギリスやフランスの芸術家のほとんどが、『従属』民族とか『劣等』民族とかの考えかたに対して抵抗を示していないことである。……文学を教える専門職につき、第二次世界大戦前の植民地世界で成長してきたわたしとしては、文化をこのように――つまり世俗的世界との所属関係からは隔離された無菌状態にあると――考えないことのほうが、つまり文化をさまざまな領域にかかわるいとなみとしてみることのほうが、はるかに刺激的でチャレンジなのである」と指摘する。サイードの慧眼である。

サイードが「文化」を「帝国」に対置させて描いたのは、文化は世俗的世界とは隔離された無菌状態で発酵してきたものではなく、むしろ「帝国」、したがってその領土膨張主義を正当化するイデオロギーという苗床で活発な発酵を繰り返してきた歴史そのものであることに気づいたために他ならない。

サイードが専門とした英文学においても、カーライル、ラスキン、ディケンズ等の作品は一九世紀の英国の植民地主義的膨張とは全く無関係の文筆活動ではあったとは思えない。サイード自身、この視点からこれらの作家の作品をしばしば取り上げた。

サイードは、前掲書で「帝国」を植民地主義とそのイデオロギー――海外領土支配という思想――をもつ国として、イギリス、フランスそして米国の作家たちを分析の俎上に乗せた。

イギリスやフランスは海外領土をもつ古典的帝国主義国、つまり、植民地主義の帝国であることにさほど異論はないだろう。だが、サイードは、米国人作家たちの紹介を通じて、米国文学もまた米国という「帝国」のイデオロギーを暗黙裡に伝えるものであったことを深くえぐり出す。

とはいえ、米国については異論が出るかもしれない。米国はフィリピンなどでの植民地的支配はともかくとして、何よりもデモクラシーの国ではないかと。にもかかわらず、サイードは米国を「超大国」や「派遣国家」というパワー・ポリティックス的な範疇ではなく、あくまでも「帝国」であるととらえる。

従来から、帝国論や帝国主義論はさまざまな観点からさまざまな人たちが論じてきた。これらの論議を踏まえた上でいえば、帝国とは「植民地」主義に関わって拡張的な行動の型をもった国家形態として規定されてきた。属性として挙げられたのは、つぎのような属性であった。

① まず植民地を保有していること。
② 植民地支配に必要な軍事力と経済力を保持していること。
③ 軍事力行使などの正当化イデオロギーをもっていること。
④ これを普及するための世界言語をもっていること。

この解釈に従えば、古いところではローマ帝国や漢などの中国もこれらを満たした。だが、これらの帝国の属性から米国をとらえるとどうだろうか。

「植民地の直接保有」では、米国はこれに該当しない。だが、米国の軍隊が展開する地域についてみれば、かつて植民地の保有がもたらした経済的権益の保持という意味で、米国資本などの利権の存在を認めうる。そして、米国はこうした地域に軍事力——軍事基地などの保有など——とともに経済力の影響力を行使している。

では、帝国としての米国の世界言語と理念はどうか。世界言語として英語（＝米語）はいまや世界共通語として定着している。インターネット情報のおそらく九割以上は英語であり、英語の普及は世界的である。

理念ということでは、米国的な自由主義あるいは民主主義が主張され、軍事介入あるいは軍事行動において、米国の政治指導者などが語る理念はまさに民主主義であり自由主義であることはお馴染みである。

藤原帰一は、こうした点を検討した上で、米国を「デモクラシーの帝国」ととらえる。藤原は『デモクラシーの帝国―アメリカ・戦争・現代世界―』で、マルクス主義者やレーニンなどの唱えた帝国主義論は「資本主義の形態としての『帝国主義』という構造だった。そこでは、いったい誰が誰を支配しているのか、はっきりしなかった」と述べた上で、ここでは、資本のもつ膨張主義的側面ではなく、「誰が誰を」という方向性が重要視され、米国が帝国として位置づけられる。

藤原は、米国は新たな帝国となったと主張する。すなわち、「客観指標だけでなく政策でもアメリカが帝国に転じるきっかけを与えたのが、二〇〇一年九月一一日の同時多発テロ事件であった。軍事優位を確保する政策に加えて、世界各地に介入を行うという介入主義と、普遍的理念による対外行動の正当化という条件が加わったからである」と強調する。

二〇〇一年九月一一日の同時多発テロこそが、米国の帝国としての方向性を明確にさせた、と藤原はみる。このテロによって、米国本土「防衛」のための軍事的地域介入への抑制が失われることになった。これを抑制する米国以外の旧ソ連などの大国はすでにない。この場合、藤原は、米国の経済力ではなくその圧倒的な軍事力を重要視しているようにみえる。

藤原が米国の経済力をさほど重要視しないのは、いまでも米国は「国際的」経済ルールを自国に有利に設計・運用しうる力をもっているものの、その力はかつての時代のそれと比べて圧倒的な優位性を保持しえていないことを考えてのことだろう。

米国といえども、いろいろな側面で他国との協調を抜きにしては国際貿易体制や国際通貨体制の運営は困難である。反面、米国のもつ軍事力は「帝国」に相応しく圧倒的である。つまり、帝国の基礎が単独行動主義を支える暴力であるとされるかぎり、米国並みの軍事力を持つ国は他にない。藤原の帝国論についてはさまざまな異論もあるだろう。

米国外交史などの専門知識に欠けるわたしにはこれ以上深入りできる力はない。わたしにとって、問題にしたいのはあくまでも資本と文化との関係性である。資本とは帝国主義という越境の時代にこそ文化と親密性をもつものである。資本の越境的拡張性がしばしナショナリズムという文化的装いをもつのである。ここで資本と文化は結びつかざるをえない。

先述のサイードが提起した「帝国と文化」との関係に戻れば、帝国主義、すなわち、帝国の「主義」という理念は、ナショナリズムという文化に収斂させられ、対内的さらには対外的に主張されてきた。ナショナリズムは国民文化というかたちにつねに化体され、帝国主義の正統性が主張されてきた。サイード自身はかつての帝国主義国の作家などの作品を丹念に読み、背後にあった帝国主義的ナショナリズムを掘り起こしている。

サイードの視点はもう一人の越境者によっても提起されている。すでに紹介したハンナ・アーレントである。彼女は「国民文化」なるものに強い忌避を示す。

アーレントは、ドイツのハノーファ近郊のユダヤ系家庭に生まれ、ハイデッガーやヤスパースの下で研究し、パリに亡命、後に米国へ渡り、政治哲学の教授となった。彼女は二〇世紀の資本主義発展が帝国主義的膨張となり、なぜ「反ユダヤ主義」的な装いをもったのか。やがてそれが全体主義という禍となり、ヒットラーやスターリンが死して後も、いまにいたるまで――これについて多くの意見があると思うが――継承されているのかを鋭く問い続けてきた。

アーレントは、「国民」国家と国民国家のイデオロギーであるナショナリズムに懐疑的な姿勢を決して崩さなかった。資本と文化を貫く媒体こそが「ナショナリズム」であることが掘り起こされる。アーレントが遺書のようにして残した浩瀚で、お世辞にも読みやすいとはいえない『全体主義の起源』で反ユダヤ主義、帝国主義、全体主義などを貫くものが暴力性であったことを鋭く指摘した。

彼女は、帝国主義とは単に国内の過剰資本のはけ口としての資本輸出に過ぎないとすれば、帝国主義の影響は大きくなかったはずであるとみる。アーレントいう。

「(引用者注――帝国主義が) 果たしてあれほど決定的な影響を国民国家の政治に与えることができたかについては、疑問の余地がある。あらゆる議会政党が帝国主義政策の共犯者だった……奇妙なのは、帝国主義政策に対する真に民主的な反対が全然なかったことである。政権につけばやはり帝国主義的政治家たちの無数の言行不一致、公約不履行、背信行為は、単に御都合主義とか、まして買収とかで説明のつくものではない。……共通の国民的理解を提供するのが帝国主義だと思われた。……国民国家は異民族の統合に適さないだけに、異民族を単に抑圧してしまおうとする誘惑がそれだけ強かった。」

つまり、ナショナリズムのすぐ裏口には、反ユダヤ主義で象徴される異民族への不寛容さが用意され、さらにこの先には全体主義という暴力が続くことを、アーレントは自らの体験を通して見通していた。

アーレントの視点は、「帝国文化の語彙」がナショナリズムと人種主義との親和性と共鳴効果をもつというサイードの指摘にも通ずる。サイードはいう。

「『帝国主義』という言葉は、遠隔の領土を支配するところの宗主国中枢における実践と理論、またそれがかかえるさまざまな姿勢を意味している。……帝国主義は……特定の政治的・イデオロギー的・経済的・社会的実践のみならず文化一般にかかわる領域に、消えずとどまっている。……古典的一九世紀の帝国文化の語彙は、『劣等』もしくは『下位人種』、『従属民族』、『依存』、『拡張』、『権威』といったことばや概念であふれかえっている。」

問題は、こうした帝国文化が国内では大した抵抗も醸成せず、「帝国主義のプロセスが経済法則や政治決定のレベルを超え、そして――その性質によって、その容認された文化編成が帯びる権威によって、教育や文学や視覚芸術において絶えず強化されて――べつの重要なレベル、つまり国民文化において顕在化することである」というサイードの指摘はもっともである。

ただし、それは、サイードやアーレントなど研ぎ澄まされた「越境者」の視点と感性によって「顕在化」されるのであって、その内部者（＝国民）にとって顕在化された意識ではなく、非顕在化（＝「内在化」あるいは「無意識化」）された無意識によってたえず維持され、ときに強化される。サイードのいうように、「国民文学」といわれる作品のもつ危うさがつねにここにある。

ナショナリズムという「文化」には、「優位と劣位」や「支配と被支配（＝従属）」という要素が絶えず付随し付着する。自らの文化を、他文化への優位や劣位という感覚でしか理解できないとすれば不幸なことだ。また、「他者」に文化的劣位性を押し付けるようなナショナリズムは、結果としてこうしたナショナリズムに抗するようなナショナリズムを「劣等」側に勃興させ、ナショナリズムの連鎖と反作用を生み出し続けることになる。

サイードはイラク戦争を見ることなく没した。だが、生存中の湾岸戦争の時点で、サイードはつぎのような予言的文章を残している。

「アメリカ人の膨張主義が経済的なものであるとしても、膨張主義はいまもなお、倦むことなく公共の場で反復されるアメリカに関する文化的理念やイデオロギーに、左右され、それとともに動いている。……こうしてこしらえられる文化的『他者』に対し、敵意と暴力への欲求を煽ることにかつてない成功をおさめたのが、ほかでもない一九九〇―九一年の湾岸危機ならびに湾岸戦争であった。」

国民「文化」というイデオロギーは、他の国民との亀裂をもたらす。そのもつ破壊的エネルギーの大きさはいうまでもない。少なくとも歴史的にみれば、文化がナショナリズムに結びつくとき、それは核融合エネルギーのように、暴力性と凄まじい犠牲を生み出してきた。

越境者のサイードやアーレントは資本そのものに直接的に暴力性を求めたわけではないし、また、資本そのものが文化と結びやすい側面にはさほど大きな関心を示していないようにも見える。だが、「資本」の場という国民国家のもつ文化性を注視し続けた。資本主義の文化性とは何であるのか。

資本と文化

イサム・ノグチ、エドワード・サイードやハンナ・アーレントなど「宿命の越境者」たちが鋭く感じた国民国家の「国民」のもつ虚妄性に、私たち日本人は鈍感である。

サイードやアーレントが国民国家の「国民文化」というかたちに抵抗し、その文化のもつ支配性を鋭く問いかけた。では、わたしたち日本人は、何に抵抗することができるのか。そもそも抵抗という概念そのもののが成立するのか。これは先に見た越境者の竹内好の問題提起でもあり、越境者のサイードやアーレントの視点でもあった。

越境者にはつねに「他者」の視点が入り込む。ノグチなどの出自をもたなくとも、わたしたちは越境者の感覚をもてるかもしれない。他者の感覚が入り込むことによって、人は越境者になりうる。そして、越境者となった人たちは越境なることや越境なるものに敏感になりうる。

ここで「越境」ということに拘れば、資本ほど越境的な存在はない。資本とは越境するものである。カール・マルクスは資本の運動法則の解明を通じて、見通していたのは資本のもつ越境性であった。

マルクスは『資本論』の構想段階で労働運動家フェルディナント・ラサール（一八二五〜六四）や朋友フリードリッヒ・エンゲルスとの書簡のやりとりでも、資本の分析順序を強く意識していた。たとえば、マルクスは一八五八年二月二二日付けラサール宛の書簡でつぎのように述べている。

「経済学の仕事がどうなっているかを知らせよう。……叙述、と僕が言うのは書き表し方のことだが、これは全く学問的だから、普通の意味で反警察的ではない。全体は六つの編に分かれる。（一）資本について（いくつかの序章を含む）。（二）土地所有について。（三）賃労働について。（四）国家について。（五）国際貿易。（六）世界市場。……一五年間の研究の後にやっとこの仕事に着手できるようになった……」（岡崎次郎訳）。

マルクスは同じような内容の手紙を、同年四月二日付けエンゲルス宛にも出している。すなわち、

「次に示すのが第一の部分の簡単な概要だ。全体が六巻に分かれるはずだ。（一）資本について。（二）土地所有。（三）賃労働。（四）国際貿易。（五）世界市場」と述べた上で、資本の分析に当っては

「(a)資本一般(これが第一分冊の素材だ)。(b)競争、すなわち多数資本の対相互行動。(c)信用。ここでは資本が個々の諸資本に対立して一般的な要素として現われる。(d)株式資本。最も完成した形態……」。

こうした構想の一部は、一八五九年に出版された『経済学批判』に生かされた。マルクスは、『経済学批判』の第一分冊が出版されるすこし前にヨーゼフ・ヴァイデマイヤー宛の書簡でも、「僕の『経済学批判』の分冊も……出るだろう。……といってもドゥンカー(引用者注―ベルリンの出版社)は自分のために裏口をあけておいた。つまり、最終契約は第一分冊の売れ行きしだい、というわけだ。僕は経済学全体を六巻に分ける。資本。土地所有。国家。対外貿易。世界市場。……第一分冊の売れ行きには出版の継続がかかっている」と書いている。

この第一分冊は初版一千部印刷されたが、マルクスの生前中には再版されず、第二分冊以降も出版されなかった。結局のところ、第二章でもふれたが、第二分冊に予定された内容の一部は『資本論』に展開されることになった。

マルクスが資本の分析手順の最後に国際貿易と世界市場を位置させたように、資本は越境する運動性をもつ。残念ながら、資本の越境性について、『資本論』などで統一的にとりあげられることはなかった。とはいえ、マルクス自身も資本の越境性に無関心であったわけでは決してなかった。これは前述の書簡集でも確認できる。また、これはマルクスが貿易や世界貨幣としての金の動きを注視していたことからもわかる。マルクスの健康が許せば、彼の資本分析は、最終的に資本の越境的な運動法則に帰着していたことは十分に考えられる。

資本と文化。越境的存在としての資本。越境者だからこそ感じることのできる文化。本来、資本と文化との関係は、この越境という点において対峙する。だが、いま、資本と文化を対置させるような見方は流行らない。これは流行らないまでに、資本の越境性そのものが文化を呑み込んだともいえる。いまや、資本と文化という対置は企業文化や起業家精神という修辞に滑り込み、さらに市場という修辞で無色化されている。資本のもつ運動性という視点から文化が語られることはさほど多くない。

文化とは映画やドラマの中で商品のようにして消費されるものであって、竹内やサイードが掘り起こしたような、文化への抵抗そのものがここでは消えうせている。「抵抗」そのものの消滅こそ、越境者アーレントが『全体主義の起源』で全体主義のもつ真の暴力性の浸透を憂えた方向ではなかったのか。

第六章　社会論

社会と視角

社会とは『広辞苑』につぎのようにある。

「あらゆる形態の人間の集団的生活を言う。家族・村落・ギルド・協会・群集・階級・国家・会社・政党などはその主要な形態で、自然的に発生した集団と、人為的に特定の利害目的などに基づいてつくられるものとがある」という説明。もう一つは、最初の説明を踏まえた上での「さまざまな多くの集団の相互作用と総和からなる全体的社会」。

つまり、社会とは人間の「集団的」生活のかたちであって、その範囲は家族から国家というように範囲は多彩であり、それゆえに、それぞれの構成原理もまた異なることを示唆している。ただし、社会は多彩なかたちをとるが、範疇的には大別して自然的集団と人為的集団がある。

もっとも、ここであらゆる形態の人間の集団的生活の具体的例として掲げられた家族、村落、ギルド、協会、群集、階級、国家、会社、政党は自然に形成されたこともあるし、人為的に形成されたこともある。また、最初は自然的、後は人為的というように時間的差異がそこに入り込んでもいる。社会を一律的に定義することはそう容易ではない。

いずれにせよ、社会の形成というのが自然的であれ、人為的であり、それぞれの社会を維持する上で自明なあるいは暗黙的な構成原理がある。たとえば、個人、あるいはきわめて少数の小集団が統治者として権力を握り、その他大勢が支配される原理によって社会が維持されるのか。このかたちを「階級社会」あるいは「階層社会」といってよければ、この対照にある社会は「平等社会」ということになる。

階層社会などといった場合、社会的秩序としての地位や序列が暗黙的にあるいは明示的に存在する。階層的か平等的かは別として、社会を考える場合、気がつけば、「社会」という概念を「社会」という概念で説明していることが多い。ここですこし、社会や社会に関わる用語を定義しておく。

植木武は「初期国家の理論」という論稿で、社会学の成果にも十分な注意を払いつつ、階層社会を構成する「地位」、「役割」、「序列」、「強制力」、「威信力」などの鍵用語で「社会」が持つ原理をつぎのように要領よく整理している（『国家の形成―人類学・考古学からのアプローチ―』所収）。

「地位」――その社会の文化の社会構造に深く関わる原理。性、年齢、出自、個人の特定能力、技量によって決定される。これには「生来の地位」と競争や努力の結果として「手に入れられた地位」がある。

「役割」――「地位に深く関係しながらも、文化的に規定され、期待される行動」であり、「社会習慣と深いかかわりをもっている」原理。

「序列」――「地位と似通っているが、厳密にいえば、地位がニュートラルなニュアンスをもつのに比べ、序列は、ハイアラーキカルな体系の中のポジションを意味する。どのような地位を占めるかにより、あるいは、どんな役割を果たすかによりその個人に役得がついてくる」原理。

「強制」――「ある人が自分の思うように、あるいは予測するように他人を動かす力」。

「威信」――「他人に命令したり影響を及ぼしたりする力である。ところが強制力には人を罰したり、ときには命を奪うまでの強権が背後に存在するが、威信力にはそういうものが無く、その人が有する名声ゆえに、あるいは、その人が占める社会的地位ゆえに他人に影響を及ぼす力である」。

さらに、社会の「変化」をとらえる上で、重要な概念として、「社会組織」、「社会構造」、「社会機構」や「社会変化」についても定義が試みられている。

「社会組織」――「社会とは、とても大きく、また、かなり曖昧な概念をもつが、しかし、全体が部分から成り立つと考えるならば、全体は動的でオープンエンドを持つシステムと考えられるべきである。それゆえに、流動的な社会システム（組織）という用語が生まれるわけである」。

「社会構造」――「その社会システムを構成する部分である複数個のサブシステム（個とか集団）を考えるとき、それらのサブシステムが織り成す仕方に注目した呼称である」。

「社会機構」――「集団（複数のサブシステム）間の相互作用のパターン（様式）に注目した用語である」。

「社会変化」――「これと紛らわしいのは社会変容（social acculturation）という用語である。……これは、二つの文化が継続して接触した結果、互いに、時には主として一方が、他方の影響を受けて変化することである。」

このようにして、社会に関わる諸概念を整理して、「社会」を改めてとらえてみれば、時間の経過とともに「社会組織」が成立し、その特徴が「社会構造」として表出し、それが他の文化——戦争や外交も含め——などの接触のなかで「社会変化」が起きてくる。それは過去もそうであったように、いまも続く。

こうした変化を促し、また、いまも動かしている動因をその社会の構成員の「地位」、「役割」、「序列」などから、あるいはこれに関わる「強制」力や「威信」力からどのようにして探り出すのか。そして、社会と国家がどのような関連性をもつのか。いうまでもなく、本書では、現代「社会」のこうした動因を「資本」に求めている。

とはいえ、「社会構造」という概念は自己矛盾的ではないだろうか。英語で「構造」を表す“structure”の原義は、ラテン語で「何層にもわたって積み重ねられたもの」を指す。この積み重ねゆえに、多少とも表面をはがしたくらいでは変らないもの、それが「構造」である。

つまり、ここで重要なのは変化に抗するものと、変化に対応しつつ流動化するものが何であり、こうした中核層と表面層とのエネルギーのぶつかり合いのなかで、社会組織を維持し、その安定をもたらそうとするのは何であるのか、という視点である。つまり、社会というものが「ぶれた」としても、その中心点に軸を戻すような重心のようなものが、本当の意味での「構造」ということになる。

成沢光はこの点について、『現代日本の社会秩序—歴史的起源を求めて—』で「秩序」という原理を重要視する。社会構造をとらえる場合に、まずは「ぶれ」という社会変容をみて、「ぶれない」ものを見出す必要がある。社会を「近代」社会に限った場合、旧来の社会組織を近代社会でぶれさせ、変容させてきたのは

何であったのか。あるいは何がぶれなかったのか。成沢は問う。すなわち、

「人々の言語・行動様式は、さまざまな機能集団および都市社会の発達とともに、身分・地域の差異を超えて普及した。その時代を『近代』と呼ぶとすれば、『近代』の達成した成果は、いうまでもなく大きくかつ深い。身分制・地域別に細分化された人びとを解放し、『近代人』の理念を基礎にした。産業化・組織化・情報化の発展が、多くの人々に『安心』と『快適』を提供したからである。しかし同時に、人工的社会空間をつくり、人間が費やした犠牲、失いつつある世界および支払った対価は莫大である。」

さらに、成沢はわたしたちが「人工的社会空間」で「安心」と「快適」を手に入れたものの、これらと交換に失った対価をつぎのように描く。

(一)　自然環境への負荷――「自然に対する理解・利用・操作の可能性を高めることが、この社会秩序の目的であったから、『開発』を『環境破壊』とみて、負荷の限界を自覚すること自体がきわめて困難になっている」こと。

(二)　人間の中の自然性の喪失――「生命の誕生から死までが人工的秩序下に管理されることになって、人間から失われつつ感性・創造力・生命力は計り知れない」こと。

(三)　秩序化による人間の均質化――「人間の多様性・異質性が失われるだけでなく、個々人の精神・身体の差異そのものに対する評価が低くなっていく。……異質なあるいは理解困難な他者に対する創造力が枯渇し、例外者、少数者に対する不寛容・敵意・冷淡が昂進する。……異質な要素を組み合わせた〈無秩序〉から新たな〈秩序〉を絶えず作り直すために手間暇かけるよりは、既成の秩序の

中で不作為を決め込む気楽な方向に人びとは傾きやすい」こと。
(四) 個人の自由――「行動の規律化は、……各機能集団の中で個人行動の集中管理を容易にするからである。問題はここでも、管理されることを圧迫と感ぜず、管理されることによってもたらされる『安楽』感が、不安や緊張を引き受けねばならない〈自由〉よりも〈快適〉なことである。」
(五) 個人相互の対話――「出来合いの〈快適〉コスモスの中に自閉した人々にとっては、そもそも異質な他者と議論する必要も機会も極度に少なくならざるを得ないし、市民相互の利害調整活動に積極的に参加して、いわば市場的社会秩序を実現することは極めて困難となる」こと。

成沢の指摘する「人間の中の自然性の喪失」は自然への過剰な負荷を引き起こす消費と生産を生み出し続けてきた結果である。それは工業化としての近代化を支えた動因でもあった。「個人の自由」をめぐる「秩序化による人間の均質化」と「個人相互の対話」の喪失は、市場的社会秩序だけを押し出してしまった。この先には、アーレントなどが鋭く描き出した全体主義としてのファシズムが見え隠れしていないだろうか。では、成沢がここで挙げる近代社会の重心として働く秩序化は、現代という産業社会でこそ顕著なものなのか。そうだとすれば、なぜなのか。それはとりわけ日本社会にとって何を意味するのか。日本社会に関して、成沢は『西ヨーロッパでは百年単位の秩序形成が、日本では十年単位で経過した。この速さが社会秩序の形成に与えた影響は何であったのであろうか』と問題提起し、産業社会の秩序化が明治以降の日本において無人の野をいくような早さでどうして可能であったのかを問う。

成沢はこの要因を、つぎのように整理する。

① 「新秩序に対する伝統的社会――家族、寺社、同業者団体、地域共同体など――の解体・再編に対す

る抵抗の弱かったように見える、……いいかえれば、『国家』から相対的に自立した『社会』の底が浅かった」こと。

②軍隊と学校の果たした役割の大きさ――「軍隊自体が民衆に規律ある言語・動作と秩序ある空間を管理する能力を身につけさせる学校であった。小・中学校は、集団効能の訓練を重視する……」。「時間」「空間」『身体』「人間関係」という秩序が軍隊と学校では重要視された。こうした秩序感を軍隊と学校で伝播させたところに、明治以降の産業社会への急速な移行が可能であったとされる。

最初の点などは丸山真男の「日本近代化論」にも呼応している。成沢はこうした点を踏まえ、近代的秩序感の帰結をつぎのように描く。

「〈近代〉における時間・空間および身体の秩序は、自然性を出来る限り排除して人工性を増すという方向で作られている。自然は偶然性を含み、人間が理解あるいは抑制しにくい、という意味では『混沌』であるが、人間はそれを可能な限り統御可能な秩序で置きかえようとする。標準化することによって均質化し、質の差を捨象し数量化して、理解および操作可能性を高める。その結果、ヒトとモノの品質管理が高度化する。飛躍的に拡大した空間の中での情報・ヒト・モノの移動が可能になるとともに、閉鎖的空間における人間行動の組織化が進む。これはそれぞれの集団の目的にかなった秩序づくりの結果であって、合理化・工業化・市場経済化あるいはいわゆる近代化を推進する役割を果たした。秩序の光景である。」

成沢のいうように、市場経済化こそが近代化をもたらした動因であるとすれば、わたしたちはこの市場化がもたらした近代社会の特徴を問う必要があろう。それは人びとの経済活動という「閉鎖的空間」での「人間構造の組織化」を越国境的（＝グローバル）に推し進めた結果としての「秩序の光景」でもある。

この特徴はいうまでもなく資本の運動がもたらした市場経済機構である。ここでは、市場経済化が近代化をすすめ、近代化がさらに市場経済を推し進める原理が支配的となった「近代」資本制社会論が成立する。

社会と資本

成沢が近代性の構成要素として重要視するのは「時間」、「空間」、「身体」、「秩序」、「人間関係」、「混沌」、「制御」、「移動性」である。こうした概念は互いに関連して、近代社会を成立させてきた。これらの概念を整理しておく。

（一）「時間」と「空間」そして「移動性」——封建社会を大きく揺さぶり、その時間性と空間性を一挙に押し広げたのは、近代化社会における「移動性」である。これを可能にしたのは、産業革命による技術進歩である。輸送と通信にかかわる技術の飛躍的な進歩は人びとの時間と空間に関する感覚を大きく変えた。だが、より重要なのは封建社会下で点在した市場と市場とを時間的にも空間的にもより密接に結びつけ、資本の移動をもたらしたことであった。

（二）「混沌」「人間関係」そして「制御」「秩序」——時間と空間のもつさまざまな制約性が、近代社会のもつ移動性によって解き放たれたことは、「混沌」をもたらす結果となった。そこに「秩序」が築かれるには、対立せざるを得ない「人間関係」の「制御」を必要とさせた。ここでいう人間関係とは、近代社会における資本の運動がもたらした「労資」関係である。

封建制の下で固定されていた「もの」が移動することにより、この移動のもたらす混沌を制御し、新たな秩序をもたらすことが必要となった。新たな秩序とは資本の移動に関連した。資本の移動そのものを許容するような制度の構築こそが近代資本制社会の根幹でもある。これは江戸期に代表される日本の封建体制と明治維新以降の近代体制との差異でもあった。

成沢は、日本における封建社会と近代資本制社会との「せめぎ合い」についてつぎのように述べる。

「町人の経済力が増大しても、既成の身分統制の枠内に押し込めるためには、家作や衣類・食事に制限を課していた。それでも消費の欲望は抑えられなかったし、身分的秩序と市場の秩序とは本来相容れないから、規制は繰り返しだされることになる。」

江戸期後半、封建諸侯自身が市場圏の拡大と自藩の小工業の発達を促しつつ、殖産興業政策により藩財政の建て直しをはかった。皮肉にも、封建制維持のためのこうした政策は、商人の経済力を増大させ、江戸や大坂などの消費市場を増大させ、これが町人の消費をさらに拡大させた。この結果、商品（＝貨幣）経済が発達し、封建経済を突き崩していった。

そこにはジレンマがあった。一方で、市場原理を認めなければ自藩の経済安定化は困難である。他方、封建的社会秩序（＝身分制）を維持しなければ、封建制の原理そのものが崩れる。成沢が描いたように、身分的秩序と市場的秩序が相容れなくなったのが日本の幕末であった。必然、さまざまな規制の導入が繰り返された。ここでは、旧来の社会秩序と資本の運動が対立した。そして、社会構成原理が資本によって再構成されざるを得ない過程そのものが、日本も含め各国の近代化史であった。

とはいえ、社会的規範という価値観は、資本制近代社会となったからといって、すぐに崩れることなどありえない。これこそが社会的規範のもつ「慣性力」である。日本における慣性力を問うことが丸山真男や竹内好の近代化論の重要なモチーフであった。日本近代におけるこの慣性力のあり方は、しばしば日本の大衆小説の定番モチーフの一つでもありつづけた。

この代表格は、いまでは多くの日本人の脳裏から去ってしまった「股旅」もの——賭場から賭場への博徒——を得意とした作家の長谷川伸（一八八四〜一九六三）であった。佐藤忠男は『長谷川伸論』で、長谷川が股旅ものという大衆文学のジャンルで多くの日本人を引き付けた背景の一端をつぎのように分析してみせる。

「現在の会社や官庁における上司と下僚の関係と、かつての親分子分関係との間に、本質的な違いを見つけることはきわめて困難なのである。……封建社会の親分が、子分に対して、仕事の面についてだけでなく私生活や思想面についてまでも影響力を持ち得たのに対して、近代社会の会社や官庁の上役は、下僚に対して仕事の面でだけは支配力を行使し得ても、私生活や思想的な面では支配力をもち得ないとされている。その点だけが、われわれが封建的親分子分関係に対して自慢できることである。が、しかし、それははたして、それほど自慢になることだろうか。」

「義理」（＝日本的な「公」）と人情（＝日本的な「私」）の板ばさみのなかで、「一宿一飯」の恩義に苦しむ博徒の悲劇をもっぱら扱った「股旅もの」は、喧嘩で片をつけた遠き良き時代への哀愁でもあったろう。近代化とは、国家がこうした封建時代下、国家すら入り込めなかった博徒などの機能集団の自治・自律的なあり方を全面否定し、国家の下に社会を一元化させた過程でもあった。

にもかかわらず、股旅ものの哀愁が日本人の精神に入り込み、高度成長期のヤクザものに席を譲るまで長谷川伸の作品などを通して命脈を保ったのはなぜか。佐藤はこの背景をつぎのように探る。

「ちょっとの違いこそは、封建社会と近代社会とを分かつ決定的な違いであり、その違いに鈍感であることは近代人としては許されないことであろう。しかし、そのちょっとの違いを誇大に考えて、自分はすでに、封建的人間とは決定的に違っている、と自惚れるとしたら、それは間違いである。……こと職業上の行動や良心の問われ方に関しては、近代社会の上司と下僚も、封建社会の親分子分の関係と本質的な違いがないというところにある。……われわれは今日、主としてやくざ映画のなかでだけ、上位者の命令で行なったことと個人の良心との葛藤というドラマを追体験しているわけである……やくざ映画も、もともと法の保護の外に自らはみ出している連中の物語であるが故に、われわれの真面目な道徳的反省を叙述するドラマであるとは見なされない。しかし、じつを言えば、やくざ映画にだけその種のドラマが細々と存在するということは、社会の最下層の、法の保護のもっとも薄いところにおいては、その種の葛藤が人々にとってもっとも自覚されやすいかたちで露呈している」。

佐藤忠男の『長谷川伸論』のもつ現代性は、日本社会の底流にある慣性力を単に懐古趣味的にとらえただけでなく、資本制近代社会への移行が生み出すいわば『摩擦熱』そのものを鋭く剥ぎ取った。この点は日本の股旅ものと米国の西部劇との共通性でもある。

米国映画の定番となった西部劇の嚆矢は、一九一〇年代から一九二〇年代半ばごろである。米国社会にとって、この時期は、前世紀後半からの工業化によってはずみがついた米国資本主義が成立させた大量生産・大量消費の時代の前夜であったといってよい。資本の動きが社会の隅々までに入り込み、従来の社会的価値観にも大きな影響を及ぼしつつ、人びとのこころに過ぎ去るものへの故郷（農村）喪失感を無意識のうちに感じさせていた。資本は確実に米国社会を農村社会から都市社会へと変えつつあったにもかかわらず、である。

佐藤は、「日本とアメリカと、まるで違う文化的土壌をもつ二つの国において、ほぼ共通のパターンをもった作品群が成立して圧倒的に大衆にアピールしたのはなぜか」と問う。もちろん、当時、日本にも紹介された米国映画の直接的影響もあったであろう。だが、それ以上に資本の時代がやってきていたのだ。

佐藤はつぎのように資本の時代の背景を描いてみせる。

「アメリカ映画の影響がかくも大きかったのは、……農業国から工業国へという転換をもっとも激しい勢いでなしとげつつあったという点で、日本はアメリカにもっともよく似た追随者であった……一九二〇年代の半ばごろまでは、アメリカ映画の主要な魅力は農村もの、田園ものになった。純朴なる農村のシャイな若者が、純情な乙女の前で勇気を示して愛をかちとる、といったパターンが重要な位置を占めていた。……農村の没落の危機感のなかで、自主自立の精神を誇りとするアメリカの民主主義は蝕まれてゆく、と考えた。しかしながら第一次大戦後のアメリカの異常な好景気は、都市に空前の活気と消費文化をもたらし、その魅惑はすでに抗しがたいものになっていた。」

米国人の田園牧歌的な哀愁的感情そのものが資本によって市場化され、ハリウッド映画という産業の成立を急速に促したのもこの時代のことであった。「アメリカの西部劇においては、田園牧歌映画の衰退によって失われた情操を、ひとまず西部開拓史劇映画あたりが丸ごと吸収しようとした。そこには、生活の土台の大きな変動に際会してとまどっている大衆に、ひとまず、フロンティア・スピリットという美化された過去の国家目標を思い出させるものがあった」という佐藤の指摘は的を射ている。そして、これをもっとも深く自覚していたのは日本社会の鋭い分析家でもあった長谷川伸であった。佐藤はいう。

「長谷川伸が、もし、封建的な思想や感情のイデオローグであったとしたら、それは、義理や人情の世界を描いたからではない。そうではなく、意地というものの体制補完的なありようを見定め、それを肯定し、そこに生甲斐を感じ得るようなパターン認識を創造していったからである」。

これこそが長谷川伸の作品が一時期まで大衆小説として読み継がれた理由であった。しかし、人びとは過去の封建的な関係にそのまま帰ることなどできない。故郷とはすでに失われたものである。それだけに、人びとは新たな関係のなかに失われた故郷を回復させようとした。ゆえに、それはきわめて個人的な取り組みとなる。また、その取り組みはきわめて感情的であり、感傷的なものにならざるをえない。

やがて、帰るべき故郷で生まれた人びとの比重が社会で低下し、あらたな社会関係のなかで生を受け育った世代が多数を占めるとともに、長谷川伸は忘れられていった。

時代は「社会と資本」から「資本と社会」へと急速に変わっていた。

社会と共同

先に、市場経済化が近代化をもたらし、近代化がさらに市場経済化を推し進めるような原理を生み出し、この原理が支配的な価値観をもつようになった社会が近代資本制社会である、と述べた。

第三章で取り上げたエリック・ボブスボームは、一九世紀からその後半にかけての時代を「資本の時代」と名づけ、一九世紀後半から二〇世紀初頭の第一次大戦までを資本の対外的な膨張時期として描き出し、「帝国の時代」と名づけた。

しかし、各国の社会史を紐解けば、資本の運動が社会の隅々まで貫徹して止まないのが近代資本制社会でありながらも、資本の論理が人びとの精神性の奥底までを貫けなかったことがわかる。資本は市場での絶えざる競争関係によって人びとの従来の社会的な関係を切り裂きつつも、切り裂くほどに、資本は過去とは異なったかたちで人びとの共同化を促さざるを得ない。この過渡期こそが各国においてある種の大衆文学や国民文学という分野——日本でいえば、たとえば、長谷川伸のような——を成立させてきた。

過去において、資本の運動が社会の隅々までに貫徹して人びとの過去の共同精神の「呼び起こし」に大きな影響を与え、新たな共同化のあり方を促した時期を探れば、一九二九年一〇月二一日（月曜日）のニューヨーク株式市場の暴落に端を発し世界恐慌を生み出した一九三〇年代の社会がそうであった。この過程がいかに過酷なものであったかは、スタインベックの小説『怒りの葡萄』の通りである。

むろん、株式市場の暴落だけがこの大恐慌の直接の引金ではなかったものの、資本のやり取りが直接的に行われる株式（＝資本）市場の暴落が資本の純粋運動のあり方を象徴的に示した。ウォール街での一〇月二一日の株取引では鉄鋼株などがまず急落した。資本はより高い収益を求め、米国の株式市場から英国の金融市場などに逃げ出し始めていた。

三日後には大量の株が売られ始めた。ニューヨーク市場の株価は急落の様相を見せた。これがさらに人びとの売り逃げを誘った。とりわけ、借金をして思惑買いを行っていた人たちが手持ち株をすぐにでも換金しないと自己破産するため、大量の株を放出し始めた。

あっという間に、株式市場にあったはずの大量の資金が株価の下落とともに消え失せた。株式市場の先行きにさほど悲観的なムードが蔓延していなかった一九三〇年にも、米国で一三〇〇以上の銀行が閉鎖された。以降、都市も農村も大不況に苦しんだ。

株式暴落から一週間以上が経過した一〇月三〇日（水）付けニューヨークタイムズ紙は、株価の動きをトップ一面で報じた。見出しはつぎのようなものであった。

「株が崩壊。一日で一六四一万三〇株の売り。……銀行家は楽観的……」。

この下に囲み記事がある。

「二四〇銘柄、今月だけで一五八億九四八一万八八九四ドル下落……ニューヨークタイムズの推計では、業種ごとには、鉄道二五銘柄（一一億八六八八万ドル）、公益分野二九銘柄（五一億三五七三万ドル）、自動車一五銘柄（一六億八九八四万ドル）、……ニューヨーク株式市場の正式発表数字では、一〇月一日現在の上場株式の総市場価格は八七〇億七三六三万四二三ドルであった。したがって、代表的銘柄二四〇の下落は上場株式総額の六分の一を失わせたことになる……」。

この囲み記事の右端に、すこし長めの記事が掲載されている。この解説記事は、株価が若干戻したものの、大口投資家がかなりの痛手を負ったことも報じていた。

米国の経済学者パーカーは、大恐慌時代に若い日々を送り、その後、経済学研究で大きな実績を残した一一人の経済学者に、「彼等にとって大恐慌とは何であったのか」を問いかけた（原題『大不況を振り返る』、邦訳は『大恐慌を見た経済学者一一人はどう生きたか』）。

パーカーの目的は、老齢に達し、生を終えかけていた彼等から大恐慌の直接経験と教訓を引き出すことにあった。パーカー（以下、Pと略す）と何人かの経済学者とのやりとりを紹介しておこう。インタビューはいずれも一九九〇年代後半であった。この後まもなくして、何人かの経済学者が世を去ったことを考えると、これらのインタビューは大恐慌経験の貴重な記録でもある。

大恐慌のときに一七歳の高校生であり、後にシカゴ大学教授となったミルトン・フリードマン（以下、F）はつぎのように答えている。

P　「今日忘れられている、あるいはこれからも絶えず憶えておかなければならないと思われる大恐慌の教訓は何かありますか。」

F　「学んだ教訓は、繁栄を維持しようとすれば、民間の企業システムに頼っていたのではだめで、政府に強く依存する必要があるということであったことは確かです。一九二九年以前においては、政府は必要悪であるというのが、一般的な見方でした。……私の考え方では、学ばねばならない教訓、つまり正しい教訓とは、彼らを倒産に追いやったのは政府だということでした。大恐慌を引き起こしたのは金融システムの誤った運用であって、市場システムの失敗ではありませんでした。」

経済の安定には政府の役割が不可欠である。しかし、大恐慌下の経済を不安定化させたのは、市場機構本来の働きを阻害する政府の不適切な介入であった、とフリードマンはいう。大恐慌はこの好事例であり、マネーサプライこそが経済安定の上で大きな鍵を握るという。これは、「自由主義者」フリードマンらしい資本主義観である。フリードマンは続けた。

P　「資本主義にとって何が一番脅威でしょうか。」

F　「過大な政府です。それは必ずしも社会主義とは限りません。単に官僚的、管理的、それに規制を好む政府と平等主義です。……」。

P　「資本主義は、平等性を損なうこともなく経済効率を高めることが可能であると証明し続けなければならないとお考えでしょうか。」

F　「資本主義が他の制度よりはるかに優れていたからだということに過ぎません。私たちが中央集権化された国家を選ばなかったのは、非効率性のためです。……資本主義というのは正しい言葉だとは思いません。ある意味ではすべての社会が資本主義ですからね。ソビエト連邦も資本主義国でしたが、それは国家資本主義でした。かつてのラテンアメリカ諸国も資本主義国であっても、独裁者支配の資本主義でした。ですから、私たちが取り上げるのは、資本主義ではなく、自由な市場つまり競争的資本主義です。それこそが私たちの望む制度であり、単なる資本主義ではないのです。」

もちろん、同世代の経済学者がすべてフリードマンと全く同じような資本主義観と体験を語っているわけではない。人は生まれた場所、両親や家族という社会的関係、学んだ場、誰に何を学んだのか、また、その職業観によって異なる見方と信念を持つ。経済学者もまたこの例外ではない。

国際経済学の分野で大きな実績を残したチャールズ・キンドルバーガー（以下、K）は、フリードマンとは異なる資本主義観をもっていた。ニューヨークの裕福な弁護士の家庭に生まれたものの、大恐慌で父の保有した株式が紙くず同然となった経験をもつキンドルバーガーは、フリードマンより五歳上の年長者である。

P　「大恐慌の教訓で今日では忘れられたと思われるもの、また常に再学習の必要があると思われるものは何かあるでしょうか。」

K　「私は、最後の貸し手の機能は大事だと思います。他方、ジョージ・ソロスのような投機家の手に多くの投機マネーが集まり、先物市場が強い影響力を持つという事実には困惑しています。このことは、市場は当局の手の及ばない存在になったことを意味します。」……（中略）。

P　「二一世紀を迎えるにあたって、われわれが直面している大きな問題は何であるとお考えでしょうか。

……。」

K「平穏な時代には政府は小さくてよいのです。混乱期には責任を取る人が必要なのです。私は国際社会について心配しています。……。」

P「資本主義にとって一番大きな脅威は何であると思いますか。」

K「欲だと思います。今の人たちのお金の儲け方には非常に不満です。一番たくさんのおもちゃを持って死んだ人が勝者であるという考え方は、それほど古い考えではないと思います。……欲こそが脅威と思います。」

P「所得分配や、所得分配の傾向について心配なことがありませんか。」

K「そう、大変心配です。それは、欲の問題と関連しています。これについて何か容易にできることがあるかどうか、私には分かりません。」

キンドルバーガーの見方は、国際経済学の研究者らしく、一国資本主義ではなく、資本主義各国間の関係がつねに平穏ではなく、このことが世界経済を混乱に導くことがありえること、そして経済とはこうした市場原理だけで自動的に安定化に向かう保障などないことを強く示唆している。

この碩学が危惧したのは、資本中心の市場原理が生み出した富の偏在である。インタビューの最後に、キンドルバーガーは「老いぼれ将軍過去の勲功を懐かしむ」とやや自嘲気味に、富の蓄積（＝欲）が自己目的化する資本主義社会での若年層の失業問題へ強い関心を示した。

この点については、キンドルバーガーより八歳若いジェームズ・トービンもまた、以前のような大恐慌が再来することを否定しながらも、所得分配の不平等化とこれがもたらす貧困問題が、わたしたちの経済を不安定化させていくことに強い危惧を示した。

「所得分配の問題を考えるとき、見過ごしてはならない一つの点は最も所得の低い人たちの状況です。しかし、所得分配それ自体としては、誰が再分配の負担をするかということが問題になります。貧困をなくすために誰が税負担すべきなのでしょうか。私は累進課税がよいと思います。発明によって金儲けをしたからといって、ビル・ゲイツをトーマス・エディソンやその他の偉大な発明家以上に嫉ましく思う気持は毛頭ありません。しかし、それは所得や資産に関する累進課税と一致するのです。と同時に、私たちが抱えているもうひとつの大きな問題はこの国（引用者注——米国）の税に対する反感です。高所得者に比較的低い税しかかけない、租税体系というのは危険です。」

この点について、一九〇五年に旧ロシアに生まれ、大恐慌の最中にあった米国に一九三一年に移住したワシリ・レオンチェフは、つぎのような発言をしている。

「（引用者注—資本主義の）他にもっと良い制度があるとは思いません。しかし、もちろん、所得分配は大きな問題です。……（引用者注—政府の役割は）増加します。長期的には、政府の役割は増加することはあっても低下することはないと思います。すでに、政府は国民所得の配分の大部分を管理していますからね……（中略）……（引用者注—欧州経済は）計画経済と呼んでもよいかもしれません。……私たちの経済は、成長によって維持される均衡の上にはない、というのが私の考えです。」

インタビューのとき、レオンチェフはすでに九一歳であった。これは世界でもっとも高齢の現役経済学者の見方である。

一九一六年生まれでニクソン政権下の経済諮問委員会の委員長を務めたハーバート・シュタイン（以下、

S）もまた「極端な所得分配の偏りは好ましくない」と語る。

P「所得分配に問題ありとお考えでしょうか。」

S「所得分配は問題ではありません。問題なのは貧困です。両者は同じものではありません。つまり、ビル・ゲイツ、ウォーレン・バフェット、さらにはドナルド・トランプ、マイケル・ジョーダンがどれほど金持ちであろうと、関心がありません。非常に気になるのは、大変貧しいごく少数の人たちです。すこし前までは、通常の定義による貧困者のことを考えていましたが、今は時々下層民と呼ばれる人たちのことを心配しています。彼らは貧しいと同時に社会的にも認められていない人たちです。すなわち、子持ちの非常に若い未婚の少女たち、犯罪、退学、薬物乱用、その他のこの類のものが、アメリカ国民のごく一部に蔓延しているのです。それはアメリカの総人口の一、二％でしかないかもしれません。しかし、私にはそれは大きな問題と思えます。」

つぎに、パーカーは大恐慌の教訓と所得分配を歪ませる資本主義の問題点について、シュタイン教授にインタビューを続けている。

P「今日忘れられてしまった、あるいはいつも憶えておかねばならないと思われる大恐慌の教訓は何かあるでしょうか。」

S「重要な問題は貨幣的崩壊であるという私の考えが正しいとすれば、それは忘れられているとは思わない……私は別の教訓に関心があります。それは大恐慌ではなくて、『大インフレ』についてです。この国では重大なインフレがあった後にかならず大きな不況が発生してきました。……インフレの怖さを最も知っている世代が去り、その経験もなければはっきりとした自覚もない若い世代が登場し、経済をあまりに強く押し上げようとすることによって新たなインフレの波が発生するのではないかということです。」……（中略）。

P「資本主義制度についてのあなたのお考えをお聞かせください。それは最良ですか、それとも他にありますか。」

S「それに変わる制度があるとは思いません。……資本主義は生き残り、勝利しましたが、それは一九二九年と同じものでありません。そしておそらく二〇五〇年の資本主義も一九九七年のものとおなじではないでしょう。重要な点はある継続的な特徴を残しつつも、適応し変更を加えてきたことです。だから資本主義は成功し、続いているのだと思います。」

著名な米国の経済学者が若い頃に経験した「資本の時代」は、やがて大恐慌というかたちで崩壊の淵に立ったことで、彼らの経済学に影響を与えた。そして、資本制社会のあり方が問われることとなった。先にみた経済学者の発言から、わたしたちはこのことに気づかされる。とはいえ、従来の共同体——特に農業社会におけるような紐帯など——はすでに大きな変容を遂げ、大恐慌がもたらしたさまざまな問題の解決に対して大きな役割を果たしえなかった。資本制社会の到来は、帝国主義というかたちで国外において資本の保護者という政府の積極的な役割を求めつつも、逆に国内においては政府の干渉を忌避させてきた。

いずれにせよ、大恐慌は資本が大きく変容させた社会を、「共同」による解決方向を再興させることを迫っていた。だが、地縁血縁的な農業社会から流動性の激しい都市社会への移行のなかで、社会の共同は異なったかたちでしか再興できないことは明らかであった。政府に求められたのは、先にみたハリウッド映画のなかではなく、失われた社会共同体の新たな担い手による現実の苦況からの「復興」であった。後に、フランクリン・ルーズベルト政権が産業復興法による米国経済の建て直しを図るが、産業以上に復興を必要としていたのは米国社会そのものであった。

これは米国社会だけではなく、欧州諸国や日本などでも同様であった。大恐慌によって鮮明となった問題、すなわち、資本の運動が生み出した「持つ者」と「持たざる者（あるいは持てざる者）」との対立をどのように解消していくのか。早急な対応を求められていた。

一九三〇年代の世界を改めて振り返ると、いわゆる自由主義国家や民主主義国家、ファシズム国家、社会主義国家という「国家」分類以上に、その根において共通していたのは、資本の自由を保障し、資本の蓄積を促す一方で、崩れた社会の共同をどのように再構築するかという課題であった。

先にみた経済学者たちが、政府の役割をベネディクト・アンダーソンのいう「想像の共同体」でなく、所得再分配者としての「現実の共同体」の成立を重要視したのは、大恐慌のもたらした影響の深刻さであった。だが、こうした政府が成立するのはあくまでも戦後世界のことであった。

戦後社会で「現実の共同体」の必要性を生み出したのは、戦前社会の「想像の共同体」がナショナリズムによってかろうじて存立し、ナショナリズムこそが資本の対外運動を引き起こし、欧州とアジアに戦渦をもたらしたことへの「反省」であった。だが皮肉にも、この戦渦が各国の財政拡大を通じて経済復興を促した。

前述のパーカー教授は、経済学の碩学たちに大恐慌の要因だけではなく、大恐慌から米国経済を立ち直らせた原因についてもインタビューしている。経済成長理論に大きな足跡を残したモーゼス・アブラモビッツ（以下、A）はつぎのように答えている。

P　「大恐慌を終わらせたのは何だったのでしょうか。」

A 「大恐慌を終わらせたのは戦争です。大恐慌を終わらせる方法は他にもあったでしょう。しかし現実にそれを終わらせたのは戦争と既に戦争前から始めていた国防計画でした。それが始まりでした。それから、もちろん真珠湾攻撃の後は、需要は不足することはありませんでした。」

また、景気循環論などで知られるアルバート・ハート（以下、H）もこの見解を示した。

P 「当時、大恐慌を終結させるのに何が有効だったとお考えですか。」

H 「ええ、大恐慌から私たちを救ったのは、もちろん第二次世界大戦でしょう。あなたの趣旨は私がこの見解をとるかどうか、でしょう。私の答えはイエスです。」

他方、ミルトン・フリードマンと並んで頑固なマネタリストのアンナ・シュウォーツはつぎのように政府の金融政策を重視する発言をした。

「ルーズベルトが銀行を閉鎖し、ドルを切り下げたことだと思います。……銀行を再開させたとき、……この国の心理状況を変えたのです。偉大な人物が救世主となって現れ、国民を救ってくれるのを、人々は待ち望んでいたのです。」

シュウォーツは、政府の戦時経済下での財政支出効果には言及せず、人びとの心理とマネーサプライの増加を強調した。この点について、ジェームズ・トービンは、ルーズベルト政権の銀行再開と信頼回復、ドル切り下げの効果をシュウォーツと同様に認めつつも、ケインズの財政政策の有効性を強調して、「しかし結局は、戦争が起きたことによって、私たちは不況から救われたのです」と説いた。ハーバート・シュタインも「もちろん戦争です」と答えている。

パーカー教授はこうしたやり取りの中で、景気循環論のビクター・ザルノビッツに大恐慌こそが第二次世界大戦を生み出したのかどうかを問う。

ザルノビッツ自身は「そうは思いません。それもまた極端な考えです。……大恐慌の重大な影響を否定できませんが、……大インフレ、一九二〇年代のさまざまな状況、ドイツの非常に悲惨な時期、といった他の要因も大切なのです」と答えている。

この点は暴力論のところですこし触れた。資本は一方において社会の共同を突き崩すとともに、他方においてつねに社会の共同化を促さざるを得ない運動性をもつのである。

社会と社会

社会は共同という行為なしには成立しえない。

封建制社会においても、人びとの営みは決して孤立・個別に成立していたわけではなく、やはり人びとの共同行為がそこに働いていた。他方、資本制社会といった場合、資本が自らの運動自由度を高める方向に社会の構成原理などを再構成することで成立するとはいえ、やはりここにも社会の共同行為がある。

封建制社会と資本制社会との相違は、商品経済の発達が貨幣の動きを加速する点にある。岩井克人は『二一世紀の資本主義論』で、商業取引の価格差による利潤獲得は「閉じた」システムであった封建制社会でも存在したが、これを全面開花させたのが資本制社会であることを述べ、資本とは価格差をもとめる「差異」運動であると、つぎのように指摘する。

「価格の差異を仲介して利潤を生みだす――古代の商業民族が発見したこの原理こそ、まさに資本主義を『現実』に動かしてきた普遍原理にほかならない。資本主義とは、その意味で、世界がひとつの価格体系によって支配される閉じたシステムでは『ない』ことをその生存の条件とすることになる。実際、古今東西、価格の差異があるところにはどこでも資本主義が介入し、そこから利潤を生み出してきた。」

要するに、「差異」と「利潤」の相互連関的運動こそが資本の本質というわけである。「資本」を工業化の進展による産業資本主義で象徴化しようと、シェイクスピアのベニスの商人のように旧来の商業資本主義的と表現しようと、資本の本質的な動きとは「差異」が産み落とす「利潤」を求める飽くなき運動性原理である。

問題はあくまでも差異なのである。社会のなかに格差が存在することが資本そのものの蓄積を促し、この蓄積がさらなる社会の差異を生み出していく過程にこそ資本主義の本質がある。

資本主義世界の初期での経済成長率の高さは、社会と社会との格差の大きさと比例してきたともいえる。だが、岩井は「差異とはなんの実体ももっておらず、いつでも消え去る運命にある」とも述べる。つまり、岩井が問題視するのは、労働市場における賃金という労働力の価格（＝実質賃金率）と、生産過程での労働の生みだす価値（＝労働生産性）との「差異」である。

第二章などでとりあげたマルクスの考え方にしたがえば、過剰労働力のプールが農村あたりにたっぷりとあれば、実質賃金率は低く抑えられる。他方、生産過程で労働生産性が上がれば、この差異は資本のさらなる投資を引きつけ、より大きな差異が生じる。この引きつける力こそが、資本主義を突き動かすエネルギーである。しかし、過剰労働力、あるいは失業者予備軍というプールが枯渇すればするほど、資本は差異を生みだすさらなるフロンティアを探し求める運動性原理を顕わにするものだ。岩井はいう。

「現代の資本主義が資本主義であり続けるためには、差異そのものを意識的に創りだしていくほかはない。新技術の開発、新製品の導入、新市場の開拓と、たえず新たな差異を生みださなければ利潤は得られない。新たな差異もじきに古くなる。古い価格体系はたえず破壊され、新しい価値体系がたえず創造される。ここにはあの『見えざる手』は働きえず、ひとつの価格体系が安定的に確立することなど決してありえないのである。」

差異と利潤を求める資本の動きは、社会にさまざまな格差を生み出し、また、それゆえに資本蓄積が進む。資本主義はつねに何らかの差異を「意識的」に生み出すことによってしか成立しえない制度であるともいえる。とはいえ、現在の格差社会は古典的な自由放任の経済社会ではもはやない。

現在の社会とは、所得の再分配によって差異を「許容しうる」範囲に修整する福祉型社会の流れを汲んでいる。資本の自由な運動の結果としての差異を、所得の再分配によって行おうという社会的規範が少なくとも定着した。

これは第二次大戦後の東西冷戦という世界での秩序模索の結果でもあった。福祉型資本主義体制には、ソ連や中国などこの差異と利潤を問題視したもう一つの社会体制であった社会主義への現実的な対抗意識が背景にあった。だが、いまは、ソ連は社会主義という看板をはずし、資本主義国家ロシアという新しくて古い看板をかけなおした。

ここでは、資本が差異と利潤を生み出すことを国家意思として抑制したソ連型ではなく、むしろ差異と利潤の自由放任度を認める一九世紀型資本主義へと復帰した。ロシアにおいて貧富の格差の拡大は著しい。

他方、中国は一九七〇年代後半に社会主義という看板を掲げたあと、差異と利潤を求める資本の動きを認める「改革開放政策」という社会主義下の資本主義を拡大させてきた。関志雄は『中国経済革命最終章―資本主義への試練―』で、いまの中国社会をつぎのように位置づける。

「民営企業は国有企業に取って代わって中国経済の主役になってきたが、民営企業の成長と民営化が進行する一方で、貧富の格差がいっそう拡大している。したがって、中国経済の現状は、共産党と政府の公式見解である『社会主義の初級段階』というより、『原始資本主義の段階』と言うほうが似つかわしい。」

原始資本主義とは、いわゆる資本の原始的（本源的）蓄積の時期を指す。そこには、むき出しの資本優位の社会勢力関係がある。関がいうように、いまの中国が原始資本主義段階にあり、資本は社会を均質化させるのか、あるいはより非均等化させるのだろうかと問えば、資本制社会とはつねに一見均質的な社会――たとえば、消費形態や消費行動など――のなかに非均質化した社会――たとえば、実質賃金や資産保有など――を作り出す。むろん、この差異、あるいは格差は国によって異なる。いま、中国での都市と農村の所得格差、あるいは地域格差、資産格差は日本や欧州諸国などでの格差とは異なる。

たとえば、中国には一つの中国に四つの社会が存在する。豊かな北京。高成長の上海や外資導入の深圳などは都市化と工業化が同時平行した中国の中の先進地域。二番手が広東、江蘇、浙江など準先進地域。反面、農業社会の色彩が濃い中部地域やチベットなどは最貧地域。

日本や欧米諸国にみられる地域格差と比べれば、その絶対的水準において一国＝中国のなかに先進国、途上国、最貧国などが同居する。中国内の格差に比較すれば、先進国内の格差――都市圏と地方圏との差異など――は相対的である。

他方、わたしたちの労働市場においても、正規雇用とパートやアルバイトなど非正規雇用の二分性がある。

工場、役所、学校などで正規職として採用された人たちと、非正規従業者として臨時採用された人たちが同一職場で同居している。その賃金格差はきわめて大きい。

正規と非正規という異なる場において、いかなる社会的共同が可能なのだろうか。実は、この差異を広範囲に拾い上げ、埋めてきたのが戦後の福祉社会であった。だが、いまはくずれつつある。

大恐慌の経験からおよそ七〇年、そして冷戦下の二つの社会から単一社会像へと移行してからおよそ一五年が経過した。資本制社会という単一社会観はわたしたちに代替的社会を考える余裕を奪いつつ、資本は国内から国外へ、国外から国外へとより自由度を高めつつある。

仲野組子は一九八〇年代後半の米国労働市場の変化を、派遣労働者など非正規雇用者の増大という視点からとらえた『アメリカの非正規雇用―リストラ先進国の労働実態―』の「あとがき」で、つぎのようにその実態を述べる。

「連邦レベルでは、派遣労働者保護の法案が何度か議会に提出されたが、連邦議会を通過したことはなかった。派遣労働者保護の全国的法律が確立しないままに、一九八〇年代には技術革新を梃子にリストラが進められ、労働のフレキシビリティが浸透していった。……派遣労働者に限らず、パートタイム労働者やインディペンデント・コントラクターを含め、非正規雇用者は、社会保障等の付加給付もほとんどなく、高度の専門知識や熟練を要する高賃金職種を除いては、雇用不安と生活不安にさらされている。……労働者の雇用のされ方は、働かせ方に勝るとも劣らない資本主義の歴史を貫く重要な課題であることがわかるであろうし、むしろ今日では、規制緩和とともに社会の前面に出てきて、いかなる時代にもまして重要性をもつテーマになったともいえる。……昨今の日本のリストラ状況や、派遣や職業紹介業の自由化は、失業者を非正規雇用の増大によって流動化させてきた一九八〇年代の米国を彷彿させるものがある。」

米国についてみれば、貿易収支の悪化と海外への直接資本投資の拡大が同時併行的に進みはじめた時期に、資本は国内においてさらなる差異を求めていた。それは労働市場における差異として顕在化していくことになった。この波は、やがて欧州諸国と日本に押し寄せ、そしていまの労働市場の現状をもたらした。

岩井の指摘を俟つまでもなく、資本とは差異をつねに求め、それは地域という空間性、市場という時間性において差異を実現させ利潤を得る。資本というのは、一つの社会に異なる社会を生み出す運動性を保持するものである。社会と社会との軋轢と対立は調停役としての国家の介入を促す。

この促し方をめぐる社会と国家との関係こそが政治そのものである。

社会と国家

社会とは国家ではない。また、国家とは社会ではない。

だが、各国の「国家史」をみれば、それは国家が社会と自らを重ねあわそうとした歴史であるといえなくもない。国家による社会への重ね合わせを、その方向性という面からとらえると、そこには血なまぐさい歴史が展開されてきた。

先に、資本とはつねに差異を生み出すことを通じて利潤を求める運動法則を内包させる存在であると述べた。こうした資本の運動は「国家」という一つのまとまりにおいて、社会の中にさまざまな階層化を生み出す反面、社会の内部の共同化を促し、異なり分離するさまざま社会構成体間の連帯を生み出すものでもある。

先に方向性といったのはこの点に関してであった。

社会のなかの共同や連帯は、国家の「意思」とぶつかり合う。これは日本社会においてもそうであった。わが国明治期の自由民権運動などはこのぶつかり合いの一端を示す。日本の治安立法の形成過程は自由民権運動という共同と連帯を、国家の官僚機構の管理下に置こうとした結果でもあった。

こうして生まれた治安立法は、やがて日本の資本主義発展によって不可欠となった労働争議によって一層強化された。とはいえ、治安立法の強化はかえってその限界を示し、皮肉にも、伝統的封建社会の「淳風美俗」と「家族的調和観」の復活と固持を訴えることになった。

大正期、資本主義経済が発達し、日本社会が従来の農村型社会から工業型都市社会へと移行するにつれ、これに呼応するように治安維持法が登場した。そこでは、天皇を頂点とする旧来の家族型擬制社会が強調され、「社会」思想への予防的措置が重要視された。このような日本の戦前型国家の治安体制は、第二次大戦の敗戦と米国占領によって大転換を迫られた。戦後の国家と社会との関わりは、治安維持国家から社会福祉国家への転換でもあった。

中山研一は『現代社会と治安法』で「治安政策が福祉政策へと終極的に還元されうる見通しがなく、逆に福祉政策が治安政策に換言されやすいのが現実であるのと同様に、治安思想の方もまた、福祉思想に還元されて消滅してしまうことができず、かえって治安思想によって併合してしまう関係が生ぜざるをえないのである」と述べた上で、日本における治安思想の戦前と戦後との連続性をつぎのように探り当てている。

「わが国の場合にはとくに、支配者のもつ危機意識が戦前から一貫して高く抜きがたいものがある点に注目しなければならないであろう。戦前の日本の支配者が、現に存在しない仮想的な治安の紊乱を想定し、これを予防し鎮圧するための治安法を幾重にも保持しなければ安心できない過剰な治安維持思想によって貫かれていた……本命の治安維持思想にとって特徴的なのは、治安と法秩序の優位、国家主義、権威主義、刑罰主義、モラルの強調など……。」

中山は当時、大きな問題となりつつあった有機水銀による水俣事件を取り上げ、そこに日本の治安思想の根強さを見出す。すなわち、「それは（引用者注―日本の治安思想は）今日でもなお、水俣事件などで基本的に再現されているのである。そこには、産業の発展と企業の利益に一指もふれさせまいとする高姿勢が見られる。……公害問題の中に二つの治安概念が明瞭にあらわれる。一つは、公害の被害者の反対運動を治安対策として捉え、民衆の不満が爆発しないよう、矛盾の緩和策を打ち出す方向であり、他の一つは、国民の事件から出発して、企業活動およびこれと癒着しがちな国家機関の活動そのものを、世論の力によって、平和・民主主義および人権という憲法原理の枠内に拘束していく方向にあるといってよいであろう」という指摘である。

中山の指摘からおよそ四〇年近くが経った。水俣病が企業の犯罪行為として司法の下に明らかにされるまでにどれほどの時間が経過したかをわたしたちは知っている。水俣病は日本の高度成長の入口の昭和三〇年代初頭に、新日本窒素株式会社（チッソ）の工場が立地する水俣で、歩行・言語障害などをもつ幼児の入院によって明らかになり、その後、多くの患者がいることがわかった。現実には、これ以前から発病があった。チッソが水俣に工場を完成させたのは明治後半であり、大正期には環境異変ともいえる問題もあった。

水俣病は、戦前の治安維持思想が戦後も継承されたという中山の指摘を如実に物語っている。企業、労働組合、そして行政がいわば三位一体のように、患者に対して水俣「病」の発生を頑なまでに認めようとせず、認定までになぜ長期間を要したのか。彼らが守ろうとした社会的秩序とはいったい何であったのか。

水俣病患者への補償問題がようやく「社会的」に認知され始めたことで、患者やその家族は会社に対して具体的な補償を求め、昭和三四〔一九五九〕年の師走に工場正門に座り込んだ。医師として、のちに研究者として水俣病患者と深く関わった原田正純は、『水俣病』でこのときの様子をつぎのように紹介する。

「患者のせっぱつまった行動に対して、工場労働者も市民も、漁協ですら、患者たちには冷たかった。チッソ労働組合ですら、従業員大会で『水俣病の原因未確定の現在、工場の操業停止には絶対反対。われわれは暴力を否定する。工場を暴力から守ろう』などと決議した。また、市長、市議会議長、商工会議所、農協、チッソ労組、地区労と共同で『工場廃水をとめることは工場の破壊であり、市の破壊になる』と寺本知事に要望し、県警には『暴力行為に十分な警備をすること』を要望したりするのである。」

原田は「当初水俣においては、労働者、そしてあらゆる革新団体、政党のすべてが患者の側に立たなかった。しかし、このような大争議（引用者注―昭和三七〔一九六二〕年の賃金引上げをめぐる争議）を経過するなかにおいて、労働組合は、労働者の生命や生活を無視し破壊する企業の論理が、外において住民の生命や生活を無視し破壊するその同じものであることを学んでいくのである。この後、労働者は、患者支援に真剣に取り組んでいくことになる」と述べる。

この意味では、水俣病は決して終わっていない。「この人類初の巨大な環境汚染の結末こそ人類の未来を象徴する。……水俣病の中に存在するどす黒い病根は、現代の社会の中で第三、第四の水俣病をひきおこそうとして大きな口を開いて私たちを待っているのである」と原田は警鐘を鳴らす。

水俣病の公害病としての認定と患者救済の決定を遅らせたのは企業のみならずその当時の地方自治体、労働組合、腰を上げるのに遅すぎた政府の対応であった。先に企業、労働組合、行政の三位一体で守るべき社会秩序は何であったかを問うた。守るべきとされたのは、社会秩序という当時の体制と政治秩序であったはずである。

それは、昭和三〇年代という敗戦から立ち直り高度成長期へとさしかかった時期、化学原料の増大する需要に呼応したチッソという企業とその城下町として発展した地域社会の秩序のあり方そのものであった。このあり方は資本と分離不可能なままに一体化した運命共同体としての社会秩序であり、それゆえに資本のもつ暴走性と暴力性はこの分離困難な社会に複雑な影を落とした。

結局のところ、国家の介入なくして、社会による自立的解決は困難であった。原田が予想したように、同じ誤りはエイズなどの血液製剤などの問題でくりかえされることになる。

前述の中山は治安思想の将来について、つぎのように指摘する。

「治安法や治安政策が秩序一般や『公共の福祉』一般を守るものではなく、特定の国家の具体的な政治秩序の維持に基本的に奉仕するものであることは、これまで繰り返し指摘してきた……治安法の将来は、それが奉仕すべき体制とその政治秩序の今後の動向と変遷過程によって基本的に条件づけられたものといってよいであろう。」

資本の絶え間ない動きは、社会の既存秩序を崩しつつ、自らの運動性に社会的秩序を再編成させ、時にその暴力性がその社会の自律的秩序を奪ってきた。ゆえに、資本は国家の介入を招き、国家は資本と社会の緊張関係を治安体制によって安定させようとするが、治安とは決して公共の福祉という抽象的なものではなく、水俣病の歴史が示すところによれば、それは資本をめぐる秩序の維持にあったことがわかる。

ここに資本の本質を問わない市場主義の危うさがある。

第七章　国家論

国家と資本

柄谷行人の鋭さは「国家」論を「交換」論に等値させ、国家と何かを探る方法論にある。国家とは交換という「行為」を十分に取り込むことなくして成立しえない。だが、それだけで十分でないゆえに、さまざまな工夫が必要となる。この工夫の上に成立しているのが国民国家である。柄谷は『ネーションと美学』で「国家」をつぎのように論じる。

「一般に、国家やネーションは、経済とは異なる、政治的、文化的、あるいはイデオロギー的次元においてあると見なされている。しかし、私は、国家やネーションを広い意味で経済的な問題として扱うべきだと考える。つまり、国家やネーションを、商品交換とは違ったタイプの交換と根ざすものとしてとらえるということである」。

すこし、柄谷の「国家論」(=交換論)をみておこう。柄谷は国家を含めいろいろな共同体の基礎的関係を経済的な範疇でとらえ、それを商品交換とは異なった交換に求める。では、国家の構成原理が「商品交換とは違ったタイプの交換」であるとはどのようなものだろうか。柄谷はこれを「互酬的交換に根ざす」タイプの交換とみなす。

つまり、それは「商品交換の経済によって解体された共同体の『想像的』回復にほかならない」とする。この場合の「それ」は国家ではなく、わざわざ「ネーション」であるとされる。経済的交換が発達していなかったより原始的な段階で、共同体のなか、あるいは近隣共同体同士の間でみられた「困ったときはお互い様」のような「互酬的交換」を、創造的に復活させた場。これが国家（ネーション）だというのである。

柄谷が「商品交換とは違ったタイプの交換論」として論じられた「ネーション」を「国家」や「共同体」との対比において明らかにしておく必要がある。柄谷は「ネーション」をつぎのように説明する。

「ネーションは根本的に、国家や資本主義的経済に対立する要素をもつものである。しかし、ネーションは共同体の想像的回復であるとしても、共同体とは根本的に異なっている。それについて考えるためには、国家、共同体、市場経済とも異なる、第四のタイプをみなければならない。……私はこれをアソシーエーションと呼ぶ。それは国家、共同体、資本主義を超える唯一の原理である」。

以下、国家を考える上で、商品交換とは異なる交換形態、そしてこれに呼応する「組織」形態をまとめておこう。

(一)　共同体——広義の交換形態としての贈与とお返しという互酬制。農業を基盤とする農業共同体。

(二)　封建国家——収奪と再分配という交換。すなわち、近代国家への移行形態。

(三)　都市——資本制経済における商品交換。それは資本制市場経済の場であり、貨幣による交換関係が主軸となる場である。

(四)　アソシーエーション——右記のこうした形態に属さない形態。

では、交換の場が共同体――これにはいろいろ形態がある――、封建国家、都市、そして、アソシーエーションへと変ることによって、「ネーション」と「国家」はどのような相互関係をもってきたのか。ネーションという国民と国家が重なり合った「国民国家」という概念はどのように形成されたのか。

つまり、前述の（一）という共同体的交換形態が（二）という交換形態に組み入れられ、そして（三）への移行というかたちでネーション＝ステート（国民・国家）がどのように成立していったのか。

柄谷自身は現代国家を「資本」「ネーション」「ステート」の三位一体の構成体であるとし、ベネディクト・アンダーソンの表現を借り、「ネーション」とは国家と市場社会を総合する「想像の共同体」とする。したがって、問われるのはまず「想像力」であることを強調して、柄谷は別著『トランスクリティーク―カントとマルクス―』でつぎのような構図を示す。

「ベネディクト・アンダーソンは、ネーション＝ステートが、本来異質であるネーションであったといっている。これは大事な指摘であるが、その前に、やはり根本的に異質な二つのものの『結婚』があったことを忘れてはならない。国家と資本の『結婚』である」。

柄谷のいう意味での国家と資本とが結婚した近代国家は、国家と資本の間に国民（ネーション）が位置するかたちで成立した。国家と国民の間に伝導体のような資本が働き、この異質な二つの要素の間に熱エネルギーの交換が成立したというのが柄谷の見方である。つまり、

「近代国家は、資本制＝ネーション＝ステート（capitalist-nation-state）と呼ばれるべきである。それらは相互に補完しあい、補強しあうようになっている。たとえば、各人が経済的に自由勝手に振る舞い、そのことが経済的な不平等と階級的対立に帰結すれば、それを国民（ネーション）としての相互扶助的

な感情によって打ち消し、国家によって規制し富を分配する」。

いうまでなく、農業共同体を機軸とした封建体制では国家と資本は分離され、国家と資本の結婚の前提となる貨幣による交換が未発達であった。他方、近代国家では、資本の活動によるさまざまな「利害」関係は国家による介入と所得再分配機能によっては調整されざるを得なくなる。この意味において国家と資本は結婚というかたちで成立する。

他方、国民（ネーション）がこの結婚の想像上の共同体であるとは、どのようなことなのであろうか。柄谷はつぎのように説明する。

「ネーションの基盤には、市場経済の浸透とともに、また、都市的な啓蒙主義とともに解体されていった農業共同体がある。それまで、自律的で自給自足的であった各農業共同体は、貨幣経済の浸透によって解体されるとともに、その共同性（相互扶助や互酬性）を、ネーション（民族）の中に創造的に回復したのである。……たとえば、経済的に自由に振る舞い、そのことが階級的対立に帰結したとすれば、それを国民の相互扶助的な感情によって解消し、国家によって規制し富を再分配する、というような具合である」。

貨幣経済は農業共同体へ浸透して、共同体を解体させた。人びとが封建国家の重いくびきから解放され、国家との間にかつての共同体的一体感を感じ続けるとすれば、それは国家が富の再配分機能をもつからである。では、なぜ、国家がそのような機能をもてるのか。これを問う前に、そうした資本の運動と国家の関係を見ておく必要がある。これについては後述する。

国家と資本

国家と国民。これを一致させ、国家と国民とを相互交換させることでかつての共同体のような意識を創造的に作り出すのは、資本をおいてほかにないのだろうか。柄谷は近代国家を論じるのに、アンダーソンの著作の魅力ある書名『想像の共同体』から「想像」を紡ぎだした。

だが、アンダーソン自身は、この相互交換作用をもったのは「言語」であるとみた。つまり、まず、国民という想像の共同体を成立させたのは、「国民」言語の成立とその普及である、これがアンダーソンの基本的視点である。

アンダーソンの分析が鋭いのは、個人と個人の間であれ、集団の内部、集団と集団との間、共同体の内部、共同体と共同体の間であれ、そこに成立する関係が何らかの交換関係であったとしても、その交換行為の原点には「言語」があったことを見出しところにある。

アンダーソンは、「国民・国家」が「国民国家」として成立していった歴史的経緯を国民言語の生成にみている。整理すると、つぎのようになろう。

アンダーソンの構図――「国家・言語・国民」である。

柄谷の構図――「国家・資本・国民」である。

アンダーソンの考え方を『想像の共同体―ナショナリズムの起源と流行―』からみておこう。彼は「国民」（ネーション）を「ナショナリズム」という主義から描き出す。わたしなりに整理する。

①「国民」――「歴史家の客観的な目には国民が近代的現象にみえるのに、ナショナリストの主観的な目にはそれが古い存在とみえるということである。」

②「国民」的帰属――形式的普遍性と空虚性。つまり、『国民（ネーション）』と『国民主義（ナショナリズム）』は、『自由主義』や『ファシズム』の同類として扱ったほうが話は簡単なのだ。ここでは、

人類学的精神で〔『親族』や『宗教』を定義するように〕国民を次のように定義することにしよう。国民とはイメージとして心に描かれた想像の政治共同体である——そして、それは本来的に限定され、かつ主観的なもの〔最高の意思決定主体〕として想像される。」

③ 国民とはイメージである——「国民とは〔イメージとして心の中に〕想像されたものである。……国民は、限られたものとして想像される。……国民とは主権的なものとして創造される。」

④ 国民とは想像の共同体である——「国民は一つの共同体として想像される。なぜなら、国民のなかにたとえ現実には不平等と搾取があるにせよ、国民は常に、水平的な深い同志愛として心に思い描かれるからである。そして結局のところ、この同胞愛の故に、過去二世紀にわたり、数千、数百万の人々が、かくも限られた創造力の産物のために、殺し合い、あるいはむしろみずからすすんで死んでいったのである。」

⑤ 国民の起源——「ナショナリズムの文化的根源にもとめることができよう。」

要するに、国民とはイメージである、とアンダーソンは主張する。したがって、「国民国家」とはイメージされた国家である。イメージの原義は、ラテン語の「真似る」という語感から来ている。では、国民国家とは何を真似るのか。

アンダーソンにしたがえば、それはかつて存在したが、いまは形式論理として存在する「共同体」を真似た「想像上の共同体」ということになる。不平等——これをどうとらえるかを一時棚上げしておく——や不公正があったとしても、国家が「平等と公正の殿堂」の共同体としてあたかも存在しているような帰属感を抱かせるのが国民国家である、とされる。この帰属感こそが、戦争を生み出し、自らすすんで命を捧げる共同体意識を人びとの精神の底に醸成させるのだ、と主張される。

アンダーソンの指摘はわたしに一人の日本人ノンフィクション作家の仕事を思い出させてくれる。日本のノンフィクション分野に新たな領域を切り開いた奇才、児玉隆也である。彼は東京都台東区（戦前は下谷区と呼ばれた）のアマチュアカメラマン、桑原甲子雄を知った。桑原は昭和一八〔一九四三〕年の町内に住むいろいろな人たちを写していた。そして、児玉は戦災を逃れた桑原の九九枚のネガに出会う。児玉隆也はこのネガに沈んでいた三十余年の時の封印を解き、そのネガを新たに写真に焼き付けた。児玉はそこに写っていた人たちの戦後をたずねる旅に出かけた。児玉はルポルタージュ『一銭五厘たちの横丁』で上野駅から三〇分ほど歩いたところにあった金杉下町の昭和一八〔一九四三〕年という戦時下の心象風景を見事に描き出し再現させた。一銭五厘とはいわゆる「赤紙」＝軍隊への召集令状のことである。

そこにあったのは、つぎのような世界であった。

「あの町は、なにしろ人間が裸で生きていた。町は朝の五時になると目を醒ます。露地のそこかしこから、拍手の音や、仏壇のチーンという鐘の音が聞こえてくる。格子戸が開くと、東の空を拝む人だ。町の人びとは、『朝早く、務めは固く色薄く、食細うして心広かれ』という心づもりで暮らしていた。下町一帯をひとしきり商っていた納豆売り、豆腐屋は、九時から十時ごろになると、土手八丁をガラガラと大八車を引いて、……夜になると、露地の音は一刻とまり、煮物の匂いが漂って、たてつけの悪い雨戸の隙間から裸電球の光りと、子供の声が洩れる、子供が寝ると、かあちゃんが内職をしなければならなかった。」

このように、この横丁という「共同体」が国民国家の戦争に組み込まれている過程を、児玉は丹念に掘り起こしている。

戦地の二等砲兵の一人息子に送られた竹細工職人夫婦の写真。夫に早く先立たれ後、女手一つで四人の子供を育て上げ、いつも家業を手伝ってくれた長男をビルマ戦線で失った女丈夫の肝っ玉母さんが子供たちと写っている写真、等々。

そこに写っていたのは戦時下とはいえ、みんな笑顔の写真であった。「ひとまわりするのに、時間にして五分、歩数にしてわずか五百歩前後という」共同体からも、多くの若者が一銭五厘で出征した。「町の人たちは、何かにつけ明けっぴろげで、陽気だった。戦地から元気な便りがあると、町内じゅうを『セガレから手紙が来た』と見せ歩き、戦死の公報があった家の前では、一時しのぎの声をかけるよりも、黙って頭を下げて通った」。

ある若者は二度と帰ってこなかった。ある若者は帰れた。復員することができたある若者は古着屋の商売から戦後を始めた。彼はいう。戦後で「何が一番癪にさわるかといえば、『政財界のトップの人間がくるっと転向したこと』である」と。サイパン島へと移動中に潜水艦の攻撃を受け、九死に一生を得て復員し職を転々とした人は、「それにしても日本の将校ほど役に立たたネー野郎は無いネ。いっちばん後にいて、刀抜いて、進め！　ススメ！っていったって、相手ははるか遠方から弾丸うってきているんだから死んじまうよ、べら棒めえ」と。

これらは、戦前には、「国民」が「非国民」といわれ、いずれも口にできなかったことばであった。

「越山会の寂しき女王」という雑誌記事でやがて日本国の首相田中角栄を辞任に追い込むきっかけを作った児玉隆也は、先に紹介した肝っ玉母さんが息子の戦死した日に逝ったあとに、つぎのような文章を残して

『一銭五厘の横丁』を終えている。

「こうして、私のノートから、一人の留守家族の名が消えた。私のノートの余白は、もうこれ以上埋まることはない。その白さの向こうから、当時の内閣総理大臣田中角栄の、『だから日本人は世界四十七カ国を相手にあれだけ戦えた』という教育論が、気味悪く浮かび上がってくる。田中角栄に代わって今度は〝クリーン三木〟だという。なにがクリーンだ、ばかばかしい。一銭五厘たちの横丁に、為政者のことばの遊びはおぞましすぎるというものだ。」

この「ことば」こそが、国民をときに国民にさせ、国民をときに非国民とさせる。児玉の指摘は、ことばのもつベールこそが、国民というイメージで国民国家という想像上の共同体を復活させるのだ、という。このことはアンダーソンの指摘にも通じる。

アンダーソンの想像共同体論に戻ろう。「想像の共同体」というのは、多くの人びとを共通言語による出版という「ことば」の大量配信によって空間的に離れていても時間的に結びつけるような想像領域でもある。島国で国境の変更がなかった日本人にとって、国家＝国土＝国民の三面等価方程式の成立が暗黙知であった。だが、アイルランド人を母に、イギリス人を父に中国雲南省で生を受け、英国で学び、米国で教鞭をとり、アジア研究を専攻したアンダーソンにとって、自らの出自もさることながら、欧州大陸ではこのような三面等価方程式は、ときに虚数解――国土の変更など――が出ることこそが暗黙知であった。

この虚数解をあたかも実数解のように成立させたのは、かつての帝国言語あるいは世界言語であったラテン語ではなく、ドイツ国民のことばとしてのドイツ語、フランス国民としてのフランス語など、ローカルな国民言語の波及と定着であった。このことばこそが「国家・言語・国民」という構図をつくり、そして柄谷がいう「国家・資本・国民」＝国民国家を成立させ、ナショナリズムという磁場をそこに発生させた。国家と国民をつなぐ言語＝資本という関係は、アンダーソンの表現では「出版資本主義」ということになる。アンダーソンはいう。

「一五世紀末までの四十余年間に、ヨーロッパでは二〇〇〇万冊以上の本が出版された。一五〇〇年から一六〇〇年にかけては、製造された本の部数は一億五〇〇〇万冊から二億冊に達した。……本は、最初の近代的大量生産工業品であった。……新聞……それは異常なマス・セレモニー、虚構としての新聞を人びとがほとんどまったく同時に消費（「想像」）するという儀式を創り出した。……同胞愛、権力、時間を、……なににもまして促進し、実りあるものとしたのが、出版資本主義であった。出版資本主義こそ、ますます多くの人々が、まったく新しいやり方で、みずからについて考え、かつ自己と他者を関係づけることを可能にしたのである。」

アンダーソンは、書籍出版について「初期の資本主義的企業のひとつとして、資本主義のあくなき市場追求の衝動につき動かされ」、エリートの共通語としてのラテン語市場はその狭隘さのゆえに飽和化し、「出版」資本はさらなる新たな市場を求めた。これはローカルな言語市場であったとされる。アンダーソンが「特許権を設定できない発明」であるとした「国民」は、母国語というローカルな言語で時間的、空間的に異なる人びとを結びつけた存在に他ならない、とする。

必然、国民意識は、ローカル言語の識字率の上昇、ローカル言語による教育制度の拡張、ローカル言語による出版資本主義の発展と歩調を合わせて定着した結果とすれば、国民という概念は一九世紀以降の近代的な概念ということになる。

国民と国家

同時代史的な二つの国家論がある。一つはスピノザの『国家論』である。もう一つはロックの『市民政府論』である。共に一六三二年生まれであり、スピノザは四五歳で没したが、ロックはこれより四半世紀ほど長く生きた。

いうまでもない。この二人の国家観は当時の欧州の政治情勢に大きな影響を受けつつも、あるべき国家の姿を追い求めたかたちでの国家論を生み出していった。スピノザはオランダのアムステルダムにポルトガルからのユダヤ人移民の子として生まれた。

スピノザは若くから家業に従事し、高等教育を受けず、アムステルダムのユダヤ人社会からも一定の距離を置き、その自由な宗教観によってやがてユダヤ人社会から追われ、ハーグに移り住んだ。このことでスピノザはオランダの政治家たちと知り合うことになり、独学の神学者から政治学者への途が開かれた。『国家論』は、他の著作と同様にスピノザの死後に遺稿集の一つとして発表された。時代は彼の思想を受け入れなかった。

スピノザの『国家論』である。友人たちが編んだ『国家論』は、「この論文の中では、およそ君主国家たると貴族国家たるを問わず、国家が圧制政治に陥らぬようにし、かつ国民の平和と自由とが侵されることなく保持されるようにするにはいかに組織されなければならぬかが示される」で始まる。

スピノザは、政治家たちを一切信用していない。それゆえに、「国家が永続しうるためには、国事を司る者が、理性に導かれると感情に導かれるとを問わず、背信的であったり邪悪な行動をしたりすることができないようなふうに国事が整えられていなくてはならない」とする。スピノザにとって、国家の安寧と安全にとってあるべき政治と国家論とはつぎのようなものであった。

「国家の安全にとっては、いかなる精神によって人間が正しい政治へ導かれるかということはたいした問題ではない。要は正しい政治が行われさえすればよいのである。なぜなら、精神の自由あるいは強さは個人としての徳であるが、国家の徳はこれに反して安全の中にのみ存するからである。最後におよそ人間というものは、野蛮人たると文明人たるを問わず、いたるところで相互に結合し、何らかの国家状態を形成する。ゆえに国家の諸原因とその自然的な諸基礎とは、理性の教説の中に求められるべきでなくて、かえって人間共通の本性あるいは状態から導き出されるべきである。」（畠中尚志訳）。

国家を論じるのに、人間共通の本性を持ち出すスピノザの論稿は人間臭い。「もし二人の人間が一致して力を合わせるなら、その単独である場合よりも一層多くをなしえ、したがってまたともども一層多くの権利を自然に対して持つ。そしてますます多くの人々がこういう仕方で親密関係を結ぶに従って、ますます多くの権利をすべての人びとはともども持つようになる」と。スピノザはその人間くさい国家論で、人間の本性そのものについて論じた

「人間は怒り・ねたみ・あるいは何らかの憎しみの感情に捉われる限り、……相互に対立する。こうして人間は、他の動物よりも一層多くをなしうるのに従って、また一層狡智的かつ欺瞞的であるのに従って、一層恐るべきである。しかも人間は、本性上たいていこうした諸感情に従属しているから、そのゆえに人間は、本性上互いに敵である。」

人間というものは「相互の援助なしには、生活を支え精神を涵養することがほとんどできないということ

がある。以上から我々はこう結論する。人類に固有なものとしての自然権は、人間が共同の権利を持ち、住みかつ耕しうる土地をともどもに確保し、自己を守り、あらゆる暴力を排除し、そしてすべての人々の共同の意思に従って生活しうる場合においてのみ考えられるのである、と。思うにますます多くの人々がこういう仕方で一体に結合するに従って、ますます多くの権利をすべての人々はともども持つようになるからである」という視点から、スピノザは統治権、政治形態などを規定した。スピノザの提示するこれらの概念をつぎに整理しておこう。

（一）統治権と政治形態——「共闘の意思に基づいて規定される国事の配慮をなす者、すなわち法律を制定し、解釈し、廃止し、都市を防備し、戦争と平和とを決定するなどの配慮をなす者の手中に握られる。そしてこの配慮が全民衆から成る時にその統治形態は民主政治と呼ばれる。」

（二）国家、国事、国民——「統治の全体躯を国家と呼ぶ。また統治権の把握者の指導に依存する共同の政務を国事と呼ぶ。次に国法に基づいて国家の一切の便益を享受する限りにおいての人間を国民と呼び、国家の諸規定あるいは諸法律に従うように義務づけられている限りにおいての人間を臣民と呼ぶ。」

ここでスピノザは、人びとの共同の意思に基づいた統治権＝共同の政務＝国事を行うのはどのような人であるかについても言及する。すなわち、「人間の本性の成り立ちから言って、各人は自己の私的利益を最大の情熱をもって追求し、自己の所有を維持・増進するのに必要と思える法を最も公正な法と判断し、他人の利益をそれによって自己の利益を確保しうるを信ずる限りにおいてのみ擁護するのであるから、この結論として、顧問官にはその者の私的所有と私的利益とが万人共通の福利と平和とに密接な関係のあるような人間を選ばなくてはならぬ」と指摘する。

このあと、スピノザは君主国家や貴族国家を論じ、最後に第三の国家である「完全な絶対統治の国家である」民主国家とは何かを明らかにする。ここでいう「絶対統治」とは、「十分に大きな会議体に委託される政治」あるいは「これに近い政治であり」、もし「絶対政治なるものが存在するとしたら、それは実際においては民主全体によって行われる統治でなければならぬ」とする。

では、そのようなことが可能であるのか。スピノザはここでも人間の本性に深く関わった論理を展開させる。この会議体なるものに委託されうる統治権の条件を列記しておこう。

① 人間が立派に見えることを意図すること――「人間は、悪しき感情によって種々の方向に引きずられるものであり、それがあたかも一つの精神によってのように導かれうるのは、ただ彼らが立派なこと、あるいは少なくとも立派に見えることを意図する場合に限る」。

② 嫉妬の抑制――「最大の困難は嫉妬から来る。人間は、前にも言ったとおり、本性上敵であり、たとえ諸法律によって結合し拘束されていてもやはりこの本性を失わない。民主国家が貴族国家に変り、貴族国家がついには君主国家に変るのは、ここに由来する。」

③ 恐れと自由――「人々を恐れによって導くことしか意図しない国家は過失のないことはありえようが、進んで有徳の国家となりえない。人間というものは、自分は導かれているのでなくて自分の意向・自分の自由決定に従って生きているのであると思いうるようなふうに導かれなくてはならない。したがってまったくの自由愛によって、また自己の財産を増大しようとする願いによって、また、国家の諸栄達を獲得しようとする希望によって制御されるように導かれなければならない。」

スピノザは、こうした点を踏まえて、未完に終わった『国家論』の第一一章で、民主国家を貴族国家との対比において、つぎのように特徴づけた。

「この国家（民主国家）が貴族国家と違うところは、……ここではすべて、国民たる両親を持つ者、あるは国土内に生まれついた者、あるいは国家のため功績のあった者、あるいは他の諸理由から法律によって国民権を与えられるべき者、これらはすべての者——繰り返して言うが——は最高会議における投票の権利ならびに国家の官職に就く資格を当然要求することができ、犯罪または公権喪失のためにでなければこれを彼らに拒否しえないからである。」

スピノザは投票の権利が法律によって「一定の年齢に達した長老」のみ、「長男で法定の年齢に達した者」のみ、「一定の金額を国家に納付する者」のみに与えることがあったとしても、このような「国家は、やはり民主国家と呼ばれるべきである」と主張する。なぜなら、「国事の処理に指定される国民は、最高会議によって最善者として選ばれるのではなく、法律によってそれに指定されるのだからである」とした。

スピノザはさらに問い続けた。最善者による貴族国家が良いか、あるいは法律によって投票の権利が与えられた者たちによる民主国家が良いか。この点について、スピノザはつぎのように結論づけた。

「この種の国家（民主国家）が貴族国家より劣るように思われるけれども、もし我々が実際を、あるいは人間の一般的性情を眼中に置くなら、事態は結局は同一なのである。なぜなら貴族たちにとっては、富める者あるいは自分の血縁者あるいは自分と友好関係にある者が常に最善者に見えるからである。もちろん、貴族というものが何の感情にも捉われずにただ公共の福利への願いにのみ導かれて同僚たる貴族を選ぶようにできているとしたら、いかなる国家も貴族国家と比べものにならぬであろう。しかし事実がこれとまるで反対であることは経験そのものが十二分に教えている。」

スピノザは「最高会議における投票の権利ならびに官職に就く権利をもつそうした国家」を論じることの重要性を再度強調して、女性の政治参加にすこしばかりふれ、女性の参政権を時期尚早とした。『国家論』はここで終わる。

スピノザが『国家論』で描こうとした国家観は、一七世紀のオランダを中心とする政治世界から派生したことはいうまでもない。

当時のオランダの「位置」を素描すれば、他の欧州諸国と同様に「小国家」が多く存立し、対立と同盟の歴史をへつつも、毛織物工業と地勢的に商業の中心地として大きく発展していた。その後、スペインの支配を受けたことにより、オランダの小国家群が結束を固め、連邦国家として独立を宣言した。

オランダという国名は、一五八一年にスペインからの独立を求め、ネーデルランド連邦共和国を宣言し、この連邦国家の最初の指導者となったホラントから転じたものだ。この独立によって、オランダの経済的地位は上がり、東インド会社を設立し、アムステルダムは世界貿易の中心地になっていった。江戸鎖国期の日本にとって、小国オランダが大国と映ったのはこの国の貿易力に依拠した。当時のオランダの経済的活況の様子は、アムステルダムにある国立美術館にあるさまざま絵画をみれば理解できよう。

当時のオランダの政治状況は、アジア貿易で財を為した商人層、農民層、封建貴族の対立の調整を迫られていた。結果的には、ドイツ貴族の出身でオランダに所領を得たオランイェ（オレンジ）家の支配の下に大商人が国政を握った。これに反発したのは毛織業者などであった。以後、オランイェ家の統治とこれに連なる人びととこれに反発する人びととの対立、英国との戦争、フランスの干渉のなかで、オランダの政治が展開した。

スピノザは、ときには政治家の暗殺があるような状況にあって、このようなオランダを見て、国家とは何かを自問し、思索した。君主国家、貴族国家、民主国家を問わず、その構成要素は「嫉妬」や「妬み」という感情に支配されやすい人間であり、こうした人間の自由と安全を共同で保持するような国家像がそこにあったのではないか、とわたしにも思える。

他方、ロックは「人民の福祉は最高の法である」という文言からはじまる『政府に関する二論文』(邦訳は『市民政府論』)で、国家を論じた。ロックは独学派のスピノザとは異なり、オックスフォードなどで学び、哲学、政治学、宗教学、そして医学を修めた。侍医と政治顧問を務めていた政治家のいざこざによってオランダで五年ほど亡命生活を送ったが、すでにスピノザは亡くなっており、直接的な邂逅はない。いずれにせよ、ロックは特定分野の学者という範疇に閉じ込めておくことなどむずかしい人物であった。

さて、同書は政治権力とは何かという「序説」から始まり、最後に「政府の解体について」で閉じられる、三〇〇年ほどまえの著作である。

ロックによれば、政治権力とは「所有権の規制と維持のために、死刑、したがって当然それ以下のあらゆる刑罰のついた法を作る権利であり、そうしてこのような法を執行し、また外的に対して国を防禦するために共同体の力を用いる権利であり、しかもこれらすべてはただ公共の福祉のためになされるものである」とされる。

ロックは政治権力を正しく理解するには、「すべての人間が天然自然にはどういう状態に置かれているのかを考察する」ことの必要を強調する。ロックは自然法においてつぎのような結論を引き出す。

「自らの適当と信ずるところにしたがって、自分の行動を規律し、その財産と一身とを処置することができ、他人の許可も、他人の意思に依存することもいらないのである。それはまた平等の状態でもある。そこでは、一切の権力と権限とは相互的であり、何人も他人より以上のものはもたない。」

ロックのこの著作には、「自由」とともに、「自然状態」や「自然法」ということばがよく出てくる。たとえば、「自然状態には、これを支配する一つの自然法があり、何人もそれに従わねばならぬ。この法たる理性は、それに聞こうとしさえすれば、すべての人類に、一切は平等かつ独立であるから、何人も他人の生命、健康、自由または財産を傷つけるべきではない、ということを教えるのである」とされる。ロックはさらに続ける。

「人間の自然の自由とは、地上のすべての優越的権力から解放され、人間の立法権の下に立つことなく、ただ自然法のみをその掟とすると言うことである。社会における人間の自由は、同意によって国家内に定立された立法権以外の立法権に下に立たないことである。」

ロックは国家形態についても論じた。ロックにとって国家形態とは立法権に関わる概念であり、「立法権がどこに置かれるかによって、国家の形態が定まるのである」。すなわち、

（一）民主政――「多数者は、人々がはじめて社会に結合した際、本来協同体に属する全権力をその手中にもっている。そこでこの権力のすべてを用いて、時宜に応じて協同体のために法を作ること、そうしてその法を彼ら自身の任命した職員によって執行させることができる。その場合には政府の形態は、完全な民主政である。」

（二）寡頭政――「もし法を作る権力を少数の選ばれた人々およびその相続人または後継者の手に委ねた

とすれば、それは寡頭政である。」

(三) 世襲君主政――寡頭政において「さらにまた、もし一人の手に委ねたとするならば、それは世襲君主政である。」

(四) 選挙君主政――君主の「死後は、後継者を指名する権(利)だけが再び多数者の手に復帰するのであれば、それは選挙君主政である。」

ロックは、労働に基づく所有権を強調しつつ、立法権とその下で制定された法律について、「人々が社会を取結ぶ大きな目的は、その所有を平穏に享受することにあり、そのための大きな手段方法は、その社会で立てられた法にあるのだから、一切の国家の第一のかつ基礎的な実定法は、立法権の樹立にある。そうして同じように、立法権自身をも支配すべき第一のかつ基礎的な自然法は、社会および(公共の福祉と両立し得る限り)その内部の各個人の維持にあるのである。この立法権は国家の最高権であるばかりでなく、また協同体が一度それを委ねた者の手中で神聖不易である。それ以外の者のどんな布告も、どんな形式で述べられ、どんな力に裏づけられたものにせよ、民衆が選任した立法権によって承認を得ていないものは、法としての拘束力をもつことができない」と述べ、法に関して四つの重要項目を掲げた。

① 公布確定された法のみによる支配――「法は個々の場合に異なってはならない。富者にも貧者にも、宮廷の寵児にも、農村の百姓にも、同様に規定はただ一つだけでなければならない。」

② 法と福祉――「法は、人民の福祉以外の目的を究極の目的としてはならぬ。」

③ 所有と租税――「人民の所有に対しては、彼ら自身またはその代表者によって同意が与えられた場合の他、租税を課してはならぬ。」

④　立法府と立法権──「立法府は、法を作るその権力を、他の何人にも譲渡したり、または人民によってすでに置かれた立法府以外のどこにおくことも、してはならないし、またすることができないのである。」

さらに、ロックは法律の執行権と国家外の個人や協同体との連合権についてふれたあとで、「大権」について取り上げる。ロックは立法権の成立をもってめでたしめでたし、といっているわけではなく、法律にも限界があるのだと主張した。

ロックはいう。「立法者は、協同体にとって有用な一切のことを、あらかじめ予見し、法で規定することはできないため、法の執行者が、その手中にある権力を、自然の普通法にしたがって、社会の福祉のために用いる権利があるといわなければならないからである。……法律が、決して規定することのできない事がたくさんある。これらのことは、執行権を手中にもっている者の裁量権に任せられなければなら」ぬ。このことこそが「大権」である、とロックは主張する。すなわち、

「法の規定によらず、時にはそれに反してでも、公共の福祉のために、裁量にしたがって行為することの権力は、すなわち大権と呼ばれるものである。……この権力は、協同体の利益のために行使され、政府への信託にこたえ、その目的にそうように使用されるのであるから、疑いもなく、大権であって、……そのような大権行使の方向が、人民の福祉のための方を向いているか、人民を害する方を向いているかで、問題は容易に決定されるであろう。」

また、ロックは「公共の福祉」（salus populi）についても言及した。当時の公共福祉という概念について、彼の生きた時代の文脈で正確に言い当てる材料はわたしにはない。ロック自身は随所でこの福祉を強調し、

大権との関係でもこの福祉を持ち出したことは確認しておいてよい。すなわち、

「公共の福祉が最高の法というのは、たしかに公正かつ基本的な規則であるから、これを誠実に守る者は、危険な誤りに陥ることはあり得ないだろう。……公正で平等な代表をもつことは、人民の意思でもあり、利益でもあるからである。それをできるだけ目標に近く実現するものは、疑いもなく政府の見方であり、政府の基礎を安定させるものであって、必ずや協同体の承認賞賛をかち得るであろう。大権というのは、こういう場合に公共の福祉にかなうように配慮する、君主の手中にある権利に他ならない。」

『市民政府論』の最終章で、ロックは政府の解体と社会の解体とは明確に異なることを前置きした上で、「政府解体論」を展開した。

立法府こそが「国家に、形態、生命、統一を与える魂であり、そこから、人々は、相互の感化、同情、結びつきを得る」のであり、政府の解体とはこの立法府が変る場合である。したがって、立法府が人びとの同意と任命によって権限を与えられた人びとの指導の下に成立しない場合、立法府によって制定された法を遵守する必要はない、とロックは主張する。すなわち、

「こういう場合には、人民は服従から解放され、自分で最もいいと信じる新しい立法府を作ってもよいのである。何故なら、彼らは、権限もないのに、自分たちに何かを強制するような者の力に抵抗する完全な自由をもっているからである。」

こうして政府が解体されても、社会そのものが解体されたことにはならない。ロックは「政府が解体されると、人民は、自分たちの安全と福利のために一番いいと思うように、立法府の人員や形態や、あるいはそ

の両方を変更することによって、従前のそれとは違った新しい立法府を作り、こうして自由に自分たちのための備えをなすのである。というのは、社会は他人の過ちの故に、自分自身を保持するためそれがもっている自然で固有の権利を失うことは決してないからである」と述べている。

最終章の終わりごろにようやく「市民政府」論が出てくる。すなわち、「人間は、社会に入り、市民政府を結ぶことによって、暴力を排除し、所有と平和を自分たちの間の統一を保持するために法を導入した……」と。ロックのいう市民政府は、「人民は自分の安全に備えるために、もし立法者が、彼らの所有を犯すことによって、彼らの信任に違反する行為をした場合には、新たに、新立法府を立てるということは、叛乱に対する最もよい防壁であり、叛乱を防ぐ最も確実な方法であると。叛乱は、人に対してではなく、権威に対する反対であり、この権威というものは、政府の憲法や法律にのみ基礎づけられているので、暴力で突破し、暴力でこの法違反を弁明しようとする者は誰でも、文字どおり、まさに、叛逆者なのである」とロックは指摘する。ロックは問いかける。

「政府の目的は、人類の福祉にある。ところで、人民がいつも専制政治の無限界な意思にさらされているのと、もし支配者たちが、その権力行使に当って法外なものになり、その人民たちの財産の保存ではなしに、破壊のためにそれを用いる場合には、これに抵抗してもよいというのと、どちらがいったい人類の最善の福祉にかなうだろう。」

むろん、いまは暴力による政府の転覆ではなく、選挙による「敬意をもった」転覆が可能であり、これにより政府の基本的なかたちをつくる立法府を変えることによって、政府を変えることができる。ロックは最終章の最終部分でつぎのようにこの政府に関する論文集を閉じた。

「結論はこうである。……この立法府の存続期間に限度を設け、個人もしくは会議体のもっているこの最高権を一時的に過ぎないものとしたとすれば、もしくは、権威の地位にあるものの失敗でそれが没収された場合には、その没収なり、定められた期限の到来によって、それは社会の手に戻り、人民は最高のものとして行為する権利をもち、立法権を自分たちのうちに継続させるか、あるいは、そのよいと信ずるところにしたがって、新しい形態を定めるなり、古い形態のままでこれを新しいものの手に与えるなりするのである。」

二人の思想家、スピノザとロックによる国家論は、いまなおわたしたちに多くのことを考えさせてくれている。

国家と精神

ヘーゲルの国家論もみておこう。ヘーゲルはスピノザやロックより一世紀ほどあとの世代である。ヘーゲルが亡くなる年まで行っていたベルリン大学での国家論講義の概要は、すでに序章で紹介した。再度、要点だけを確認しておく。

ヘーゲルは講義の終盤で、ギリシャ世界やローマ世界を取り上げ、ゲルマン世界をつぎのように学生たちに示した。

「ギリシャ人やローマ人は、国内で成熟した文化をきずいたのちに外にむかいました。反対に、ゲルマン人は、まずはじめに、外にむかってながれだし、世界に広くあふれだしていき、文明民族の腐敗し空洞化した国家を制服する。そしてそのあと、異質の文化、異質の宗教、国家機構、立法制度に刺激をうけて、ようやく民族としての発展がはじまるのです。……その歴史は、どちらかといえば、自分のなかに入って自分と関係していく歴史……」（長谷川宏訳）。

こうしたゲルマン世界は一見ローマ世界の延長のようにみえるのだが、ヘーゲル自身はゲルマン世界に息づいた「あたらしい精神」を強調した。それは、「自分の足でたつ自由な精神であり、絶対的な主体性の自覚であって、この内面世界に対置するのが絶対的な主体性の自覚」であり、ゲルマン世界の重要な原理は「教会と国家の区別ないし対立」ととらえた。ヘーゲルの慧眼であった。

ヘーゲルはこの視点からゲルマン国家の変遷を概説し、小国家の成立、商工業者の勃興と同業組合（ツンフト）結成と都市の独立、封建諸侯とこうした商工業者との対立を描き出した。やがて、ゲルマン世界でも封建支配から君主制への移行の時期を迎えた。ヘーゲルはこうした歴史の動きをつぎのようにとらえる。ヘーゲルの国家観を知る上で重要であるので、長くなるが引用する。

「歴史の前進は、主観的な身勝手と権力の分散をおしすすめるという否定面をもつと同時に、共同体に根ざした最高権力——国家権力そのもの——をうみだすという肯定面をもっています。国家権力のもとにある国民は、互いに同等な権利をもち、自分の特殊な意思を公共の目的に従属させます。封建支配から君主制への前進とはそうしたものです。封建支配の原理は、内部に人権の原理をもたないまま、諸侯ないし領主が個人として外からの競争力をはたらかせる、というものです。……君主制も最高権力による支配を原理としますが、……君主の最高権力は、その本質からして国家権力であって、共同の正義の実現を目的とするものだからです。……君主制では人権と法が確立され、自由が現実のものとなるのです。つまり、君主制では個人のわがままはおさえられ、支配の全体構造が確立されます。……そうした体制のなかでは、当事者はその本質からして同時に服従者でもある。封建家臣が国家官僚となり、国家秩序を法律によって運用するようになるからです。が、君主制は封建制から生じたものだから、当初は封建制の性格をとどめています。個人は、個としての権利を主張する段階から、階層や団体をつくる方向へと動いていく。封建家臣は、階層としてまとまることによって、はじめて力のあるものとなります。それに対して、都市は共同体としての力を獲得しています。そうなると、支配者の権力はもはやわがままではすまなくなる。権力をふるうには階層や団体の同意が必要となり、君主が同意を得ようとすると、かれは法にかなった正当な意思をもたねばならないのです。」

ヘーゲルは、封建支配の下で国家は形成されないが、君主制への移行のなかで国家建設がようやく創始されるとみる。この移行の型について、ヘーゲルは三つの類型的変化を想定した。

(一)　封建領主が家臣団を押さえ込み、唯一の権力者となることによる国家の建設。

(二)　諸侯が封建的関係から解放され、自らの封建領主となって国家を建設する場合。

(三)　最大の封建領主が平和裏にいろいろな支配権を手中にして国家を建設する場合。

ヘーゲルは欧州諸国にこの類型を当てはめ、近代ゲルマン国家を「おのれの自由を知り、絶対の普遍たる永遠の真理を意思する精神の時代」の産物ととらえ、宗教改革、宗教改革後、そしてヘーゲルが生きた時代のドイツを分析対象とした。

さらに、ヘーゲルは宗教改革がもたらした影響力を、カトリック教会への「盲目的な服従」の排除ととらえ、「いまや、国家の法への服従が、理性にかなった意思や行動として価値あるもの」であり、「特殊な意思が国家という一般意思にしたがう以上、その服従は自由です。人間は良心にもとづいて自由に服従しなければばならない」と指摘した。

では、「内面性の原理」はどのような国家観を形成していくと考えられるのか。ヘーゲルにとって、この内面性をかたちづくるものこそが「精神」であり、精神とは「思考」のことであり、思考とは「内面性の純粋な活動、精神の抽象運動」でもあった。ヘーゲルはプロシアの啓蒙専制君主フリードリヒ二世（一七一二～一七八六）にこの精神をみた。彼はつぎのように評価する。

「思考は精神の世界にむけられます。人権や共同精神は、人間の意思という現実の土台の上になりたつものと見なされます。以前は、神の命令としておしつけられたり、聖書に書かれていたり、古文書に特別の法として特権的にしるされたり、宗教パンフレットにのべられたりしていたのですが、人間は経験をとおして、国民同士がおたがいになにを正義と見なすかを観察するようになり、……フリードリヒ二世は、現実の国家利害を国民全体の問題としてとりあげ、それに最高の価値をおいたという点で、新しい時代を切りひらいた君主だということができる。フリードリヒ二世のとくに傑出した点は、国家の全体的な目的を思考によってとらえ、君主の中では最初に、国家のうちに一般原理を確立し、国家目的に反する特殊な原理をきっぱり排斥したことにあります。」

ヘーゲルの国家論では、啓蒙専制君主のフリードヒ二世が評価された。このことからも忖度されるように、個人の精神と思考、そして理性が何よりも重視され、こうした関係のなかで歴史が展開することが強調された。

ヘーゲルは「形式的な絶対原理の登場とともに、わたしたちは、歴史の最終段階であるわたしたちの世界、わたしたちの時代にやってきます」と述べる。この絶対原理とは、ヘーゲルにとって、わたしたちの本当の意思を知ることであって、絶対意思とは自由を求める意思であって、この「意思は、すべての権利と義務、すべての法律と義務命令と強制義務の基礎をなします。他の特殊な権利とならべてみれば、意思の自由は、それ自体が原理であり、すべての権利の実体的な基礎であり、永遠不変の絶対かつ最高の権利です。それはまさに人間を人間たらしめるものであり、精神の根本原理」である。

こうした流れに沿って、国家をめぐる新しい思考原理があらわれる、とヘーゲルはみる。この思考原理とは「社会衝動とか財産の安全確保の必要といった思いつきの原理でもなければ、神が支配者を叙任するといった宗教的原理でもなく、わたしの自己意識が文句なく納得できるような自己確信の原理です。この自己確信はいまだ普遍的な真理に到達していないという限界をもつとはいえ、そこには、人間の内面性と自由にかんするおどろくべき発見があります。いまや、精神的なものの意識こそ社会的現実の不可欠の基礎をなし、哲学が支配の原理」である。ヘーゲル自身は、フランスの革命の政治史をたどり、みずからの国家観を開陳させていく。

「既得の権利に対抗して、意思の自由が原理としてうち出されます。……政府の側に改革に手をつける気がない以上、変革は暴力的なものにならざるをえない。……国家権力の具体的な中心に位置する政府が、抽象的な個人の意思を原理として、そこから国家を再編成することができないからであり、……人権の思想と概念は一挙にわきおこり、不正の旧体制はそのいきおいの前にもろくもくずれさる。いまや、人権の思想をふまえてあらたな体制がうちたてられ、すべての基礎が人権思想にもとめられます。」

ヘーゲルの見方によれば、彼自身の『法哲学講義』にもあるように「生きた国家」を考察するには、三つの要素あるいは権力を考察しておく必要があるという。

（一）理性的な人権の法――営業の自由など。「この自由は感情を基礎とするものではなく（感情は農奴制や奴隷制をも許容するものです）、人間が精神的存在である、という思想と自己意識を基礎とするものです。」

（二）法律の実際の運用者としての政府――「政府があってはじめて法律が正式に試行され、維持されます。……要するに、国家には全体にかかわる問題があって、その仕事をやっていかねばならない。……さて、問題は、決断をくだす意思がどういう意思かということです。最終的な決定権は君主にあるが、自由にもとづく国家では、多くの個人の意思もまた決定に参加しようとします。……各人にはその意思にもとづいて法律のありかたの是非を判定する権利があるとされる以上、少数者だけが決定に参与するというのは空疎な逃げ道であり、おそるべき不合理に思えます。少数者は多数者を踏まえていると称しているが、実際は、多数者を踏みにじるだけのことが多い。多数者による少数者の支配も大いなる不合理です。」

（三）愛国心という意思――「愛国心とは法律を内面からささえる意思であって、慣習をこえたこころのもちかた、しかも、法律や憲法は確固としたもので、自分の特殊な意思をそれらにしたがわせることこそ個人の最高の義務だと考えるような心のもちかたです。……ここではっきりいっておかねばならないのは、カトリックのもとではいかなる理性的な憲法もなりたちえないということです。政府と国民はたがいに愛国心を最後のよりどころとしてむきあうものですが、人びとが愛国心をもつには、理性的な国家体制に調和する宗教を生きていなければならないのです。」

ヘーゲルは、これらの要素をフランス革命の中に見出し、「フランス革命を世界史的事件として見ていかなければならない。形式的な自由の対立とはべつに、この革命は、その内実からして世界史的な事件である」ことを強調した。事実、この影響は欧州各国に及んだ。

だが、この影響は必ずしも同一であったわけでもなかった。それはヘーゲル自身が講義で示唆しているように、行政制度のあり方、商工業の発達状況が国によって異なるからでもある。ヘーゲルはドイツを取り上げ、つぎのように語る。

「ドイツはフランス軍の侵略するところとなりましたが、国民の力でその圧迫を払いのけました。ドイツの主軸をなすのは人権の法で、それはいうまでもなく、フランスの圧迫によって以前の政体の欠点が明々白々となったところからうまれたものです。見せかけの王国は完全に消滅し、いくつかの主権国家がうまれました。封建制度は廃止され、すべての市民が、能力と力量さえあれば公務員になることができます。政治は官僚の行うところとなり、頂点に立つのは君主の個人的な判断です。……政治に参画できるだけの知識と技術と道徳意思をもつ人は、だれでも政府に参与できます。政治を行うのは、無知な輩や知ったかぶりのうぬぼれ屋でなく、知者（すぐれた人びと）でなければなりません。」

最終講義でヘーゲルは、「意識はここまでやってきました。のべてきたのは、自由の原理を実現していく主要な精神の形態です。世界史とは自由の概念の発展にほかならないのですから。が、客観的な自由の表現たる実在の法律は、形式的なものにすぎぬ偶然の意思の抑制を要求します。客観的な法そのものが理性的であれば、人びとの認識も理性にふさわしいものとなり、主観的自由も社会に不可欠の要素となります。……哲学は、世界史にうつしだされた理念のかがやきしか相手としないもので、現実世界のうんざりするようなむきだしの情熱的な行動については、考察の外におくほかはない。哲学の関心は、実現されてゆく理念の発展過程を、それも、自由の意識としてあらわれるほかない自由の理念の発展過程を、認識することにあるのです。歴史に登場する民族がつぎつぎと交替するなかで、世界史がそうした発展過程をたどり、そこで精神が現実に生成されていくこと――それこそが正真正銘の弁神論であり、聖霊と世界史のなかに神の存在することを証明する事実です。」と結んだ。

ヘーゲルの歴史に関する講義から垣間見えることは、彼自身が欧州の近代的世界を強く意識しつつ、そのなかから世界史的な事件としての宗教改革、人びとの理性と精神を強調する啓蒙主義、そして、その政治的表現であるフランス革命を高く評価したことであった。そして、この底流にあった「自由」という精神のあり様を見据え、自由、人権、理性の交差領域としての「国家」なるものを描いた。

反面、こうした視点からみた東洋があまりにも停滞的なすがたとして、わたしたちには映る。

国家と国民

序章で「国家」と「国民」の間のずれを埋め合わせるには、ある種の擬制化が必要であり、それはより精神的な価値観として国民国家主義、いわゆるナショナリズムが必要とされることを指摘した。これはヘーゲルのもって回った言い方の底流にもある。

ナショナリズムにおける「ネーション」とは、既述のように、ラテン語に語源をもち、その原義はそこに「生まれた者」ということを意味した。ネーションとは狭義では血縁関係を中心とした小さな集団あるいは共同体であったが、この範囲は拡大し、そこで「生まれた者」もそこで「生まれなかった者」も含む広域概念として成立する。むろん、これは近世以降のことである。

いうまでもないが、概念は、広域化あるいは一般化することによって、その厳密性を減じ、さまざまな対立要素をも含まざるを得なくなる。そこに生まれた者でさえ、その政治的地位、経済的地位、社会的地位は一律ではなく、しばしば互いに対立し、これらの差異を乗り越える共同体的感情が必要となる。ましてや、そこに生まれなかった者については、なおさらであろう。

こうした差異は、政治的平等性が法律によって国民すべてに与えられても、経済的平等性までを保障しているわけではない。内なる差異である人種・民族、地域、階層といった国民間のずれは、外なる国家という押し出し（＝ナショナリズム）によって均衡がしばしば保たれた歴史がある。反面、ナショナリズムは反作用をもつ。なぜなら、ナショナリズムは内なる統合エネルギーとして持続性が弱いゆえに、やがて内なるさまざまな矛盾を生む。これも歴史に刻印されている。

では、ナショナリズムにはどのような種類があるのであろうか。第三章で取り上げたファシズム、全体主義とはナショナリズムなのだろうか。ファシズムは、イタリアでのムッソリーニの思想運動とその政治体制に代表される。繰り返しておけば、その属性は一般に、①憲法と議会主義の否定と一党独裁体制、政治指導者への個人崇拝、②自由主義、個人主義、共産主義、国際主義の忌避あるいは排除、③全体主義、軍国主義への同調性、ととらえられてきた。『岩波哲学・思想事典』の山口定による定義を、アンダーソンの所説を意識して再録しておこう。つぎの四点ということになる。

（一）「マルクス主義者や社会主義者と社会の『特権階級』の双方に対する攻撃と『共同体の敵』の抑圧ないし排除」。

（二）「ナショナリズムと『社会主義』の結合による新体制樹立の提唱」。

（三）「社会ダーウィニズム（ジャングルの法則の肯定と『強者の権利』の思想）に基づいたエリート主義」。

（四）「『生存圏』思想（＝民族の生存圏思想）を押し出すことによって広範な民衆の支持を期待できる形に組みかえられた」帝国主義。

国民の思想的取り込みといった運動面では、中間階層が大きな役割を果たした。山口がファシズムの構成要素と運動を描くとき、それが前提としているのは一九三〇年代の資本の危機の時代である。ファシズムは、イタリアのみならず、ドイツとその軍事力の拡張下にあった中東欧諸国にもみられたし、政治的勢力としてはフランスなどにも飛び火した。日本でもまたファシズムが広がったとされる。

さて、イタリアである。ムッソリーニと思しき人物は、チャップリンの映画「独裁者」でヒットラーと思しき人物と床屋で意地の張合いをする滑稽な人物として軽く描かれている。だが、そうであるなら、イタリアの政治舞台で二〇年近くにわたって政権を担えただろうか。すでに紹介した元外交官のヴルピッタは、『ムッソリーニ―イタリア人の物語―』でこの点についてつぎのように問題を提起する。

「ムッソリーニの評価に障害となるのは、ファシズムに関係する諸問題である。イタリアはマキヴェリズムとファシズムという二つの大きな《イズム》を世界に与えたが、両方とも今日負の価値をもつ言葉として用いられている。ただし、マキヴェリズムの思想は学術界で正しく評価を得ているのに、ファシズムに関しては、そうとはいえない。ファシズムの印象は、第二次世界大戦にあまりにも結びつけられているため、冷静な理解が困難である。……実際、自由主義と民主主義が十八世紀の所産であり、社会主義が十九世紀の所産であるとすれば、二十世紀が生んだ思想はファシズムのみである。この思想を生んだことだけでも、ムッソリーニは二十世紀の大人物の一人として数えられるに値するだろう。……

イタリアのファシズムは、二十世紀初頭のイタリアの思潮を総合し、より古い文化的要素をも含む複雑な運動である。」

ここで重要な指摘は、ファシズムが一八世紀の所産である自由主義と民主主義、一九世紀の所産である社会主義への対抗思想であり、それらを克服しようとした二〇世紀の思想であるという点だ。こうした対抗・克服意識を醸成したのは、当時の資本主義の行詰りにあった。大不況は、イタリアなど欧州諸国だけでなく、日本や米国でも顕著であった。これらの国々でも、危機に瀕した資本主義経済への取組みがあった。

そこに共通したのは資本の統制であり、自由主義経済とみられた米国においてすら、資本競争への国家介入があった。ソビエト連邦でも同様であり、国家のより強力な統制と計画が試行された。そして、ファシズムである。ファシズムをムッソリーニに引き付け、ヴルピッタは政治家としてのムッソリーニのスタイルからいくつかの重要な点を腑分けしてみせる。

（a）「エリートと大衆の権力の共有と循環に基づいた政治哲学の展開」――国民の広範な「組織化」による大衆の時代の先取りであり、このために大衆の深層にあった民族意識を目覚めさせた。

（b）イタリア全土を回り、大衆との直接対話を重要視し、数万人規模の集会を組織し、ラジオ、映画などを利用して大衆に分かりやすく政策を訴え、国民自らが政策決定で大きな役割を果たしたかのような共同体的意思決定の雰囲気を作り出した。

最初の点に関しては、ムッソリーニは大衆として生まれた出自を最大限利用してエリートになったといってよい。大衆化という方向を嗅ぎ分ける感性は、彼自身の出自によるものかもしれない。

ベニート・ムッソリーニは、日本でいえば明治一六［一八八三］年夏に、ベネチア南部のフォルリ州プレダッピオで生まれた。地方あって国家なしのイタリアが、ローマを首都として統一国家となってから一三年後のことである。父は政治好きの鍛冶屋、母は小学校教師であった。誰でもそうであろうが、ムッソリーニもまたこうした父母のなかでことばを学び、考え方の重心を得た。

ムッソリーニは、父の政治への興味を受け継ぎ、母の職業選択を踏襲し師範学校で学び教師を目指した。臨時教師としてしばらく務めた後、当時の多くのイタリア人と同様にスイスでの出稼ぎに旅立った。一九歳のときであった。

わたしたちが、後にイタリアの首相となったムッソリーニがヒトラーと親しげに会話を交わしているところを映像で見ることができる。スイスでの生活で身に着けた流暢なドイツ語が役立った。

もっとも、ムッソリーニはローザンヌでドイツ語やフランス語の会話術を働きながら身につけていただけではない。図書館に通い、時には当時、ワルラスの後任者としてローザンヌ大学で教鞭をとっていたパレートの講義を聴講したりした。これだけなら、彼は勉強好きのイタリア人出稼ぎ労働者の一人として無名のままに終わったであろう。

父親譲りの政治好きの血が騒いだのか、ムッソリーニはイタリア出稼ぎ労働者組合での活動を通じてスイス・イタリア社会党で頭角を現し、やがて本国でも知られるようになる。ムッソリーニはいろいろな集会での演説での雄弁さ、そして政党機関紙などへの投稿を通じて文才を磨き、三〇歳を前にして党機関紙の編集長となった。やがて社会党と袂を分かち、第一次大戦に一兵卒として従軍・負傷、戦後、ミラノで黒シャツ隊などを組織し、イタリア政治の表舞台に登場した。以下、彼の歩みと時代を年表にまとめておく。

一九二一年一一月　国民ファシスト党結成（七月、ヒトラー、ナチス党党首に就任）。

一九二二年一〇月　国王より首相に任命（四月、スターリン、ソ連共産党書記長に就任）。
一九二五年一月　議会で独裁政権を宣言。
一九三四年六月　ヒットラーと会談。
一九三五年一〇月　エチオピアとの開戦。
一九三七年一一月　日独防共協定に参加。翌月、国際連盟脱退。
一九四〇年六月　英仏に宣戦布告。
一九四一年二月　スペインのフランコと会談。一二月に米国に宣戦布告。
一九四三年七月　国王より首相解任・逮捕。パドリオ政権の成立。同政権のドイツ宣戦布告（一〇月）。
一九四五年四月　殺害される。

この年表を眺めて気づくことがある。それは、ムッソリーニが二〇年近くに渡って「ファシズム」政治姿勢を維持したことである。なぜか。この理由を、彼の扇動者としての弁舌のうまさ、煽動的文筆家としての筆のうまさだけで片付けるのは単純すぎる。ムッソリーニという「種」がイタリアの大地に撒かれ、そこで発芽し、育ったに違いない。

イタリアの土壌こそが問われなければならない。具体的には、土壌組成分としての社会、政治、そして経済がどうであったのか。少なくとも、ムッソリーニ等の政策に対する国民の期待がなければ、あの有名なローマ進軍など受け入れられなかったに違いない。

背景には、第一次大戦後、すぐに政権を投げ出す政権の交替劇が相次いだことに象徴されるイタリア政治の不安定性があった。イタリア人は、どのような政権であれ、政治安定と経済成長をもたらす政権の誕生を望んでいた。

ムッソリーニには最初から独裁制を引いた印象があるかもしれない。しかし、当初、ムッソリーニ内閣の組閣は六政党出身の大臣からなる連立政権といってよかった。また、彼自身のファシスト党での政治的地位も最初から磐石であったわけでもなかった。この時点では、ムッソリーニ政権もまた従来の政権と同様に短期政権に終わる可能性もあった。

だが、ムッソリーニは、選挙で最大得票率を獲得した政党が議会で安定多数を得る選挙法を巧妙に導入した。結果、ファシスト党と彼の権力は強化された。だが、社会党を無視するわけにもいかなかった。ムッソリーニは社会党に政権参加を呼びかけたが、かえって自党と社会党からの反発を引き起こした。

こうしたなか、社会党書記長が暗殺された。犯人探しをめぐって、ファシスト党の議員も襲われるなど生臭い時代となっていった。暗殺事件はイタリアの政局を混乱させた。だが、議会で多数を握ったムッソリーニにとって重要であったのは、国王と軍部からの支持であった。

お世辞にも、ムッソリーニがこの時期、不屈の闘士であったとはいえまい。彼は揺れていた。その後、ムッソリーニが独裁――議会の停止――を打ち出したのは、その政治的巧妙さ以上に、イタリア国民が結果としてファシスト党へ肩入れしたことが底流にあった。これ以上血生臭い政治的混乱はイタリア国民にはこりごりだったのだ。イタリア国民は、ムッソリーニというドゥーチェ（指導者）が経済を安定させてくれることを強く望んだ。

当時、イタリアもまた一九二九年の世界恐慌の影響を受けていた。イタリアの経済政策は、失業者の増大のなかで統制色を強めた。ムッソリーニ政権の経済政策を特徴づけたのは、一九三三年の産業復興公社の設立と一九三四年の協調組合法の制定である。この二つの政策構想に共通するのは、産業統制を前提にした組織化であり、統制は主要産業分野の「国有化」に結びついていった。後者はソビエト連邦のような社会主義のようでもあり、前者は米国のような自由主義を標榜する国においてすら行われた統制主義のようでもあった。

とすると、この時期のイタリアを象徴したファシズムは、資本主義を破綻させた世界恐慌に苦しむ多くの国において共通化した統制化や組織化というある種の社会主義化の流れを底流としてもったことになる。このなかで、ファシズムとは何であるのかを問うておく必要がある。それは単に、こうした世界の流れにあって強烈な個性を持った指導者が前面に出て、あらゆる統制を行ったのかどうかということになるのだろうか。

一九三五年晩秋、イタリア軍はエチオピアに侵攻した。国際連盟理事会は異例の早さで経済制裁を決定したものの、禁輸リストには軍事行動に不可欠な石油などを除外していた。エチオピアは七ヵ月後にイタリアに併合された。結局のところ、国際連盟の無力さだけが出てしまった。さらにこの五ヵ月後、ドイツとイタリアは外相会談でいわゆるベルリン・ローマ枢軸の同盟を成立させ、翌月、スペインのフランコ政権を承認。イタリアは国際連盟脱退へと突き進んだ。いずれの国も、強烈な個性をもった政治的指導者がいた国であった。

やがて、日本もこの会員制倶楽部みたいなファシズム同盟へと吸い寄せられていった。では、近衛文麿や東条英機を個性的政治指導者としてムッソリーニ、ヒトラーやフランコと同列におくことが出来るのだろうか。では、ムッソリーニと同様に産業の国有化に熱心であったスターリンは、ファシズム倶楽部の一員ではなく、社会主義という面でとらえるべきなのか。

ムッソリーニは、いまではイタリア以外で関心を呼ぶ人物ではない。だが、イタリア人のヴルピッタは「今日、彼の評価に関しては、意見はまちまちであるが、彼はイタリアの問題をよく理解し、将来のために先見の明がある私心のない為政者として見なされている。……今日、ムッソリーニはほとんどのイタリア人にとって過去の人物となったが、にもかかわらず世論調査の結果、彼は最も注目されている歴史的人物である。しかも、彼に対して好感を持っている人も少なくない」と指摘した上で、この根強い人気の理由をつぎのように探っている。

「イタリア人の歴史的記憶のなかに、ムッソリーニの時代は社会が安定し、国家機構が順調に機能していた明るい時代として残っているという。ヒトラーとの接近のことはあまり問題視されていない。ムッソリーニは社会と政治をうまく総括した常識のあるロマーニャ人として理解されている。長い間あまりにも悪玉とされてきたことは、今になって逆に彼の評価にプラスになってさえいる。」

たしかに、日本も偉そうにはいえない。汚職まみれの戦後のイタリア政治と政治家からみれば、ムッソリーニは金銭に潔癖であり、首相としての報酬を受け取らず、質素な生活をした。イタリアでは、大恐慌下の政治と経済を安定させたクリーンな政治家としてのムッソリーニ像がいまに残存しているということなのだろう。

さてつぎに、日本の「ファシズム」である。

資本と時間

柄谷行人は『ネーションと美学』で、「ファシズム」を「資本」、「国家」、「国民」を統合した「想像の共同体」としてとらえた。この指摘はつぎのように整理できよう。

（ア）「ファシズムとは国家社会主義ではなく、ナショナルな社会主義である。それは資本主義に対抗し、それと同時に、国家的な管理（共産主義）に対抗して、それらを超える鍵をネーションに見出す。」

（イ）「現実には、それは帝国主義、あるいは、国家主義を補強することにしかならなかった。しかし、多くの国で、ファシズムが強い魅力をもったのは、それがあらゆる矛盾を今ここで乗り越える夢のような世界を与えたからである。」

（ウ）ファシズムの指導者——「反集権主義的なアナキスト、つまり、アソシエーショニストであったこと……ドイツのナチズムも、その核心は反産業資本主義且つ反国家主義的であるような、農本主義的なアナキストであった。……。」

（エ）日本のファシズム——農民共同体の自治を唱えた農本主義的特徴。

ここで、柄谷の定義と先に紹介した山口のファシズムの定義を重ね合わせておこう。両者に共通するのは、ファシズムとはマルクス主義や社会主義への対抗性をもち、ナショナリズムが強く刻印された思想（＝主義）であることだ。ゆえに、それは自らの生存圏を外に押し出す帝国主義的でもあったし、また、そのことがそのダーウィニズムに裏打ちされたナショナリズムを強化することにつながったこと。そして、もっとも重要なことは、ファシズムこそが柄谷のいう「ナショナルな社会主義」、山口のいう広範な民衆の支持を取り込んだ「ナショナリズムと社会主義」の結合思想であったという指摘である。

ということは、ファシズムとは、学者の書斎での重箱の隅をつつくような定義という静態的なものでなく、国民意識の大衆化によっていつでも引き起こされる一つの循環的かつ動態的なものである。

斉藤貴男は『安心のファシズム―支配されたがる人びと―』で、日本という社会の日常性を鋭く剥ぎ取って、日常性としての「ファシズム」を取り上げる。斉藤が見る日常性とは日本人三人のイラク人質事件や監視カメラの普及などである。

先に、アンダーソンの「国民=想像の共同体」論を紹介した。日本人三人がイラクで人質にされ、この問題をめぐる日本社会の構図を、斉藤は「癒し」としての差別という視点から、マスコミ、とりわけ、テレビから垂れ流される膨大な、そして繰り返される情報がもうひとつの「変な共同体」を作り出した、とみる。アンダーソンの共同体論の中核が「国民言語」ということばであることに対し、この「変な共同体」の中核もまたことばであった。それは「中傷」という一つのことばであった。このことばを生み出す触媒もまた、一つのことばであった。それは「自己責任」ということばであった。斉藤はいう。

「九〇年代の初め頃まで、自己責任という言葉は金融・証券市場以外の世界ではほとんど使われていなかったことがわかる。株式投資は投資家の自己責任で、などといった具合だ。（中略）……今回の人質バッシングもまた、こうした浅ましい真理（引用者注―自らの「癒し」としての差別）のメカニズムが原動力である点で共通している。自分自身の不満を、それこそ自己責任で解決できない人々による、結局のところは鬱晴らしでしかないのである。……人質バッシングが最初に捕らえられた三人に集中した理由は、……こいつらなら叩いて大丈夫とばかりに――」。

イラク人質事件は、文字どおりパーソナル化（＝大衆化）され、ネット化されたパソコン上のウェブサイトだけではなく、多くの対談、政治学者あるいは外交評論家などの新聞記事や雑誌記事の数を一時期恐ろしいまでに著増させた。そこでの鍵用語はやはり「自己責任」であった。これらのつぎに頻繁に使われた鍵用語は、国家そして「国民」であった。そこに、アーレントあたりが拘りそうな「市民」ということばなど入り込む余地すらなかった。

それは、あたかも「市民」ということばが市民税の接頭語なみに縮小され、市民というのは国家の土地に仮住まいしている借地の婆婆代のような語感ほどに軽いことばとなってしまった。それでは、国民とは自己責任をもつ存在のことなのか。それでは、健康でない人たちや障害を持った人たちなどはある種の自己責任をもてないという意味において、国民ではなくなるのか。では、国家とは何なのか。加熱した人質事件報道は、わたしたちに多くのことを考えさせてくれた。

斉藤が描くのは、強者と弱者との現代的な関係がどのような構図を生んでいるのかという点にある。携帯電話、監視カメラの存在と普及が示唆するのは、実は「強者と弱者」というこの両者の領域そのものが危ういものであることである。斉藤自身は、「ファシズム」の定義を読者に委ねて、なぜか明確な定義を行っていない。とはいえ、斉藤は茫洋たるファシズムへの理解の足がかりを述べている。

「二〇〇四年の日本は、明らかにファシズムに覆い尽くされている。ファシズムの定義はむずかしい。……戦後、特に日本では保守反動的と目されたものすべてに〝ファシズム〟のレッテルが貼られるようになり、その意味がきわめて曖昧になってしまった。研究者たちの間では、もはや定義づけも許されなくなったとの声も聞かれる。」

斉藤は、イタリアのムッソリーニ体制下に生まれ、ファシズムの強い生命力を探った哲学者であり、小説家のウンベルト・エーコ（一九三二〜）のファシズム論から、あいまいなファシズムの「属性」一四項目を抜き出し、いまの日本社会に当てはまるかどうかの検討を読者自身に任せた。わたしなりに再構成し再録しておく。当てはまる場合にチェックをいれ、その全体割合を算出してみることを勧める。

①　伝統崇拝——だが、何をもって伝統とするのか。

②　モダニズムへの拒否——ただし、何をもってモダンというのか。斉藤はファシストをプラグマティストであり、これは属性ではないとする。

③　行動のための行動を尊重——思考とは虚勢の一形態である。行動のための思考、思考のための行動はどうなるのか。

④　批判を受け入れない——批判とは健全ではないのか。

⑤　人種差別——ここには二重あるいは三重の差別という実態が忘れられやすい。人は差別に快感を覚えるかもしれない。ただし、この差別はやがて自分たちにも振り向けられることを知らない限りにおいてである。

⑥　底流としての個人などの欲求不満——過去の「ファシズム」では、経済危機などのときに、下層社会集団の圧力が中間階級に及び、欲求不満を生み出したとされる。

⑦　社会的アイデンティティーとしての「国民」の強調——国民と社会的アイデンティティーの相関性が問われる必要がある。

⑧　民衆の敵を作り出す——民衆とは一体全体何なのか。

⑨　生のための闘争でなく、闘争のための生の存在。

⑩　一見開かれたようにみえる大衆エリート主義――指導者の権力は大衆に立脚する。だが、この基盤は弱くて脆い。だれでも指導者になれるような気がする。大衆のエリート意識は、その社会的位置が弱いゆえに、下位支配的優越感はより下層への感情的転嫁（威張る）によって成立せざるを得ない。

⑪　英雄崇拝――死こそが英雄への一里塚であり、頻繁に人を死に追いやる。

⑫　絶えざる戦争、英雄主義が現実的に困難であるゆえに、人の潜在意識を性別問題――女性蔑視や同性愛への断罪――にすりかえること。

⑬　ポピュリズム――民衆主義あるいは大衆主義と訳すべきか。個人でなく、想像された民衆などの集合体の共通意識の強調。

⑭　新言語――批判が生まれないような貧弱な語彙と平易な構文。すくなくとも、歴史としてのファシズム――ドイツ、イタリア、日本、そして九・一一以降のアメリカの政治家たちの空虚なことばを思い出させる――。

斉藤は「日本の現状は、このうちいくつ当てはまっているだろうか。恐らく全部である」とみる。では、ファシズムへの対抗概念とは何になるのだろうか。よく考えてみると、エーコなどのファシズム論は、ファシズムを別のイズムで説明しているところがある。マルクス主義、社会主義、ナショナリズムなどについてすでに触れた。では、ファシズムの説明にしばしば親友のように、あるいは不良仲間のように使われるいくつかの主義を取り上げておこう。

たとえば、自由主義（リベラリズム）。

この主義ほど自由に定義が与えられることばもほかにない。経済的自由主義といえば、市場経済に関連づけられ、国家による個別経済主体への干渉を最低限に抑える考え方になる。つまり、この自由主義ということばは、経済的あるいは政治的など接頭語がついてその内実が分かるが、単なる自由主義というのは空疎なものであるかもしれない。この空疎さゆえに、あらゆることばに連なることにおいて自由主義はまさに自由である。そして、この自由主義はしばしば社会的ダーウィニズムにもつながる。

社会的ダーウィニズムの歴史的系譜からすれば、それは一九世紀から二〇世紀初頭、ダーウィンの生物学的進化論が野放図に資本主義の運動性にまで拡大解釈された。自由競争での適者生存という構図が描かれると同時に、国家の意思が問われず、国家間の帝国主義的膨張が自然な運動法則として肯定された。

他方、ファシズムのもつ全体主義という語感とは正反対の感じをもつ個人主義の場合はどうか。この主義は個人というその語感が指し示すように、個人の生き方や価値観の選択に優先権を与える考え方である。とはいえ、「個人」という概念自体が独立して存在するわけでない。それはつねに集団や組織との相互作用のなかで実質的にその内容が与えられてきた。個人主義がしばしば個人の自律的意思決定とされても、それは社会との関係によって変りうる。それは、「個人」が「大衆」、「民衆」、「エリート」、「国民」などのことばと結びつくときに、その意味するところは大きく異なる。

いずれにせよ、斉藤は先にみたエーコの分類表で日本社会の「自己診断」をすれば、日本はすべてに該当すると指摘する。では、日本は「ファシズム」国家ということになるのか。

政治学者の山口二郎は「戦後の終わりが見えてきた」という論稿（『論座』二〇〇五年二月号）のなかで、

ここ六〇年ばかりつづき、わたしたちが慣れ親しんだ「戦後何年」という物言いとこれを背景にしてきた「日本の国のかたち」はなくなりつつあるのではないか、と論じている。

山口は、このかたちを斉藤の「安心のファシズム」ということばでこそ表現していない。だが、藤田省三の「安楽への全体主義」ということばで、日本の戦後体制は「内における平等、外に対する平和」という二つの理念を追求する「快適なシステム」であった、と山口は分析してみせた。

山口はこの「戦後システムがあまりにも安楽であったことが、この十数年の停滞を生んだとも言える」と述べた上で、このシステムはこれを支えた条件が大きく変化したことで、その耐用年数が切れ、いま新たなシステムの構築が必要となったと指摘する。この条件の変化というのは、内にあっては経済的平等主義を可能にした経済力、外にあっては東西冷戦の終わりを意味する。

いま、わたしたちが日常として感じている国家の内なる現在の顔の一つは、富の分配者あるいは所得の分配者としてのそれである。富とはいわゆるストックであり、ストックとは世代間に移転される財産であり、これについては相続税というかたちでその再分配が図られることで形式論理としては、不平等の拡大への歯止めとされてきた。

他方、所得の分配は、累進課税というかたちで富者から貧者へ移転されてきた。ただし、この分配あるいは再分配は、その対象となる経済の充分なパイがあってはじめて成立する。では、国家というのは経済のパイを大きくして、経済再分配の役割を果たすだけの存在となってしまったのだろうか。

山口のいうシステムの耐用年数という「時間」とは何であろうか。この時間はいったいどのようにして認識されるのであろうか。

経済空間に関心を持ちつつ経済政策を論じきた経済学者の渡邊尚は、経済学も含め「社会科学的時間認識」について問いかける（渡邊尚「未来への逃避、歴史への投企—社会科学的時間認識の諸問題—（一）（二）」、京都大学『経済論叢』一六七巻五号・六号所収）。渡邊は、社会科学的時間認識（＝歴史次元）は、固有の時間尺度によって個人史、家族史、社会史において異なることを強調して、経済史における時間論を展開する。

渡辺は、時間とは単なる物理的な時間経過ではなく、社会システムの耐用年数などは、「歴史認識の方法としての連続と断絶」にかかわる認識の有り様そのものであることを強調する。社会システムの耐用年数などは、これにかかわる時間の連続と断絶を知ることで初めて成立する。それに現在から「時代を下る」べきか、あるいは、過去から「時代を上がっていく」べきなのか。この時間的認識に資本と時間を取り込むとどうなるのか。

渡邊はロストウの発展論を典型として、「位置の高度をもって歴史時間上の位置も測定できるという発想が、とりわけ資本制社会に固有な『発展』、『成長』、『進歩』の観念を育て上げました。それはまた、資本制社会に固有な未来志向的時間感覚を研ぎ澄ましてきた」と述べた上で、ポスト・マルクス経済学的思考の時間論的危うさをつぎのようにみる。

「マルクスは未来に対しても『人類の本史』を積極的に語ることを、社会科学者として禁欲しようとしたのではないでしょうか。政治運動家としての彼が、その禁欲を時おり破ったとはいえ、であります。しかし、二〇世紀の公権力掌握に成功したマルクスの徒たちは、マルクスの科学的禁欲を破って未来支配の実験に乗り出しました。その未来実験は企業の営利原則を否定した分、結果的に公権力の支配原則の肥大化をもたらし、個人、家族の生活原則は軽視されるか歪められてしまいました。……社会主義の実験が当面失敗に終わった要因の一つとして、生活原則を歪め、社会の構成員に未来への逃避を強制したことが挙げられます。未来を奪ったのではありません。日常的現在を奪ってしまったのです。こうした未来へ向かう難民の大群が発生しました。しかし忘れてはならないことは、資本制経済が本来的に未来志向であるかぎり、社会主義の失敗を繰り返さない保証はないということ、これであります。」

渡邊は、いまの日本社会にもこの時間感覚が入り込んでいるとみる。すなわち、「日本経済は表面的には市場経済であっても、ここでは巨大機構に膨れ上がった中央官僚制体制の下で、中央計画経済的未来志向が国民の日常的現在感覚の息の根をとめようとしてきたのであります」と。こうした状況の中で、わたしたちが「未来志向を生む価値観とは何なのか」を日常生活の感覚において問うことを、渡邊は強く主張する。それこそが、先にみた個人史、家族史と社会史がぶつかり合う時間のあり方とその相違を問うことになることを示唆している。

とはいえ、個人史としての日常的感覚を研ぎ澄まし、それを時間が遡れる範囲で家族史に関連させ、さらに社会史へと拡張していく上で、大きな課題はそれぞれの「歴史」感覚においてその時間が異なることである。そして、この時間は日本という文脈での社会史、アジア諸国や欧州諸国、アフリカ諸国という文脈においてもまた異なっている。

ウォーラースティンの空間的分業関係を含む世界システム論が示唆しているように、こうした異なりのゆえに、資本主義経済は発達してきたし、また、停滞もした。

渡邊が「資本制経済が本来的に未来志向」であることの危うさを指摘した。だが、柄谷行人がいうように、資本主義が「G→W→G」という時間循環的な運動性をもつシステムである限り、「終わりがたえず先送りされるという意味で、ユダヤ=キリスト教的な時間性に似ている」のであって、それゆえに、その結果として、資本制経済は信用によってその循環がさらに未来へと先送りされる。そして、信用システムそのものは「国家」の庇護と保証を不可欠なものとして成立する。資本と国家の間にある時間のゆえに、資本と国家は結びつくのである。ウォーラースティンはいう。

「これこそ、資本主義という名の経済組織が有する政治面での特性にほかならない。『世界経済』がその内部に単一のではなく、多数の政治システムを含んでいたからこそ、資本主義は繁栄しえたのである。といっても、資本主義とは、経済問題への国家の不介入を前提として成立したシステムだという例の古典的な資本主義観を持ち出そうというのでは毛頭ない。話は逆なのだ。資本主義とは、経済的損失を政治体が絶えず吸収しながら、経済的利得は『私人』に分配されるような仕組みを基礎としている。経済の形態としての資本主義は、経済的要因がいかなる政治体にも完全には支配しきれないほど広い範囲にわたって作用しているという事実に基づいて成立する」。

資本主義とは何であるのか。資本主義国家とは何であるのか。資本と国家はどのような関係で結びつくのか。この問いは、渡辺のいうようにわたしたちの日常生活の感覚において問う先に新たな展望があるのかどうか。こうしたことが、東西冷戦の緊張が解け、さほど問われなくなってやがて四半世紀が過ぎた。

この時間的経過が明らかにしたのは、資本の運動性は、その時間的制約性——「G↓W↓G」という循環性あるいは資本回転——ゆえに、柄谷やウォーラースティン等が主張するように、不安定なものである。資本は資本主義として成立せず、それは資本主義国家として成立する。資本はその時間性ゆえに国家と結びつかざるを得ない。その結びつき方において多くの主義が生み出されてきた。

守健二は『資本と時間の政治経済学』でマルクスの『資本論』について、「マルクスにとってはじめから、生産や流通は時間がかかるもの、したがって同時には行いえず、順次に生起するものであった。その順序に関する叙述が資本循環論であったし、経過時間に関する叙述が資本回転論であった」と述べる。にもかかわらず、マルクス自身による資本の時間的循環である資本の回転分析は現実の市場経済の下で不十分なものに終わったとしてつぎのように指摘する。

「『資本論』はマルクスの明示的な意図としては、競争を捨象して『資本主義生産様式の内的組織だけを、いわばその理想的平均において叙述する』ことを目的としたものであり、……資本回転はしたがって資本の運動にとって錯乱要因としてではなく、何よりも『理想的平均』の構成部分として位置づけられてきたのである。……マルクスは、再生産論および生産価格論という『資本論』の二大均衡理論において、資本回転を考慮した均衡の存在を論証していない。資本化移転が『資本一般』および『理想的回転』の構成部分として明確に位置づけられているにもかかわらず、資本回転分析は均衡理論としてのレゾンデートルを示していない。この点がまず『資本論』体系における資本回転分析の最も顕著な問題として認知されていない。」

マルクスの時代と比べ、いまは数学処理という方法においてわたしたちの経済学はより多くの選択を有する。具体的な均衡論は守等の数式処理に譲るとして、マルクスの動態的な資本の把握が、いまも多くのことを示唆し続けていることだけは確かである。

ここで渡辺の時間論の「二〇世紀の公権力掌握に成功したマルクスの徒たちは、マルクスの科学的禁欲を破って未来支配の実験に乗り出しました。その未来実験は企業の営利原則を否定した分、結果的に公権力の支配原則の肥大化をもたらし、個人、家族の生活原則は軽視されるか歪められてしまいました」という指摘に戻っておく。

では、新たな未来実験が「企業の営利原則」を肯定することで、結果的に「公権力の支配原則」が縮小したとすれば、「個人、家族の生活原則は軽視されることもなく、また歪められてしまうこと」がないのかどうか。

このことを私たちの日常生活で問い、さらに「資本と時間」との「関係」によって問えば、そこには必ずさまざまな国家論というかたち――イデオロギー――で資本論――カール・マルクスの『資本論』も含め――を論じざるをえない。たしかに、マルクスは資本を論じたが、未来を論じることに禁欲的であった。つまり、資本の運動の先にある未来論としての国家論は先送りされてしまった。

資本の時代となったいま、わたしたちの日常生活において資本の運動の先にある未来論としての国家論を問うことなくして、わたしたちの「未来」は容易に開けないともいえる。

あとがき

わたしたちは、日々、時間の流れを感じている、と感じている。だが、それを確かめることはできない。時間という概念は感じるが、感じないようでもある。わたしたちは時間に支配され、時間のなかで生きてきたし、いまも生きている。

わたしたちの人生が時間の積み重ねであるように、歴史もまたこの時間の累積であり、わたしたちの社会もまたこの時間の累積の上に成立している。社会の経済活動という領域のいまを切り取っても、やはりそこには時間の流れがある。

時間を念頭に置いて、わたしたちの経済活動を取り上げ、そこにどのように国家が関係しているのかについて考察を加えたのが本書である。時間を中心において本書を構想したときに、何の迷いもなしにカール・マルクスの『資本論』あたりから序章を起こした。いまどき、一九世紀後半に書かれたこの書物を読む若者などそう多くはない。わたし自身も若い頃に読んで以来、まとまって長く読むことはなかった。自分の書棚の奥底で埃をかぶっていたマルクスの一連の書物を取り出し、読みなおしてみた。

そこにあるのは、わたしの十代後半から二〇歳代前半の時間であり、わたし自身が書き残した疑問符付きの多くの書き込みや感想的な走り書きであった。これらに対して三〇年ほどの時間を経た自分自身が解答を与えるという、なんとも不思議な時間があった。わたし自身も経験したことのない時間があると感じた。副題を「資本論を読みなおす」としたのは、わたしのこのような思いもあったからだ。

わたしの実家は神戸・淡路大震災で半壊して、多くの蔵書を失った。幸いなことに、経済学書などは自宅で難を逃れた。それでも若い頃読み、疑問をそれなりに書き込んでいた哲学書などはすっかりなくなってしまった。いずれにせよ、本書を書く過程はさまざまな社会経験をして歳を重ね、ある種の具体像を思い浮かべることのできるいまの自分が、資本論という一つのテーマを挟んで若い頃の自分自身と時を超えて対峙することでもあった。

もっとも、その後、大学での講義を準備する必要上、たまにはマルクスなどの著作を読みなおしはした。だが、彼の思考を時間的に忠実に追いかけ、その後のさまざまな私自身の職業生活という時間的経過（＝経験）とともにまとまった時間を費やして読みなおしたのは今回がはじめてであった。

この過程を通して、若いときには全く気づかす、この間の時間的経過によって改めて気づいたことも多かった。単純であるが、マルクス等の展開した分析視点は「資本」であり、それを時間という視点でとらえたのが『資本論』などの一連の著作ではなかったのか、とわたしは思うようになった。

現代の経済を考えつつ、資本とは何であるかを問えば、資本の時間的分析の先にはその運動がある。資本運動に国家を対峙させ、何が見えてくるのかということを追い求めたのが本書であった。それなりにわかったこともあるし、わからないことも数多くあった。

振り返ってみれば、わたし自身、大学へ移ってから今までに中小企業政策を中心に専門書を何冊も書いてきた。専門分野以外で仕事をするような発想は当初、全くといってよいほどになかった。だが、今回のように専門外の仕事をしたことで、「いま」という時間帯で私の専門分野である経済学や経営学から、「むかし」という若い頃の関心へと回帰し、さらに経済学へと時間的に遡ってきた時間の流れがそこにあったような気がいまはしている。

よく考えてみれば、専門領域などというのはだれが決めたわけでもない。それは分析対象のあり方が決めるものであるはずだ。中小企業政策を論じて、その政策主体である政府あるいは国家を論じないのは、中小企業政策を論じてその対象である中小企業そのものを論じないのと同様におかしなことでもある。

だが、仕事上で政治家とすこしは付き合ったことがあっても政治学を正式に専攻したことがないわたしには、多少とも、国家論——政治学だけが国家論の学問体系ではないが、経済学においては政治経済学という体系において国家論が展開されてきた——に関わることを書くにはかなりのエネルギーと勇気が要った。と同時に、政治について語る権利はだれでも有する、とも思っている。

数年前に上梓した拙著『通史・日本経済学—経済民俗学の試み—』では、海を渡ってきた経済学が日本の土壌でどのようにして定着、発展してきたかを論じた。必然、広範な経済学のあり方を扱い、さまざまな経済学派を取り上げた。いわゆる「近代経済学」と並んで、「マルクス経済学」もこれを受容した日本的社会科学の背景あるいは日本社会の土壌から分析を行ってみた。

わたしのなかでは、近代経済学もさることながら、いまは流行らなくなったマルクス経済学の用語に久しぶりに接して、わたしのなかで妙に余熱が残った。この余熱が本書につながり、マルクスの『資本論』が「市場経済」体制の下にいるいまのわたしたちに何を伝えているのかを、わたし自身が知りたくなった。

とはいいつも、多くのマルクス経済学に関する研究書に目を通し、マルクス経済学史をまとめるほどのエネルギーをもった余熱と勇気ではなかった。この分野については、日本ですでに多くの蓄積がある。わたし自身にできることは、マルクス自身の著作を直接読み、さまざまな研究書に目を通すかわりに現実のいまの経済を強く意識することであった。

国家論などについては政治学からも学び、時間を超えて生きる政治思想家や研究者の著作や研究から多くの分析視点を与えられた。とはいえ、本書で展開した基礎的概念が現実の経済や国家などを分析する上で、どの程度の有効性をもつのかは、いまも自問している。

ところで、若い頃に教えてもらった禅問答に、こうした話があった、と記憶する。ある禅寺で修行するために、そこを訪れた若い修業僧が境内で雑草を刈っている老人（実は老師）に声をかけた。この内容は、「仏教、そして禅宗の本質とは何か」という問いかけであった。

老人（老師）はただ、「この鎌はよく切れるぞ」と答えるのみであった。若者が何度聞いても、答えは同じであった。この問答の意味は、どのような「鎌」であろうと、「鎌」にとっての本質は「切れる」ことであり、禅の教えもそのようなものだ、ということを示唆しているのだろう。経済学や政治学などに限らず、そのもつ政治性は別として、こうした学問体系が提供する基礎的概念というのはそういうものではないか、とわたしは考えてきた。

わたしなりに日本の経済学史をまとめた前述の『通史・日本経済学―経済民俗学の試み―』を脱稿して、初校正のときあたりに、編集者と雑談をしていた時に、「国家とは何だろうか」ということになった。この話の前後には、欧州連盟とその東進という中東欧への地域統合の流れがあり、アジアや北米などでは自由貿易協定という流れがあり、そして、イラク戦争という問題もあった。そして米国という国家のかたちを論じたこととの文脈もあった。

この対話では、よく切れる「鎌」によって資本と国家を論じる必要があった。そこに時間という鎌を入れてみた。「グローバル化」という「わかったようでわからない」ことばで語られるいま、この狭義の定義は別として、国家という概念は時間によって再考される必要がある。それだけ、多くの問題が複雑化し、その解決にはしばしば国家という単位が障碍になりつつも、この国家という単位なしには何事も進まない。わたしたちは、国家を深く考え、それを変える時期にあるのではないだろうか。

読書好きのある経営者が新聞か雑誌のコラムにつぎのようなことを書いていたことを思い出した。その人が社長も会長もやり、いよいよ引退となり、これで好きな本を読めると。以前から読もうと思って買ってあった本や、時間がなく斜め読みをしていた本を整理してみて分かったことがある、というのだ。結局のところ、書棚に残ったのは経営実務書が皆無で、若い頃から読んでいた古典だけであったと。

わたしも同じように思う。わたしが大学で化学を専攻し始めたころ、教養科目の論理学の先生と親しくなり、ほとんど居候的に先生の自宅によくお邪魔をしては、いろいろなことの議論に付き合ってもらった。その方は、もともと大学で航空工学を専攻して、その道の専門家を目指したが、重い病になり生死の境をさ迷ったことで仏教への興味から哲学へと進んだ経歴をもっておられた。当時はフッサールあたりの現象学に取り組んでおられたことをよく覚えている。

わたしは、この先生の影響もあって、わけも分からないままに多くの哲学書――わたしの書き込みのあるこれらの本は、先にのべたように、震災でうしなってしまった――をよく読んだ。だが、いまになって思えば、専門が忙しくなるまで先生宅に通った二年間ほどで実に多くのことをわかりやすい日本語で教えられたことに、わたし自身がそのころの先生の歳になってようやく気づいた。不肖の弟子といってよい。

わたしもいまは職業柄、本と資料に埋もれた生活空間にいるが、結局のところ、わたしも先に紹介した経営者と同じであった。本書を書く上で対話すべき人びとの仕事を選んだ結果、若い頃に取り組んだ古典がまわりに残り、こうした時間の風雪に耐え残った古典との対話のなかでいまの問題の多くを論じることになった。

不思議なもので、若い頃に分からなかったことが、歳を経ると分かることを感じさせてくれるのが古典かもしれない。そこには、本質的な意味において重要な課題がつねに基本として問われており、この基本を理解するにはそれなりの観察時間が必要とされたからであろう。この意味で、歳を経ることも悪くはない。

すこし昔の米国映画で、エリート大学に学ぶ学生が大学に住み着いたホームレスから、逆に「学ぶとは何か」を学ぶ場面があった。家族を棄て世界を船員として旅をして、船内のアスベスト被害によって病を得てホームレスとなった学びの達人が、これから社会に出ようとして、読書に専ら時間を割き、卒業論文をまとめている政治学専攻の学生に、「学ぶとは何か」というメッセージを他のホームレスに託して贈る場面があった。つぎのようなものだ。

「二番手、三番手のような聞きかじりの知識を信じるな、
著作に残された死者のことばも信じるな、
ホームレスの俺の見方やことばからもモノを見るな、
いろいろな見方に耳を傾けよ、自分の頭で考えろ。」

なかなか味わい深いことばではないか。しかし、こうした問題意識は、学問の分野のいわゆる周辺あるいは辺境にいる人たちにこそ相応しいものであるのかもしれない。たとえば、いまでこそ、わたしたちに馴染み深いフェルナン・ブローデルや彼の名前を冠した研究所を主宰しているイマニュエル・ウォーラースティ

ンなどの初期の学問分野などをみていると、彼らの思考回路がこうした問題意識に基づいていたことがわかる。

いまでは、「世界システム論」として資本主義について多くの論稿を発表してきた研究者として知られるウォーラーステインである。だが、彼自身は経済学者として研究者の道を歩いてきたわけではない。彼は若い頃、ライト・ミルズなどの社会学者がいたコロンビア大学でその研究生活を開始した。彼の修士論文はマッカーシーイズムに関するものであり、博士論文はアフリカのガーナなどの独立を扱ったものであった。

ウォーラーステインは、西側「資本主義国」とアフリカ諸国の関係を、単に個別に見るのではなく、世界システムという視点から見ることの重要性をこうした研究テーマから学んだに違いない。後にウォーラーステインは一九六〇年代後半のコロンビア大学の学生紛争に嫌気がさしたのか、スタンフォード大学、カナダのマッギル大学、そして現在のニューヨーク州立大学ビンガムトン校に移っている。この移動は従来の彼の中心テーマであった現代アフリカ研究から、アフリカを取り巻く主要諸国、そして世界経済システムのあり方へとウォーラーステインの視野を押し広げる過程でもあった。

他方、ウォーラーステインが設立した研究センターにその名を冠したフェルナン・ブローデルはといえば、ソルボンヌ大学卒業後にフランスの植民地アルジェリアの高等学校（リセ）で歴史の教師となり、その後、ブラジルのサンパウロ大学で教鞭をとった。ブローデルはブラジルから帰国し、パリの高等研究院に職を得た。だが、徴兵されドイツ軍の捕虜となり三年近くの収容所生活を送ることを余儀なくされた。

この結果、ブローデルは、戦後、四〇歳を越えて本格的な研究生活に入った。これは晩学といってよい。教授職を得るのは四〇歳半ばを超えてであった。彼の代表的研究は『地中海世界』である。そこには重層的で多重的な視点が取り込まれ、一つの国に執着する偏狭的な国民国家的発想ではなく、世界システム的な視点が機軸をなしている。

こうしてみると、次世代に継承されるという意味で古典となりうるような学問というのは、その時々の中心的テーマが生み出すものではないのかもしれない。それはそのときの中心的な学問分野ではなく、むしろ辺境的な学問領域や辺境的な研究条件と思われているような時空に生きた人たちや学問分野などから起こってきているといってもよいかもしれない。それは、中心でなく、その影響を受ける辺境から、かえってその中心の内実とそのシステムが見えるからだろう。

フランスの社会学者のピエール・ブルデューもアルジェリアで若い時期を過ごした。ブルデューがフランス植民地のアルジェリア社会の構造を通じて、フランスというシステムの中心地の社会構造に鋭いメスをいれるような社会学を完成させていったことも、こうした学問辺境論の創造性を喚起させているのではないだろうか。

わたしなどウォーラースティン、ブローデルやブルデューなどの足下にも及ばないが、大企業という経済力の中心ではなく、むしろその辺境的な領域である中小企業を調査してきたことが、案外、こうした国家論という大きなテーマをこなす上にでもすこしは役立っているのかもしれない。

長いあとがきになってしまった。本書をまとめる上で、多くの人たちに議論の相手になってもらった。また、私が容易に破れない専門領域について、同僚諸氏にいろいろ教えてもらった。これは、大学という場で生活している者にとっての最大メリットである。

また、この種の出版物に助成をいただいた中京大学の関係者の方々にもお礼を申し上げたい。今回も信山社の渡辺左近氏には、お世話になった。お礼を申し上げたい。

二〇〇七年一〇月

寺岡　寛

参考文献

【あ行】

赤沢史朗他編『年報・日本現代史―総力戦・ファシズムと現代史―』現代資料出版、一九九七年
アルチュール、ロイ他（今村仁司役）『資本論を読む』（上・中・下）ちくま書房、一九九六年
アーレント、ハンナ『全体主義の起源Ⅰ・Ⅱ・Ⅲ』みすず書房、一九七二年
アンダーソン、ベネディクト（白石さや・隆訳）『増補・想像の共同体―ナショナリズムの起源と流行―』NTT出版、一九九七年
今村仁『貨幣とは何だろうか』筑摩書房、一九九四年
岩井克人『二一世紀の資本主義論』筑摩書房、二〇〇〇年
植木武編『国家の形成―人類学・考古学からのアプローチ―』三一書房、一九九六年
ヴェブレン、ソースティン（高哲男訳）『有閑階級の理論―制度の進化に関する経済学的研究―』筑摩書房、一九九八年
ウォーラースティン、イマニュエル（川北稔訳）『近代世界システムⅠ・Ⅱ―農業資本主義と「ヨーロッパ世界経済」の成立―』岩波書店、一九八一年
同（藤瀬浩司他訳）『資本主義世界経済Ⅰ―中核と周辺の不平等―』名古屋大学出版会、一九八七年
同『資本主義世界経済Ⅱ―階級・エスニシティの不平等、国際政治―』同前、一九八七年
同（本多健吉・高橋章監訳）『脱＝社会科学―一九世紀パラダイムの限界―』藤原書店、一九九三年
同『近代世界システム・一六〇〇～一七五〇―重商主義と「ヨーロッパ世界経済」の成立―』名古屋大学出版会、一九九三年

同（川北稔訳）『史的システムとしての資本主義』岩波書店、一九九七年
同（川北稔訳）『近代世界システム・一七三〇〜一八四〇―大西洋革命の時代―』名古屋大学出版会、一九九七年
ヴルピッタ、ロマノ『ムッソリーニ―イタリア人の物語―』中央公論新社、二〇〇〇年
エンツェンベルガー、ハンス（石黒英男他訳）『ヨーロッパ半島』晶文社、一九八九年
同（野村修訳）『冷戦から内戦へ』晶文社、一九九四年
大澤真幸編『ナショナリズム論の名著五〇』平凡社、二〇〇二年
大沢真理『企業中心社会を超えて―現代日本を〈ジェンダー〉で読む―』時事通信社、一九九三年
大津定美・吉井昌彦編『ロシア・東欧経済論』ミネルヴァ書房、二〇〇四年

【か行】

加藤周一・木下順二・丸山真男・武田清子『日本文化のかくれた形』岩波書店、二〇〇四年
柄谷行人『世界共和国へ―資本＝ネーション＝国家を超えて―』岩波書店、二〇〇六年
同『定本・柄谷行人集』岩波書店、二〇〇四年
同『ヒューモアとしての唯物論』講談社、一九九九年
同『マルクスその可能性の中心』同前、一九九〇年
同『内省と遡行』同前、一九八八年
同『反文学論』同前、一九九一年
同『探求』（Ⅰ・Ⅱ）同前、一九九二年、一九九四年
同『言葉と悲劇』同前、一九九三年
同『終焉をめぐって』同前、一九九五年
同『差異としての場所』同前、一九九六年
同『〈戦前〉の思考』同前、二〇〇一年

姜信子『安住しない私たちの文化―東アジア流浪―』晶文社、二〇〇二年
木田元『ハイデガー「存在と時間」の構築』岩波書店、二〇〇〇年
関志雄『中国経済革命最終章―資本主義への試練―』日本経済新聞社、二〇〇五年
クリムスキー、シェルドン（宮田由紀夫訳）『産学連携と科学の堕落』海鳴社、二〇〇六年
ゲルナー、アーネスト（加藤節監訳）『民族とナショナリズム』岩波書店、二〇〇〇年
ゲルヴェン、マイケル（長谷川西涯訳）『ハイデッカー「存在と時間」注解』筑摩書房、二〇〇〇年
興梠一郎『現代中国―グローバル化のなかで―』岩波書店、二〇〇二年
児玉隆也・桑原甲子雄『一銭五厘たちの横丁』岩波書店、二〇〇〇年
小山洋司『EUの東方拡大と南東欧―市場経済化と小国の生き残り戦略―』ミネルヴァ書房、二〇〇四年

【さ行】

斉藤貴男『安心のファシズム―支配されたがる人びと―』岩波書店、二〇〇四年
サイード、E・W（大橋洋一訳）『文化と帝国主義一・二』みすず書房、一九九八年、二〇〇一年
佐藤忠男『長谷川伸論』中央公論社、一九七八年
塩原俊彦『現代ロシアの経済構造』慶応義塾大学出版会、二〇〇四年
思想の科学編集委員会編『思想の科学』各号
神野直彦『システム改革の政治経済学』岩波書店、一九九八年
スピノザ（畠中尚志訳）『国家論』岩波書店、一九四〇年
スポンヴィル、アンドレ・コント（小須田健他訳）『資本主義に徳はあるか』紀伊国屋書店、二〇〇六年
スミス、アントニー（高柳先男訳）『ナショナリズムの生命力』みすず書房、一九九八年
同（巣山靖司他訳）『ネイションとエスニシティ―歴史社会学的考察―』一九九九年
孫歌『竹内好という問い』岩波書店、二〇〇五年

【た行】
多木浩二『戦争論』岩波書店、一九九九年
竹本洋・大森郁夫『重商主義再考』日本経済評論社、二〇〇二年
谷口誠『東アジア共同体—経済統合のゆくえと日本—』岩波書店、二〇〇四年
筑摩書房編『現代日本文学大系』筑摩書房、一九七〇年〜
千田善『なぜ戦争は終わらないのか—ユーゴ問題で民族・扮装・国際政治を考える—』みすず書房、二〇〇二年
テンニエス、フェルディナンド（杉之原寿一訳）『ゲマインシャフトとゲゼルシャフト—純粋社会学の基本概念—』岩波書店、一九五七年
ドウス昌代『イサム・ノグチ—宿命の越境者—上・下』講談社、二〇〇〇年

【な行】
仲野組子『アメリカの非正規雇用—リストラ先進国の労働実態—』桜井書店、二〇〇〇年
中村幹雄『ナチ党の思想と運動』名古屋大学出版会、一九九〇年
中山研一『現代社会と治安法』岩波書店、一九七〇年
成沢光『現代日本の社会秩序—歴史的起源を求めて—』岩波書店、一九九七年
西川長夫『国民国家論の射程—あるいは〈国民〉という怪物について—』柏書房、一九九八年
同『国境の越え方—国民国家論序説—』平凡社、二〇〇一年
西崎文子『アメリカ外交とは何か—歴史の中の自画像—』岩波書店、二〇〇四年
日本銀行金融研究所『増補・改訂・日本金融年表—明治元年〜平成四年—』日本銀行、一九九三年
同『日本貨幣年表』日本銀行、一九九四年
ネグリ、アントニオ＝ハート、マイケル（幾島由起子訳）『マルチチュード—〈帝国〉時代の戦争と民主主義—（上・下）』ＮＨＫブックス、二〇〇五年

【は行】

ハイデッガー、マルティン（細谷貞雄訳）『存在と時間（上）（下）』筑摩書房、一九九四年
パーカー、R・H（宮川重義訳）『大恐慌を見た経済学者一一人はどう生きたか』中央経済社、二〇〇五年
バーク、ジェイソン（坂井定雄・伊藤力司訳）『アルカイダ―ビンラディンと国際ネットワーク―』講談社、二〇〇四年
原田正純『水俣病』岩波書店、一九七二年
藤原帰一『デモクラシーの帝国―アメリカ・戦争・現代世界―』岩波書店、二〇〇二年
古矢旬『アメリカ―過去と現在の間―』岩波書店、二〇〇四年
ブルデュー、ピエール（田原音和監訳、安田尚・佐藤康行他訳）『社会学の社会学』藤原書店、一九九一年
同（稲賀繁美訳）『話すということ―言語的交換のエコノミー―』藤原書店、一九九三年
ブルデュー＝パスロン（宮島喬訳）『再生産―教育・社会・文化―』藤原書店、一九九一年
同（石井洋二郎訳）『遺産相続者たち―学生と文化―』藤原書店、一九九七年
ヘーゲル（長谷川宏訳）『歴史哲学講義（上）（下）』岩波書店、二〇〇三年
ベッカー、ゲーリー（佐野陽子訳）『人的資本―教育と中心とした理論的・経験的分析―』東洋経済新報社、一九七六年
ポーター、ロイ（見一雅俊訳）『啓蒙主義』岩波書店、二〇〇四年
ボック、デレック（宮田由紀夫訳）『商業化する大学』玉川大学出版部、二〇〇四年
ホブスボーム、エリック（柳父圀近他訳）『資本の時代―一八四八～一八七五―』みすず書房、一九八一年
同（浜林正夫他訳）『産業と帝国』（新装版）未来社、一九九六年
同（野口建彦他訳）『帝国の時代―一八七五～一九一四―』みすず書房、一九九八年
同（浜林正夫他訳）『ナショナリズムの歴史と現在』大月書店、二〇〇一年

【ま行】

マルクス、カール（向坂逸郎訳）『資本論』岩波書店、一九六七年

同（武田隆夫・遠藤湘吉他訳）『経済学批判』岩波書店、一九五六年

同（藤野渉訳）『経済学・哲学草稿』大月書店、一九六三年

マルクス＝エンゲルス（廣松渉訳）『ドイツ・イデオロギー』岩波書店、二〇〇二年

同（岡崎次郎訳）『資本論書簡・第一巻』大月書店、一九七一年

松田武・秋田茂編『ヘゲモニー国家と世界システム―二〇世紀をふりかえって―』山川出版社、二〇〇二年

松田武編著『現代アメリカの外交―歴史的展開と地域との諸関係―』ミネルヴァ書房、二〇〇五年

松本健一『竹内好「日本のアジア主義」精読』岩波書店、二〇〇〇年

三浦俊章『ブッシュのアメリカ』岩波書店、二〇〇三年

宮島喬『ヨーロッパ市民の誕生―開かれたシティズンシップへ―』岩波書店、二〇〇四年

村上政博『独占禁止法―公正な競争のためのルール―』岩波書店、二〇〇五年

村田晃嗣『アメリカ外交―苦闘と希望―』講談社、二〇〇五年

最上敏樹『国連とアメリカ』岩波書店、二〇〇五年

本橋哲也『ポストコロニアリズム』岩波書店、二〇〇五年

守健二『資本と時間の政治経済学』八朔社、二〇〇四年

【や行】

薬師寺克行『外務省―外交力強化への道―』岩波書店、二〇〇三年

ヤコブ、パッペ＝溝端佐登史（溝端佐登史・小西豊・横川和穂訳）『ロシアのビッグ・ビジネス』文理閣、二〇〇三年

山口二郎『戦後政治の崩壊―デモクラシーはどこへゆくか―』岩波書店、二〇〇四年

山口定『ファシズム』岩波書店、二〇〇六年
山内進・加藤博・新田一郎編『暴力―比較文明史的考察―』東京大学出版会、二〇〇五年
吉井昌彦・溝端佐登史編『市場経済移行論』世界思想社、二〇〇二年

【ら行】
リエター、ベルナルド（小林一紀・福元初男訳・加藤敏春監訳）『マネー崩壊―新しいコミュニティー通貨の誕生―』日本経済評論社、二〇〇〇年
レーニン（宇高基輔訳）『帝国主義論』岩波書店、一九五六年
ロイ、アルンダティ（本橋哲也訳）『帝国を壊すために―戦争と正義をめぐるエッセイ―』岩波書店、二〇〇三年
魯迅（竹内好訳）『阿Q正伝・狂人日記他』岩波書店、一九五五年
ロック、ジョン（鵜飼信成訳）『市民政府論』岩波書店、一九六八年

【わ行】
汪暉（村田雄二郎・砂山幸雄・小野寺史郎訳）『思想空間としての現代中国』岩波書店、二〇〇六年

索　引

索　引

【著者紹介】

寺岡　寛（てらおか・ひろし）

1951年神戸市生まれ
中京大学経営学部教授、経済学博士

〈主著〉

『アメリカの中小企業政策』信山社、1990年
『アメリカ中小企業論』信山社、1994年、増補版、1997年
『中小企業論』（共著）八千代出版、1996年
『日本の中小企業政策』有斐閣、1997年
『日本型中小企業——試練と再定義の時代——』信山社、1998年
『日本経済の歩みとかたち——成熟と変革への構図——』信山社、1999年
『中小企業政策の日本的構図——日本の戦前・戦中・戦後——』有斐閣、2000年
『中小企業と政策構想——日本の政策論理をめぐって——』信山社、2001年
『日本の政策構想——制度選択の政治経済論——』信山社、2002年
『中小企業の社会学——もうひとつの日本社会論——』信山社、2002年
『スモールビジネスの経営学——もうひとつのマネジメント論——』信山社、2003年
『中小企業政策論——政策・対象・制度——』信山社、2003年
『企業と政策——理論と実践のパラダイム転換——』（共著）ミネルヴァ書房、2003年
『アメリカ経済論』（共著）ミネルヴァ書房、2004年
『通史・日本経済学——経済民俗学の試み——』信山社、2004年
『中小企業の政策学——豊か中小企業像を求めて——』信山社、2005年
『比較経済社会学——フィンランドモデルと日本モデル——』信山社、2006年
『スモールビジネスの技術学——Engineering & Economics——』信山社、2007年
『起業教育論——起業教育プログラムの実践——』信山社、2007年
『逆説の経営学—成功・失敗・革新—』税務経理協会、2007年
Economic Development and Innovation: An Introduction to the History of Small and Medium-sized Enterprises and Public Policy for SME Development in Japan, JICA., 1998
Small and Medium-sized Enterprise Policy in Japan: Vision and Strategy for the Development of SMEs, JICA, 2004

資本と時間——資本論を読みなおす——

2007年（平成19年）11月15日　第１版第１刷発行

著　者　寺　岡　　寛
発行者　今　井　　貴
　　　　渡　辺　左　近
発行所　信山社出版株式会社
〒113-0033　東京都文京区本郷6-2-9-102
電　話　03（3818）1019
ＦＡＸ　03（3818）0344

printed in Japan

印刷・製本／松澤印刷・大三製本

ISBN978-4-7972-2496-2　C3333